知识产权行政执法机制改革研究

李雨峰 等 著

中国知识产权行政执法的历史演进
知识产权司法保护的失灵
知识产权行政执法正当性的反思
知识产权行政执法范围研究
大数据时代知识产权行政执法新态势
大数据时代知识产权行政执法的法律争议

知识产权出版社
全国百佳图书出版单位
—北京—

图书在版编目（CIP）数据

知识产权行政执法机制改革研究/李雨峰等著．—北京：知识产权出版社，2020.6（2021.1重印）

ISBN 978-7-5130-6857-4

Ⅰ.①知… Ⅱ.①李… Ⅲ.①知识产权法—行政执法—体制改革—研究—中国 Ⅳ.①D923.404

中国版本图书馆CIP数据核字（2020）第053217号

内容提要

本书系统梳理了知识产权行政执法机制的历史脉络，对其进行了正当性反思，明确了其研究范围，同时，关注并探讨了大数据时代知识产权行政执法新态势及可能产生的法律争议。

读者对象：知识产权行政执法领域学者及执法部门人员。

责任编辑：可　为　　**责任校对：**王　岩

封面设计：刘　伟　　**责任印制：**刘译文

知识产权行政执法机制改革研究

李雨峰　等著

出版发行：	知识产权出版社有限责任公司	**网　　址：**	http://www.ipph.cn
社　　址：	北京市海淀区气象路50号院	**邮　　编：**	100081
责编电话：	010-82000860转8335	**责编邮箱：**	keweicoca@163.com
发行电话：	010-82000860转8101/8102	**发行传真：**	010-82000893/82005070/82000270
印　　刷：	北京建宏印刷有限公司	**经　　销：**	各大网上书店、新华书店及相关专业书店
开　　本：	720mm×1000mm　1/16	**印　　张：**	14.5
版　　次：	2020年6月第1版	**印　　次：**	2021年1月第2次印刷
字　　数：	245千字	**定　　价：**	65.00元

ISBN 978-7-5130-6857-4

前 言

知识产权行政执法，特别是商标行政执法，在我国具有悠久的历史。清末在引进知识产权制度的同时，就建立了相应的知识产权行政执法机制。鸦片战争之后，随着中国对外开放通商口岸，中外贸易逐渐增多，知识产权纠纷随之产生。早期的知识产权显然保护的是外国人的利益。在西方势力的交逼下，中国人逐渐认识了知识产权的价值，并形成了知识产权观念。中华人民共和国成立之后，特别是改革开放以来，为吸引外资引进外国技术，我国参加了一系列的知识产权国际公约，建立了完善的知识产权制度。近年来，随着作为世界第二经济体的崛起，中国越来越强调知识产权的作用，越来越重视在国际舞台上的主体角色。用余家明教授的话说，在知识产权国际规则的形成过程中，中国经历了接受（take）、撼动（shake）、制定（make）三个阶段。

知识产权行政执法，从另外一个角度看，也称知识产权行政保护。它与司法保护一起，被称为知识产权保护的双轨制。由于知识产权是私权，人们对行政执法存有不同的认识。反对的观点认为，知识产权保护的是私人利益，由行政机构出面靠国家拨款去为私人提供保护，在理论上不具有合法性。但实践中，知识产权行政保护的范围却越来越大，而且在著作权、商标权、专利权、集成电路布图设计权等领域非常不均衡。本研究成果既没有笼统否定知识产权行政执法，也反思了目前行政执法领域扩张的现状。在认真爬梳知识产权行政执法历史的基础上，本书认为，尽管知识产权是私权，保护的是个人的利益，但当一项侵害知识产权的行为面临多数受害人时，司法保护会产生失灵的效果。在此边际上，应当承认知识产权行政保护的可能。这也是监管型政府（regulatory state）崛起的原因。然而，与知识产权司法保护会失灵一样，有时行政保护同样会失灵。因此，必须在考量行政执法效能的基础上，合理确定行政保护的范围。互联网、大数据等新技术为知识产权行政执法提供了便利，但也带来了一些风险，如何对这些挑战进行回应，也是本研究关注的问题之一。

本书是国家社科基金项目（16BFX139）的最终研究成果。由于时间原因，一些应当着重讨论的问题，如行政保护机制与司法保护机制的衔接、机构改革背景下知识产权行政执法范围的调整等，均没有涉及，深感遗憾。本研究的具体分工为：第一章李雨峰、谢嘉图（汕头大学）、第二章邓思迪（西南政法大学博士生）、第三章黄国赛（西南政法大学博士生）、第四章陈伟（西南政法大学博士生）、第五章宋颂（湖北高韬律师事务所）、第六章宋颂、吴进科。

李雨峰

2020 年 3 月 12 日

目　录

第一章 中国知识产权行政执法的历史演进

一、中国商标法行政执法的历史演进

（一）1840—1911 年：中国商标行政执法的初步尝试

“中国（鸦片战争）的战败使毒烟进一步泛滥，而取得战争胜利的英国人则试图建立中外交往的新制度……从 1842—1844 年至 1858—1860 年这段时期，这些新制度的发展集中体现在初期开放的五个通商口岸上”。[1] 清政府与英、美、法等国在开放通商口岸方面的妥协一致加快了近代中国商业发展的进程，同时，西方各国所习以为常的争端解决制度也通过条约的形式不断输入中国，对商标利益的保护在这一时期作为一项制度也被明确地提出。

1843 年前后清政府所签订的关于开放五个通商口岸的几个条约[2]实际上同时产生了两个效果：其一，清政府承认了英国在五个通商口岸的领事裁判权，从而使清政府在这些地区所采用的旧制被迫改变。由行政长官统摄的行政执法和司法裁判两项职权在有限的领域被切割了，在这些领域，西方的法律制度延伸到了两造涉及中英两国公民的案件。[3] 尽管不能保证西方列强行使领事裁判权时，在多大程度上依照其本国法律治理，但可以确定

---

[1] 费正清．剑桥中国晚清史（上卷）［M］．北京：中国社会科学出版社，2007：206.

[2] 包括《中英五口通商章程》、中美《望厦条约》和中法《黄埔条约》。

[3] 参见《中英五口通商章程》：“凡英商禀告华民者，必先赴管事官处投禀，候管事官先行查察谁是谁非，勉力劝息，使不成讼。间有华民赴英官处控告英人者，管事官均应听诉，一例劝息，免致小事酿成大案。其英商欲行投禀大宪，均应由管事官投递，禀内倘有不合之语，管事官即驳斥另换，不为代递。倘遇有交涉词讼，管事官不能劝息，又不能将就，即移请华官共同查明其事，既得实情，即为秉公定断，免滋讼端。其英人如何科罪，由英国议定章程、法律发给管事官照办。华民如何科罪，应治以中国之法，均应照前在江南原定善后条款办理。”

中美《望厦条约》第二十一款约定：“嗣后中国民人与合众国民人有争斗、词讼、交涉事件、中国民人由中国地方官捉拿审讯，照中国例治罪；合众国民人由领事等官捉拿审讯，照本国例治罪；但须两得其平，秉公断结，不得各存偏护，致启争端。”

中法《黄埔条约》第二十五款约定：“凡佛兰西人有怀怨及挟嫌中国人者，应先呈明领事官，覆加详核，竭力调停。如有中国人怀怨佛兰西人者，领事官亦虚心详核，为之调停。倘遇有争讼，领事官不能为之调停，即移请中国官协力办理，查核明白，秉公完结。”

凡涉及中英两国公民的案件，是通过会审的方式解决的，由中英两国官员“共同查明其事”。如此一来，中国官员依照旧有体制处理案件的权力在这些领域就被禁绝了，经审理而判决、执行的规则在这些领域确定了下来。其二，清政府在道光二十四年（1844 年）为管理通商口岸事宜置五口通商大臣，命其办理我国与各国通商、海防、交涉等事务，并兼为保护外国洋货在我国市场上销售，承担保障商品商标不被国人仿冒之职。❶ 尽管在几个开放通商口岸的条约中均并未明确提及商标保护的事宜，但五口通商大臣的职权设置表明中外商人的商标纠纷在当时已经出现，亟待解决。有论者指出：“商标之保护，我国对于华洋各商视同一律，而其需要之动机，则属于洋商者，实较之华商为早，溯当前清光绪二十余年间。”❷ 就此而言，商标的保护与司法独立于行政之外，实际上都来自西方势力对晚清政府的干预。

但是，清政府对商标的保护并没有达到西方商人的预期。西方人在 20 世纪伊始，便迫不及待地要求清政府对西方商人的商标利益予以正式保护，并且上升到正式的条约内容。世纪之交，清政府对“义和团事件”处理不当的最终结果导致被迫与列强签订《辛丑条约》，允诺“大清国国家允定将通商行船各条约内，诸国视为应行商改之处，及有关通商各地事宜，均行议商，以期妥善简易”❸。英、美、日各国先后要求与清政府按约修订通商条约，并将商标保护事宜写入条约之中。❹ 以 1902 年中英两国签订《中英

---

❶ 左旭初．中国商标法律史（近现代部分）[M]．北京：知识产权出版社，2005：605.

❷ 关于商标之沿革 [J]．商标公报，1923 年（1）：104－109.

❸ 《辛丑条约》第十一款。

❹ 《中英续议通商行船条约》第七款约定：“英国本有保护华商贸易牌号，以防英国人民违犯、迹近假冒之弊，中国现亦应允保护英商贸易牌号，以防中国人民违犯、迹近假冒之弊。由南、北洋大臣在各管辖境内设立牌号注册局所一处，派归海关管理其事，各商到局输纳秉公规费，即将贸易牌号呈明注册，不得借给他人使用，致生假冒等弊。”

《中美通商行船续订条约》第九款约定：“无论何国人民，美国允许其在美国境内保护独用合例商标，如该国与美国立约，亦允照保护美国人民之商标；中国今欲中国人民在美国境内得获保护商标之利益，是以允在中国境内美国人民行铺及公司有合例商标实在美国已注册或在中国已行用或注册后欲在中国行用者，中国政府准其独用，实力保护。凡美国人民之商标在中国所设立之注册局所由中国官员查察后，经美国官员缴纳公道规费，并遵守所定公平章程，中国政府允由中国该管官员出示禁止中国通商人民犯用、或冒用、或射用、或故意行销冒仿商标之货物，所出禁示应作为律例。”

《中日通商行船续约》第五款约定：“中国国家允定一章程，以防中国人民冒用日本臣民所执挂号商牌，有碍利益，所有章程必须切实照行……中国国家允设立注册局所，凡外国商牌并印书之权请由中国国家保护者，须遵照将来中国所定之保护商牌及印书之权各章程，在该局所注册。日本国国家亦允保护中国人民按照日本律例注册之商牌及印书之权，以免在日本冒用之弊。凡日本臣民或中国人民为书籍、报纸等件之主笔、或业主、或发售之人，如各该件有碍中国治安者，不得以此款邀免，应各按律例惩办。”

续议通商行船条约》（又称《马凯条约》）为起点，清政府在商标保护与否的问题上已经没有与西方列强商量的余地。旧时官府独当一面的审判体制也被打破，会审公廨在各个租界建立起来，各国领事不同程度上参与了对涉外案件的审判。会审就不同类别的案件适用不同的程序，就华洋混合之民事案件而言，首先由中外官员各自调处，如调处不成，再由中外官员会同讯断。[1] 尽管有学者认为，“虽然在形式上，各列强在华的领事裁判权是在1943年撤销的，但在实际生活中，领事裁判权在清末民初已经开始动摇”[2]。但就案例而言，会审公廨之中由西方领事介入审判商标侵权案件的情况并不鲜见。如1882年6月，盈泰丰洋货店所销售的冒牌双斗鸡牌自来火，便受上海顺全隆洋行的洋人控告，该案在法租界会审公廨中由中西官员会审；[3] 又如1901年3月，华商宏源洋货店售卖冒牌肥皂，受英商祥茂洋行控告，该案也在上海租界会审公廨中由中西官员会审；[4] 再如1909年7月，华商协源祥号以新油装入老牌火油箱冒充美孚牌号，受美孚洋行控告，该案同样是在上海租界会审公廨审理。[5] 但此种会审是否是一个司法的过程，却不无疑问。

一方面，彼时中国官员似乎并没有一种依法中立裁判的现代司法观念。“中国官员和司法衙门，在商标纠纷处理过程中，或因无章可循，或因惧于交涉，多责令被控华商将争议商标酌订，或对冒牌华商处之以罚款，没收货物等惩戒。”[6] 另一方面，外国领事也在不同的方面表现出不能胜任中立裁判的司法官。有学者指出，领事不懂法律，他的本国只差他来照应侨民的商业，并不问他是否有法律的知识，而且适用法律太繁杂，他的判决使所在国的当事人莫名其妙，最重要的是，领事偏袒外人，所在国人民的权利易受侵害。[7] 司法所需要的中立裁判荡然无存，更多呈现出一种不协调的画面：华人在洋人面前的唯唯诺诺和洋人在华的咄咄逼人。因而相较于现

[1] 吴昆吾．不平等条约概论［M］．北京：商务印书馆，1933：10－11．

[2] 何勤华．华洋诉讼判决录［M］．北京：中国政法大学出版社，1997：3．

[3] 控究假冒［N］．申报，1882－06－11．

[4] 英美租界公堂琐案［N］．申报，1901－03－21．

[5] 参见档案记录《致公廨函》，也见佚名．上海华洋诉讼案：1909—1913［Z］．上海图书馆藏钞本。

[6] 蔡晓荣．晚清华洋商事纠纷研究［M］．北京：中华书局，2013：221．

[7] 耿习道．治外法权与领事裁判权［M］//何勤华，李秀清．民国法学论文精粹（第六卷）［M］．北京：法律出版社，2004：178．

代的司法理念，很难将会审公廨的审判描述成一个司法的过程。

事实上，中外双方为争夺查处冒用商标的权力，作了一定的斗争。清政府一开始为了方便向洋商征税，默认由外国领事组成的外国税务司帮助其向洋商征税。对洋人的任命，“使1854年已经在上海发展起来的外国人监督海关税务之成例，得以确认和制度化”。[1] 当时的海关总税务司，实际上是由外国人（尤其是英国人）所控制的。1904年2月，海关副总税务司裴式楷受海关总税务司赫德的指派，依照1902年《中英续议通商行船条约》起草《商牌挂号章程》，结果自然是倾向于将所有职权都置于海关总税务司的控制之下。[2] 其第十一条规定：“若系洋商冒用华、洋各牌，应由本牌主在该局税务司处报明立案。一面自行赴该管领事官处控告。若系华商冒用华、洋各牌，亦应由本牌主先在该局税务司处立案。由该税务司请该管之官会同审办，以昭保护之实。”清政府商务部认为此条款不妥，于是将该条所规定的立案机关改为注册处，并且将洋商冒用商标案件由海关总税务司受理改为由我国当地地方官与外国领事共同讯办。[3] 最终，在我国第一个商标法律《商标注册试办章程》正式出台的内容中，商标注册局取代了海关总税务司，成为商标纠纷案件的执法机关。涉及华洋纠纷的案件，仍由领事会同地方官审理。

从表面看，商标侵权纠纷的处理只是在两个行政机关之间流转，很难将其一系列制度归之为司法保护。然而，一代人有一代人的史观，一代人有一代人的历史。[4] 钱穆先生也曾告诫，后代人单凭后代人自己所处的环境和需要来批评历史上以往的各项制度，只能说是一种“时代意见”，但我们不应该单凭“时代意见”来抹杀以往的历史意见。这种历史意见，正是“制度实施时期之有关各方面意见之反映”[5]。应当看到，在1904年《商标注册试办章程》出台之时，清末司法改革的帷幕尚未拉开。1906年光绪皇帝所颁布的御旨，改刑部为法部，改大理寺为大理院，才真正从体制上宣告传统的行政官兼理司法制度的灭亡。[6] 二者存在的时间差，使得在那种语

---

[1] 徐中约．中国近代史［M］．香港：香港中文大学出版社，2002：279.

[2] 左旭初．中国商标法律史（近现代部分）［M］．北京：知识产权出版社，2005：60.

[3] 左旭初．中国商标法律史（近现代部分）［M］．北京：知识产权出版社，2005：75.

[4] 梁治平．法律史的视界：方法、旨趣与范式［J］．中国文化，2002（19－20）：155－185.

[5] 钱穆．中国历代政治得失［M］．北京：九州出版社，2012：3.

[6] 韩秀桃．司法独立与近代中国［M］．北京：清华大学出版社，2003：99.

境下提出“商标的司法保护”成为伪命题。同时，回顾彼时，领事裁判权之下的会审在清末、民国，通常却被认为是一个司法的过程。一方面，领事裁判权的建立是西方借口中国传统法制不符合文明国家一般司法规则的结果。❶ 这种理论所预设的结果是，领事裁判权为华洋之间的纠纷裁判带来了“文明国”的司法。另一方面，西方势力的介入所带来的领事裁判权极大加速了晚清的司法改革，甚至有学者认为其是晚清司法改革的主因。❷ 中国传统社会那种集立法、行政、司法于一身的“全能型衙门”❸ 逐渐被肢解，这种变化在州、县这样与民众贴近的层次上尤为明显。如将晚清会审公廨中的审判与传统中国体制的裁判相比，不得不说对商标的保护在晚清的特定时段下，确实是一种司法性质的保护。这种现象在晚清司法改革之后越来越明显，以致在1912年中华民国成立之后，呈现出了一番完全不同的景象。

（二）1912—1948年：行政执法的主导和司法保护的反复

1906年开启的晚清司法改革，建立起了一套以司法独立为基础，民、刑案件分离的审判制度。❹ 尽管1912年清政府的政权为辛亥革命所推翻，但是司法改革的成果却得到中华民国的继受。中华民国建立之初，孙中山先生就提到“四级三审，较为完备”，❺ 对清末的四级三审制表示认同。对商标侵权案件的审理从会审公廨走到各级审判厅，一种符合西方法制传统的模式被套用到中国社会。但是，中华民国在1912年之后并未在短时间内树立起一个全国范围内的绝对权威，军阀割据使得统一的制度难以推行，“军人政治”强势介入社会各个领域，❻ 商标的保护亦呈现出不同的手段。

“京师为立法行政之枢纽，仪式四方”，❼ 清末的司法改革就是由京师开始的。负责拱卫京师的直隶省成为个中表率。1907年时任直隶总督的袁世

---

❶ 梁为楫，郑则民．中国近代不平等条约选编与介绍［M］．北京：中国广播电视出版社，1993：485.

❷ 李启成．领事裁判权制度与晚清司法改革之肇端［J］．比较法研究，2003（4）：16－23.

❸ 贺卫方．全能型衙门：传统与影响［N］．南方周末，1998－01－16.

❹ 《大理院审判编制法》第三条：“自大理院以下，各审判厅局均分民刑事二类为审判事。”

❺ 1912年3月《大总统据法制局局长宋教仁转呈江西南昌地方检察长郭翰所拟各省审检厅暂行大纲令交司法部籍备参考文》。

❻ 费正清．剑桥中华民国史［M］．北京：中国社会科学出版社，2006：311－314.

❼ 故宫博物院明清档案部编．清末筹备立宪档案史料（上册）［M］．北京：中华书局，1979：484.

凯便编订了《天津府属审判厅试办章程》，并参照沈家本奏呈的《法院编制法》制定了《各级审判厅试办章程》。[1] 尽管1912年清政府走到了穷途末路，但关于司法改革的内容却没有发生巨大的改变，并通过《高等以下各级审判厅试办章程》得到了巩固。

另外，1904年所颁布的《商标注册试办章程》并没有像司法改革的诸多法律文件一样幸运，它被视为一部由列强粗暴干涉的产物，随着清政府的垮台而被废除。1923年北洋政府颁布新的《商标法》前，商标权实际上并未得到法律的正式保护。如何保护商标权、由哪一机关负责调处商标纠纷等类似问题，均悬而未决。司法部于1916年5月特别咨复农商部称："前清《商标注册试办章程》从未实行，不在民国继续有效之列……惟以通商条约曾订专则，前清农工部叠拟草案，均招抗议。是此项章程虽曾经前清拟定并未实行。洵不在民国认为继续有效之列，自不得直接援用。惟商民因商标涉讼，审判衙门在民国商标法未颁行以前，仍可依照习惯及条理处断。商民权利当不至毫无保障。"[2] 因而，这一时期对于商标侵权纠纷的处理，更多依照习惯和条理，商标侵权案件的管辖，也是如此。

直隶高等审判厅所编的《华洋诉讼判决录》展示了民国早期对于商标权的司法保护。1917年"崔雅泉与日商安达纯一商标纠葛"案[3]，中国司法机关已经独立自主地对涉外案件进行审判。当时处理商标纠纷的程序，也可在判决书中窥见一二。此案是著名的日商仁丹公司代理人安达纯一诉华人崔雅泉所制"中国芢丹"商标侵权。该案先由天津地方审判厅受理一审，再由直隶高等审判厅民一庭二审，后又上告大理院，由大理院发还直隶高等审判厅民二庭再审。全由中国司法机关独立审判，并无外国领事裁判权介入司法的痕迹。这与传统法史研究中所认为的1919年"巴黎和会"失败后才开始的"收回法权运动"[4]，在时间上有相当的差距，至少在直隶省已经有了这种变化。还有一个现象值得注意，在该案中，原告日本商人"坚请援照上海成案，由中国地方官出示严禁等情，由交涉公署函请天津警

---

[1] 韩秀桃．司法独立与近代中国［M］．北京：清华大学出版社，2003：114－115.

[2] 商标涉讼案件仍应依照习惯及条理处断咨［J］．司法公报，1916（86）：10－11.

[3] 直隶高等审判厅．华洋诉讼判决录［M］．北京：中国政法大学出版社，1997：200－203，236－239.

[4] 韩秀桃．司法独立与近代中国［M］．北京：清华大学出版社，2003：326－332.

察厅核办。复由警察厅送请天津地方审判厅受理审判”[1]。作为行政当局的“中国地方官”和强有力的行政机关“天津警察厅”都没有对该案作出认定或者直接执法，而是“送请天津地方审判厅受理审判”。这实际上描绘了一幅行政机关与司法机关各司其职，行政机关充分尊重司法机关权威的场景。除直隶省外，由司法机关直接独立裁判商标纠纷案件的情况在浙江杭州也有史料记载，而且由于对前清《商标注册试办章程》的理解不同，还对同一案件作出了相反的判决。[2]

广东也有另一番景象。民国元年（1912 年），广东省实业司就颁布了《商标法法规》。[3] 在商标保护方面，出现行政当局直接介入保护商标的情况。1915 年 12 月，广东省巡按使公署“批冯达之禀，启源堂行内工厂仿造六吉商标火柴，请予饬禁由”，对各火柴厂假冒“六吉牌”“三喜牌”等商标的火柴都予以查禁。[4] 但在民国前期，广东省内是否通过司法裁判保护商标权，暂不得而知。

1923 年北洋政府正式颁布商标法，结束了仅依“习惯和条理”处理商标纠纷的状况。该法于其第三十九条详细规定了认定侵权的各项事由，但没有明确规定由哪一个部门来对侵权作出裁判。（商标局所属的）工商部较为明确地将其职权限定在登记、核驳注册商标之内，没有被明确授予执法权力，随后颁布的《商标局组织章程》中对商标局内各成员的规定，也可以辅证当时的立法并没有考虑由行政机关具体参与执法。相反，该法第四十一条规定：“依第三十九条应没收之物件，于判决前经被害人之请求，得估计相当价值，宣告交付被害人。”该条从侧面阐述了一个事实，商标侵权案件应当经过“判决”来处理。但该法第四十二条又规定：“证人、鉴定人及通译，对于商标局及其嘱托之行政或司法官署，为虚伪之陈述者，处六个月以下徒刑，或二百元以下之罚金。”该文同时提及“行政”与“司法”官署，如此含糊的表述使人很难从正式立法中推断出何者承担商标侵权的保护职权。

时任南京国民政府经济部商标局局长黄宗勋先生在其著作《商标行政与商标争议》中提到：“商标局于行政诉讼范围内其所能裁断者，仅限于商

---

[1] 直隶高等审判厅．华洋诉讼判决录［M］．北京：中国政法大学出版社，1997：200－203.
[2] 商标涉讼案件仍应依照习惯及条理处断咨［J］．司法公报，1916（86）：10－11.
[3] 左旭初．中国商标法律史（近现代部分）［M］．北京：知识产权出版社，2005：247.
[4] 左旭初．中国商标法律史（近现代部分）［M］．北京：知识产权出版社，2005：246.

标法上所赋之评定、再评定、异议决无、再异议、决定等权限，其关于侵权及损害赔偿之请求，则属民事诉讼范围，伪造或仿造，则属刑事诉讼范围，要皆属于法院管辖。”❶ 但实际上，“有的地方法院和商标局经常会同时审理同一商标案件，并出现完全不一样的结果”。❷ 其中，发生于20世纪20年代的“美蜂牌”商标侵权案最为典型。当时的商标局呈送工商部的公文如此描述此案：“……又美丰针织厂呈控焕昌袜厂以美蝶商标仿冒该商美蜂商标一案，该焕昌之美蝶商标确系完全摹仿美蜂商标图样，实为恶意影射，当经据情呈请钧部转咨查禁。同时，美丰厂以本案呈诉于上海地方法院，该院认为类似。而该焕昌不服复行上诉于江苏高等法院。该院竟不顾一切以明明相同之商标，认为不相类似，将职局办法及钧部功令全部推翻。虽经职局电阻裁决，迄今尚置不复。”❸

商标局作为行政机关实际上已经参与到案件的裁判中来。抛开是否在具体案件实现实体正义不说，法院的权威在商标局及其上级机关工商部的介入之下很难得到保障，以至于商标局“电阻裁决”。这一时期，正值国民党内部实行所谓的“司法党化”的司法改革，❹ 从而贯彻孙中山所提出的“以党治国”的总方针。❺ 但在一系列政治运动的嬗变之中，新的司法体制内已经不能贯彻孙中山所谓的“以党义治国，不是以党员治国”的本意。❻ 一旦认可了党员治国的规则，那么在党内职级、地位的高低，就直接决定了其权力的范围，此时的工商部部长正是孔祥熙。

“美蜂牌”商标侵权案展示了当时商标局（行政机关）和地方法院（司法机关）共享裁判商标侵权案件的职权，其结果无疑打击了司法机关的权威。商标局呈送工商部的公文中又命令道：“商人不问事权所属，投诉法庭，固无足深究。而法院为执行法律机关，亦若不知法令所在，越俎代庖，殊难索解。况法院非商标注册行政机关，对于商标审查既无深刻研究，判断错误事所必然，美蜂、美蝶前后矛盾，即其明证。窃维国家设官分职，

---

❶ 黄宗勋．商标行政与商标争议［M］．北京：商务印书馆，1940：9.

❷ 左旭初．中国商标法律史（近现代部分）［M］．北京：知识产权出版社，2005：296.

❸ 请咨司法部禁止各级法院关于商标专用之诉讼案件不得迳行判决由［J］．商标公报，1929(14)：211－212.

❹ 韩秀桃．司法独立与近代中国［M］．北京：清华大学出版社，2003：333－359.

❺ 张静茹，卞杏英．国民政府统治时期中国社会之变迁［M］．北京：中国人民大学出版社，1995：68.

❻ 韩秀桃．司法独立与近代中国［M］．北京：清华大学出版社，2003：359.

各有专司。商标注册既属职局职权，则凡遇商标案件，均应依法咨送职局处理，而维商标行政。兹纠正以往，补救将来。计拟请钧部转咨司法部通令全国各级法院及上海临时法院，嗣后遇有关于商标专用事项之民刑诉讼，均应先行咨询职局，不得迳行裁判。其呈职局异议评定有案者，固应俟评决确定后方能进行其民刑事诉讼程序，即职局无案者，亦须咨送职局依法解决。庶行政系统不致混乱，而商标均分亦可减免。"❶ 在商标局乃至工商部看来，法院在商标事务的处理上并不专业，至少不如专门执行此项事务的行政机关专业。这种不信任并未止于法院对"商标审查既无深刻研究"，甚至扩张到对法律认识的问题，指责法院"不知法令所在"从而"越俎代庖"。

诚然，商标审查的职权确实应该归属于商标局。"呈职局评定有案者"，即当事人对商标权提出异议且仍在商标局审查中的案件，法院遵照商标局认定商标权效力的结果，不仅合法理，也与当时仍在适用的1923年商标法第三十六条相符。但是，"职局无案者"，即当事人未对商标提出异议的案件，也要求法院咨询商标局意见后才能审判，显然是一种权力的无理扩张。法令实际上成了一种话语权的争夺，没有人过问如何细化法令的执行，却开始向职权分配的问题开刀。结果，法院不得迳行裁判商标争议的规则，通过一项"命令"而非"法律"的形式确定下来，❷ 从权力的层面开启了商标行政执法正当化的肇端。

"美蜂牌"商标侵权案所影射的问题，还在于司法权力和行政权力之间的较量。据当时的一些材料反映，实际上早已有一部分案件越过司法裁判，而直接通过行政权力（命令）得到保护。较早的"久字轮牌号"商标侵权一案中，直隶实业厅布告称："直隶实业厅为布告事，案据商人孙仲卿呈称……（请求）援照上海隆泰机器花札皮棍厂已有成案，转请农商部核准备案，饬属查禁冒充牌号，以维商标之信用，并咨税务处饬关，遇有本厂所造'久字轮牌号'商标各种机器并布匹以及附属等零件运销各省，准予查照成案……工商人等，一体知照。倘有射利之徒，假冒商标、坏人名誉等情事，准由该商确指控究。一经本厅查明，决不宽贷。切切！"❸除此之

❶ 请咨司法部禁止各级法院关于商标专用之诉讼案件不得迳行判决由［J］. 商标公报，1929（14）：211－212.

❷ 工商部指令商字二五二五号［J］. 商标公报，1929（14）：209.

❸ 直隶实业厅布告第一一号［J］. 实业来复报，1922（24）：7－8.

外，还有“锦源皂厂影射利华皂厂商标案”[1]“燧昌火柴公司刘海牌影射光华公司合和商标案”[2]“中亚药房狮标万金油仿冒胡文虎虎牌万金油商标案”[3]等案件，均乃通过相关行政机关饬令下属各级机关进行执法。这种情况至少发生在直隶省、江苏省、上海市、浙江省、山东省、广东省和河北省几个省市。在这些案件中，没有司法裁判的介入，也少有提及行政机关对侵权事实的调查，且各地的执法机关均不同。“久字轮牌号”商标侵权案由直隶实业厅负责“查明”和查禁，“锦源皂厂影射利华皂厂商标案”是工商部饬令南京市政府下属社会局“派员调查”和查禁的；而“燧昌火柴公司刘海牌影射光华公司合和商标案”则是浙江省建设厅饬令丽水县县长“严行查禁、以警刁顽”的。这些省、市级别的厅、局单位，实际上享受着超越司法的执法权力。

在部分地方，也有行政当局有意识地保持着对司法机关的尊重以及对司法裁判的谦抑。“桃柳琴棋及鹰带商标”侵权一案，上海特别市政府训令其属下社会局：“商标律有专条，该德商既已向临时法院提起控告，自应静候法办。惟丽新染织公司未经依法呈诉，亦应由该商向该管法庭起诉以维法益。”[4]这同一时期发生的不同案例，显现出当时不同地方在处理司法保护与行政执法问题上的巨大差距。尽管从现代法治视角出发，或许后者更值得赞许；若从“黑猫白猫论”出发，两者或许都体现出了当时各地保护商标的最佳模式，因为今天已经难以全面客观地认识到那时的社会条件。

当然，行政执法与司法裁判并不尽然是相互冲突的。当时，商标侵权产品的大规模出现在当时已经成为商人难以解决的问题，一一以诉讼应对势必成本过高。行政与司法二者的力量结合提供了一种新思路，即商人在某地提起诉讼，以胜诉判决为基础，请求各地行政机关以行政力量予以保护。这类案例中，以河北省政府处理“荷兰牛头商标”案为典型。该案中荷兰领事施爱思控告天津英瑞炼乳公司冒牌销售其牛头商标炼乳，在交河县提起诉讼后，又向河北省实业厅提起控诉称：“此次发现冒牌假货，系犯刑事上之罪名，当在交河县政府提起诉讼，业经判决查禁在案。本代理领

---

[1] 查禁锦源皂厂影射利华皂厂商标案［J］. 首都市政公报，1929（39）：137－138.

[2] 浙江省建设厅训令第一八四一号［J］. 浙江省政府公报，1929（763）：13－14.

[3] 函工商部转饬商标注册局将中亚药房狮标万金油商标撤销并函广东省政府查禁［J］. 中央侨务月刊，1930（516）：21－22.

[4] 上海市特别市政府训令第二九四六号［J］. 上海特别市政府公报，1930（42）：3－5.

事以维其他地方谅不免有冒牌假货之充斥，若一一查出起诉，自是难能之事。敬请贵主席通令所属各县，从严查禁。如查有冒牌假货，即行没收，并追究其来源。兹照抄交河县政府判决书，送请查阅。希即认真一体查禁，以资保护。再该假牛头商标之炼乳系由何处制造，并由何处批发，现尚未查出究竟，亦请饬属查明惩办，以绝根株，是所感盼。”❶ 河北省工商厅同意荷兰领事的请求，令吴桥、宁肃、清苑三县县长“严行查禁”。❷

（三）1949—1977年：计划经济体制下以管理为目的的行政执法

1949年中华人民共和国的诞生，在很大程度上重塑了一种价值观。“社会主义意味着废除私有企业，废除生产资料私有制，创造一种‘计划经济’体制”。❸ 但对私有制的改造并没有一蹴而就。事实上，工商业层面的改造完成于1956年“三大改造”运动之后。因而在中华人民共和国成立初期颁布的《商标注册暂行条例》中，还可以看到对私权保护的内容，允许商标专用权人被侵害时向人民法院起诉。❹ 然而，随着废除私有制的运动走向高潮，对于商标也形成了这样的观念：“我国是社会主义制度国家，资本主义私有制已经被废除了，资本主义的自由竞争也被消除了，生产力和生产关系又起了根本的变化。因此，商标就不再作为私有财产和垄断市场的工具。商品上使用商标，不仅是为了区别生产者和经营者，而且是代表着商品质量、规格的标记，它已经不再作为剥削的工具了。”❺ 于是，从清末以来形成的商标的私权属性因为其“资本主义性质”而不被承认。

当私权的进路被禁绝后，质量管理作用赋予了商标另一种意义。“工商食官”的现象在当时的中国似乎得到更高级别的重生，《礼记·月令》所描述的“物勒工名”制度❻也伴随而来。在这种制度下，“人名出现在器物上主要意味着‘责任’，而不是‘拥有’”❼。与两千年前“物勒工名”制度有所不同的，可能只是标记的内容不再是“（工匠）人名”，而是厂名或者企

---

❶ 河北省政府训令第一六七二号［J］. 河北实业公报，1932（13）：23-24.

❷ 河北省实业厅训令第一一一五号［J］. 河北实业公报，1932（15）：37.

❸ 哈耶克. 通往奴役之路［M］. 王明毅，冯兴元，译. 北京：中国社会科学出版社，1997：58.

❹ 《商标暂行注册条例》第二十九条：“商标专用权所有人，认为专用权被侵害时，得向当地人民法院起诉。”

❺ 钟文. 商标基础知识［M］. 北京：中国展望出版社，1982：8.

❻ 《礼记·月令》：“物勒工名，以考其诚，工有不当，必行其罪，以考其情。”

❼ 侯旭东. 中国古代人“名”的使用及其意义［J］. 历史研究，2005（5）：3-21.

业名称。

历史进程的相似并未止于一点。由于需要借用“标记”对商品质量进行普遍的管理，在所有产品上进行强制性“标记”的要求便势在必然。只有要求所有的产品都作出标识，才能够进行全面的质量监管，避免无法追溯到责任人的尴尬境地。对于没有标记的产品，则必须限制流通。在这一点上，两千年前的中国人就已经采取了强制性措施。[1] 中华人民共和国则在1955年左右开始作出统一命令，先是要求“国营、地方国营、公私合营和省级及较大城市合作社营企业的商标必须注册，私营企业的商标，不注册的必须向地方工商机关进行登记”，而后又通令“所有企业、合作社”于1957年6月30日以前对各自使用商标强制性全面注册。[2]

赋予商标以质量管理的功能得到了随后颁发的法律文件的印证。1960年颁布的《商标管理条例》明确规定：“为了加强商标的管理，促使企业保证和提高产品的质量，制定本条例。”该条例将商标定义为“代表商品质量的标志”，并赋予工商行政机关“会同有关部门对商品质量进行监督和管理”的职权。对商标的监督和管理，则具体体现为“监督商品质量，限制随意改换商标和检查督促未注册的商标进行注册”。可以看出，当时商标管理工作的主要矛头指向了商品质量监督，而“随意改换商标”是最典型的表现形式。因为随意改换商标不仅可以以次充好，更重要的是，隐蔽了真正的生产商，从而规避了商标对生产者的追踪功能，使生产者逃避承担产品质量的责任。

此外，由于计划经济体制的确立，价格机制被取代，市场逐步萎缩，自由竞争逐步减少，商标的私权属性也渐渐失去了自身意义。具体而言，“由于当时经济管理体制上照抄苏联，物资分配实行‘计划调拨’，商品流通实行‘统购包销’，生产企业只重视‘任务’，不重视生产，因而对商标也就不那么重视了”。[3] 一旦商标脱离了市场竞争进入由国家计划指令配置资源的境况，其私权属性就得不到发挥，自利的企业无法通过商标获得竞争上的优势，商标的吸引力便慢慢消失殆尽。相反，单纯的质量管理功能使商标成为企业的枷锁，增加了企业生产产品的风险，商标不受重视成为一种必然结果。国家为加强对产品质量的管理，则要求强制注册、使用商

---

[1] 孙英伟. 商标起源考 [J]. 知识产权，2011 (3)：80 – 85.

[2] 1957年《国务院转发中央工商行政管理局关于实行商标全面注册的意见的通知》。

[3] 钟文. 商标基础知识 [M]. 北京：中国展望出版社，1982：19.

标，并严禁随意变换商标，这些任务是人民法院无法承担的，工商行政管理机关理所当然地成为监督执行指令的负责人。正如哈耶克所说："集中计划意味着经济问题由社会解决而不是由个人解决。"[1] 一旦价格机制被取代，商品通过"计划调拨"和"统购包销"进行流通，完成任务是第一要务，商标不再是企业所极力维护的对象，而是成了商品使用者主张权利的依据，成为消费者维权的工具。商标所包含的"公共利益"的基调得到扩大，行政机关成为理所当然的执法机关。工商行政管理机关一旦承担起监督产品质量和保护消费者权益等责任，就几乎包办了所有的商标事务，人民法院自然没有参与的余地。

（四）1978 年以后：从管理为主的行政执法转向以纠纷解决为目标的双轨制

1978 年中国开始实行改革开放是一个新时代的开端。1978 年 9 月，工商行政管理部门成立。国务院指示："在商标管理方面，要在清理整顿的基础上，从速恢复统一注册制度。"[2] 1982 年《商标法》则是赴日本考察后，在原有《商标管理条例》的基础上积极修订的成果。[3] 实际上，时任商标局局长任中林向全国人大常委会报告 1982 年《商标法》的起草说明中，就已经提到，该法在立法精神上已经从借助商标保证商品质量转向了重视保护商标专用权；而 1963 年《商标管理条例》没有规定商标专用权的保护，也在 1982 年《商标法》的立法中得到了补充。这种观点意味着商标权作为一种"私权"的理念已经受到重视。然而，《商标法》作为质量监管法的观念并没有被摒弃，制止欺骗消费者行为依旧是《商标法》的重要任务，并被视为我国商标法的一个显著特点。最终，1982 年《商标法》文本所呈现出来的内容可以明显看到对"商标使用的管理"和"注册商标专用权的保护"的区分，条文也用了大量的篇幅来规定工商行政管理部门可以行使的职权。相反，司法机关的职权则用一句"被侵权人也可以向人民法院起诉"一笔带过。立法上对执法权力的分配被后来的研究者归结为是"中华人民共和

---

[1] 哈耶克．通往奴役之路［M］．王明毅，冯兴元，译．北京：中国社会科学出版社，1997：111－112.

[2] 董葆霖．商标法律详解［M］．北京：中国工商出版社，2004：264.

[3] 任建新．回顾中国知识产权制度的建立［M］//刘春田．中国知识产权二十年．北京：专利文献出版社，1998：24.

国成立后长期实行计划经济，用惯了行政手段来治理国家”的结果。❶ 另外，全国人大常委会考虑到知识产权侵权案件专业性强，人民法院在当时还不具有这方面的审判力量，也常常被当成行政机关介入商标侵权案件执法的重要原因。❷ 实际上，行政执法作为一种传统被1982年《商标法》继承了下来。客观上，司法保护与行政执法都成了保护商标专用权的手段，但却没有区分二者在适用上的区别，使两者行使的职权高度重叠。

此后，随着中国“复关”和“入世”谈判的开启，普遍承认知识产权是私权的潮流更强烈地影响了中国，尤其在“知识产权是私权”这一宣言被写入《与贸易有关的知识产权协议》（Agreement on Trade – Related Aspects of Intellectual Property Rights，TRIPS）之后。在此期间，中国《商标法》在1993年进行第一次修正，但修订的主要内容并不涉及执法。❸ 在2001年第二次对《商标法》进行修正的内容中，则明确提到为了遵守TRIPS第四十六条，对执法的权限进行修正。由于TRIPS第四十六条规定：为了对侵权活动造成有效威慑，司法当局有权在不进行任何补偿的情况下，将已经发现正在处于侵权状态的商品排除出商业渠道，予以销毁。因而，司法机关的重新定位成为重点。条文表述上，人民法院被放在工商行政管理部门之前，并规定行政执法必须接受司法的最终审查。全国人大法工委对条文修改的释义中也提到：“注册商标专用权侵权纠纷，性质上属于民事纠纷，当事人协商不成的，通常应通过司法程序加以解决，而不应由行政机关处理。”❹ 当然，工商行政管理机关仍然具有一定的执法权限，其理由不再是“审判力量薄弱”，而变成了“工商行政管理部门业务熟悉、处理程序简便……方便当事人”❺。但行政执法权限却被削弱，不再具有责令侵权人赔偿损失的权利，赔偿数额只能在被侵权人请求的前提下才能够进行调解，并接受司法审查，否则不能主动以行政命令的方式干预解决。司法保护和行政执法的权限至少在确定赔偿数额的问题上被区分开了。2013年修正后的《商标法》强调大力加强商标保护力度，但在行政机关与司法机关的职权分工上并没有作出修改，原有的分工体系得到了延续。

---

❶❷ 姜青富．知识产权行政保护制度研究［D］．重庆：西南政法大学，2005：3.

❸ 时任国家工商行政管理局局长刘敏学于1992年12月22日向全国人大常委会所作“关于《中华人民共和国商标法修正案（草案）》的说明”。

❹❺ 扈纪华，裘敬梅，王柏，等．《中华人民共和国商标法》释义及实用指南［M］．北京：研究出版社，2001：209.

二、中国著作权（版权）法行政执法的历史演进

（一）清末：西学东渐的司法保护趋向

版权法在中国并不是自发的，学者们更倾向于认为，中国版权法乃是“枪口下的法律”。[1] 尽管中国古代社会有零星的禁止盗印的案例，但并没有形成保护版权的意识形态。[2]“每见书肆所卖之书，其首页间有‘翻刻必究’字样，而从未闻以翻刻书籍肇成讼祸者。”[3] 这实际上描绘了帝制中国对版权的保护图景，多为权利之宣示，以官府告示形式保护版权的方法则为典型。[4] 直至清末，内外交困迫使清政府与英、美、日等国签订不平等条约，官方层面才正式确立对版权的保护。这些条约不仅谈及版权保护，还明文确定了领事裁判权。作为华洋纠纷较为突出的领域，诸多清末时期发生的版权纠纷在外国领事裁判权的干预下予以解决，但领事裁判权适用范围外，仍由地方行政长官裁判解决。

版权纠纷多发的通商口岸，华洋商人也会把纠纷呈控当时的会审公廨，由中西官员会同审理。“美查图书集成局控告孔山房石印书局”案[5]和“《格致汇编》翻印”案，[6] 侵权人被判处罚金，翻印书籍与工具也被判销毁。1896 年清政府开启司法改革并在各地设立审判厅后，华人之间的版权纠纷均可诉至各审判厅。“翻刻地图”案较为清晰地展现了当时对版权侵权案件的处理过程。该案发生于宣统元年（1909 年），版权人郑𡵉亮曾依据侵权事实先控告至警务公所，但并未得到处理。后又控告至澄海商埠审判厅，获得受理并由该厅于当年审理。尽管案件最后调解结案，但审判厅审判版权案件的做法确为不争的事实。[7] 清末政府承认对版权的保护后，无论是华洋之间抑或华人之间，司法保护都是版权纠纷的主要途径，这也符合司法

---

[1] 李雨峰．枪口下的法律：中国版权史研究［M］．北京：知识产权出版社，2006.

[2] 安守廉．知识产权还是思想控制：对中国古代法的文化透视［M］//梁治平．法律的文化解释．北京：生活·读书·新知三联书店，1998.

[3] 中西士人问答：论著书［M］//邵之棠．皇朝经世文统编（卷 6）．台北：文海出版社，1977：53.

[4] 杨利华，冯晓青．中国著作权法研究与立法实践［M］．北京：中国政法大学出版社，2014：4.

[5] 严惩翻印［N］．申报，1902－09－05.

[6] 薛理勇．旧上海租界史话［M］．上海：上海社会科学院出版社，2002：239.

[7] 汪庆祺．各省审判厅判牍［M］．北京：北京大学出版社，2007：231.

改革后由司法机关独立审判的权力变革。

进入20世纪，清政府在外国势力的压力之下，着手制定版权律。《大清著作权律》先后经商部、学部、民政部议定，多次酌改，于1910年正式颁布。这部法律实际上是当时制定得较为完善的，其体系、条款都得到后来著作权法的大量继承。对于版权侵权的公力救济，该律规定“凡侵损著作权之案，须被侵害者之呈诉，始行准理”。司法保护成为立法指定的唯一选择，并未授予其他行政主管机构以执法权力。当时的学者也注意到版权法与出版法的重大差别，指出“著作权律之保护，与出版法之取缔，全异其目的。……草案之旧，专注重于呈报，果尽出于奖励保护之旨耶？抑犹有防制禁限之意寓其中也。要之出版取缔，自属警察法令之范围，与著作权律全为别物”❶。将著作权视为私权，而出版法视为公法的理念，在当时已经形成。对于如何救济侵害著作权（私权）纠纷，该学者也作出解释称：“凡翻印、仿制、代售，皆为侵损他人之著作权，并负赔偿之责。曰除科罚外，应责令赔偿。……然损害赔偿，为民法上制裁，所以为私权之救济。”❷在《大清著作权律》通过司法，具体而言通过民事、刑事诉讼来解决版权侵权纠纷，是理所当然的做法。

（二）1911—1948年：律法更迭下行政执法的强势回归

尽管《大清著作权律》正式颁布于清朝覆灭前夕，但民国初年一则“援用清朝律例”的大总统令，使该律令沿用至1915年北洋政府颁发著作权法。❸不过，无论是《大清著作权律》，抑或北洋政府颁布的著作权法，均要求以司法途径解决著作权侵权纠纷，在行政机关处理著作权侵权案件的问题上只字未提。尽管如此，实际上通过行政执法手段解决侵权纠纷的案件却屡见不鲜。一旦涉及外商纠纷，乃至外国商会介入的情形，当时国民政府的农商部、教育部、外交部等行政机关便不同程度地介入著作权侵权的执法中来。典型者如发生在清末民初的“美国经恩公司版权交涉”案与1920年左右的“美国商会版权交涉”案。前者为经恩公司控告商务印书馆翻印《欧洲通史》，由上海租界会审公廨审理结案。❹后者突破了司法审查，美国书商课本领袖印刷局通过美国商会向农商部、教育部、外交部发

---

❶ 秦瑞玠．大清著作权律释义［M］．北京：商务印书馆，1910：5－6.

❷ 秦瑞玠．大清著作权律释义［M］．北京：商务印书馆，1910：28.

❸ 周林，李明山．中国版权史研究文献［M］．北京：中国方正出版社，1999：133－134.

❹ 周林，李明山．中国版权史研究文献［M］．北京：中国方正出版社，1999：178－192.

函，企图借此行政力量制止“侵权”。[1] 尽管案件结果是各部驳回美方请求，但通过中央各部的行政指令查处著作权侵权案件不在少数。在地方层面，上海商务印书馆曾通过奉天省教育厅，训令各县对其版权所有的图书“严禁翻印并劝令各学校不得误用，一面令劝学、视学各员随时稽查纠正以保版权，而维法律”[2]。

北伐战争胜利后南京国民政府又于1928年颁布了中华民国著作权法，在多方面都沿袭了北洋政府著作权法的规定。在著作权侵权方面，提起诉讼仍旧是法定纠纷解决的唯一方法。但当时的盗版风气日盛，书商们不得不求助于更强有力的行政执法。书商们控告，“稍有价值之书到（北）平，该翻版之徒随即翻印伪本，混售渔利，甚或将政府查禁之书，重新翻印，互相代售。倘有被人告发或被公安局查究，该奸商等即联合雇用流氓出面投案，伪称本人并未翻印，不过有人来兜，偶然贩卖等语，借以搪塞。”[3] 商务印书馆、中华书局、世界书局等几家当时中国最具规模的书局不得不联名请求北平市政府严行查禁盗版，在具体的执法部门上，则直接指向了公安局、社会局和教育局。[4] 在当局看来，司法保护与行政执法并行似乎是著作权法所容许的做法，成都市长在训令公安局的文件中要求：“局长令饬所属认真调查，遇有翻售上列各书之书店及代印之印刷社等，应予拘案。照国民政府内政法规之著作权法处办，以杜侵渔，而固版权。”[5] 司法保护与行政执法并行在当时是获得认可的，在1932年查处赵勋臣翻印出版物的案件中，上海市政府在训令公安局、社会局的函件中称：“除由受害书局向法院起诉外，特电恳钧座一面通缉赵犯，一面饬警严查其他翻印之人，依法惩治，以保著作而维文化等情。据此除分令公安局、社会局外，合行令仰该局转饬所属一体查缉，严行查禁。”[6] 实际上，从当时文献来看，人们并不关心采用何种手段解决版权侵权的问题，面对严重的侵权现象，人们更加关心如何快速、高效地制止侵权，行政执法与司法保护并存也就理所

---

[1] 周林，李明山．中国版权史研究文献［M］．北京：中国方正出版社，1999：171－178.

[2] 奉天省教育厅训令：训令各县知事为上海商务印书馆出版各种教科书饬属查禁翻印以保版权［N］．奉天公报，1913－11－16.

[3][4] 周林，李明山．中国版权史研究文献［M］．北京：中国方正出版社，1999：209.

[5] 训令公安局长查禁书商及印刷中华书局出版物一案文［J］．成都市市政公报，1928（2）：49.

[6] 令公安局、社会局据上海书业同业公会电请通缉赵勋臣并严查翻印依法惩治等情仰饬属查缉严行查禁由［J］．北平市市政公报，1932（153）：6.

当然。

1944年南京国民政府再行颁布中华民国著作权法，在立法上延续了前几部法律的做法，以司法保护作为著作权侵权的唯一救济手段，对行政执法依旧只字未提。但行政力量介入著作权侵权的现象仍旧存在，教育部及各省教育厅借著作权法之名查处翻印课本的案例尤为典型。1946年国民政府教育部据联合供应国定中小学教科书等七家书局联名上报，在全国范围内查处翻印国定中小学教科书。本案中，七大书局呈称："各（教科）书曾照约刊载'不得翻印'字样，复查著作权法亦有明文规定，翻印仿制或以其他方法侵害他人之著作权者，除处罚外，并没收其翻印仿制物。被害人所受损失并应由侵害人赔偿。……本处为维护出版法益起见，为实现负责供应计划起见，用特肃电呼吁，仰祈迅赐电令各省、市政府务须依法查禁翻版，并以紧急处分没收翻印之书籍。"对此教育部训令称："倘有私自翻版情事，自应查禁其所印课本，并应没收以儆效尤。"[1]

（三）1949—1976年：私权式微与版权问题行政化

毛主席早在1942年就指出："一切文化或者文学艺术都是属于一定的阶级，属于一定的政治路线。"[2] 中华人民共和国成立前夕和初期，出版业中具有"公"属性的力量仅占全国出版业的约1/4，余下3/4则由"私"属性的力量所控制。[3] 在当时，翻印极具时效性的政策文本是部分书店的主要收入来源，民众希望了解各项政策动向的需求与国营书店过低的产量产生矛盾，使大量私营出版社有利可寻。[4]

但是私营出版社的翻印行为很快被查禁。一方面，私营出版社因价格优势抢占了市场，严重影响国营书店的利润；另一方面，此类出版物对当时政策发表了大量的非官方评论，这是当局决难以容忍的。[5] 因而，包括首长发言、社论书报（多数由新华书店、解放出版社出版）等出版物，均规定私营出版社不得翻印。[6] 同时，诸如商务印书馆、中华书局等主营业务为

---

[1] 山东省政府训令：令各市县政府、利广霈棣垦区管理局、临冠邱特区，准教育部电查禁国定教科书翻印课本仰遵办由［J］. 山东省政府公报，1946（22）：14－15.

[2] 毛泽东．在延安文艺座谈会上的讲话［M］//毛泽东选集（第三卷）．北京：人民出版社，1991：847－879.

[3] 方厚枢．对私营出版业的社会主义改造［J］．出版史料，2006（2）：8－18.

[4][5] 朱晋平．1949—1956年中国共产党对私营出版业的改造［D］．北京：中共中央党校，2006.

[6] 周林，李明山．中国版权史研究文献［M］．北京：中国方正出版社，1999：263－264.

教科书出版的书店，由于教科书出版、发行监管愈发严格，解放后在经济上面临重重困难。❶ 当时中宣部部长陆定一指出："教科书要由国家办，因此必须如此，教科书的内容才能符合国家政策，而且技术上可能印刷得好些，价钱也便宜些，发行也免得浪费。"❷ 采取行政手段垄断部分出版物，通过行政管制保证出版政令执行，符合当时的政策背景。

中华人民共和国成立初期，对公营、私营出版商的著作权保护区别较小。第一届全国出版会议通过了《关于改进和发展出版工作的决议》，明确要求："出版业应尊重著作权及出版权，不得有翻版、抄袭、窜改等行为。"❸ 在当时体现为，新华书店（国营）翻印世界知识出版社的《朝鲜战争后的国际形势》，被出版总署点名批评，指出"不能因为要完成任务，就违背政策（未经同意翻印图书），致使作为领导者的国营出版社的威信遭受损失"❹。

通过行政手段解决是当时处理出版商矛盾的常态，但出版政策的急剧变化，使得出版和发行的两个环节被行政指令割裂开，国营的新华书店掌握全国图书的发行。❺ 私营出版业的经营状况直转急下，连商务印书馆、中华书局等大型私营出版社都不得不依靠政府贷款来维持。❻ 在报业方面，发行环节全部由国营的邮局代理，由于缺乏公费订阅，加上计划经济体制下广告需求锐减，私营报业也全面陷入亏损。❼ 随着 1953 年"一化三改"政策的提出，私营企业被一步步改造成国营单位，接受国家领导，在计划经济的统筹下开展业务。各出版社在上级的计划指令之下完成任务，实际上对其主管上级负责，因而出现纠纷时自然是由上级主管部门在内部予以协调。

在 1957 年整风运动期间，文化部接受有关部门和社会人士的建议制定了《保障出版物著作权暂行规定（草案）》，首次在成文法中明文规定著作

---

❶❷ 朱晋平. 1949—1956 年中国共产党对私营出版业的改造［D］. 北京：中共中央党校，2006.

❸ 周林，李明山. 中国版权史研究文献［M］. 北京：中国方正出版社，1999：267.

❹ 沈仁干，钟颖科. 版权法浅说［M］. 北京：法律出版社，1982：106.

❺ 方厚枢. 对私营出版业的社会主义改造［J］. 出版史料，2006（2）：8－18.

❻ 杨凤城，张春燕. 商务印书馆与私营出版业的社会主义改造［J］. 中共党史研究，2010：34－43.

❼ 施喆. 建国初期私营报业的社会主义改造［J］. 新闻大学，2002（1）：54－58.

权侵权，可由主管文化出版的行政机关处理，亦可向法院提起诉讼。❶ 但实际上，上述两种方式是有主次之分的。按照该暂行规定的说明解释，“由于我国民法、刑法都还没有正式制定，故对侵害著作权者一般只能暂作行政处理。……严重的并可向法院起诉，予以刑事处分”。❷ 可见，行政手段在当时居于最主要的地位。此外，在当时，翻译、改编作品均被认为不侵害著作权，国家出版社在未经著作权人同意的情况下编选他人著作时，文化出版行政机关可对此予以仲裁，一经后者同意，则不以侵权论；❸ 国营出版社和有关行政部门还被授权可通过国家名义强制收购著作权。❹ 行政机关被授权处理大部分的著作权侵权纠纷，而司法手段仅适用于应对情节严重的刑事犯罪。

在当时，著作权的范围被大大地压缩，其存在的意义或许只剩下作者索取稿酬的根据。包括人民出版社、人民文学出版社、工人出版社在内的主要出版单位，均在出版合同、稿酬办法中提及著作权，其中最为主要的条款则是稿酬的计算方法。❺ 作者获得稿酬的权利随着“左”倾思维的泛化而受到批评。作家依靠稿酬便过上“万元户”生活，与普通群众差距悬殊的状况导致不少人认为“一部分人（作家）的生活特殊化，脱离工农群众，对于繁荣创作并不有利”❻。而且“由于稿费优厚，造成一部分青年著译者不安心本身的工作和学习，追逐稿费，发展了资产阶级的个人名利思想……与目前空前高涨的共产主义觉悟的形势不相对称”。❼ 这股思潮影响最大时，曾一度废除了稿酬制，大部分作者以工资的形式获取创作报酬，从而防止资产阶级思想对知识分子的侵蚀。❽ 这在客观上减少了需要由司法介入的问题。

“文革”时期，著作权进一步遭到质问：“钢铁工人有必要在自己生产的钢铁上刻上自己的名字吗？如果没有，为什么知识分子享有在自己的作品上署名的特权？”❾ 实际上，就连著名样板戏《沙家浜》也是以集体创作的名义署名出版，其改编于沪剧《芦荡火种》同样未取得原作者授权。改

---

❶ 参见《保障出版物著作权暂行规定（草案）》第八条。

❷❸ 周林，李明山．中国版权史研究文献［M］．北京：中国方正出版社，1999：301－307.

❹ 同上．另参见《保障出版物著作权暂行规定（草案）》第九条。

❺ 周林，李明山．中国版权史研究文献［M］．北京：中国方正出版社，1999：267－299.

❻❼ 周林，李明山．中国版权史研究文献［M］．北京：中国方正出版社，1999：312－313.

❽ 周林，李明山．中国版权史研究文献［M］．北京：中国方正出版社，1999：326.

❾ 安守廉．窃书为雅罪：中华文化中的知识产权法［M］．李琛，译．北京：法律出版社，2010：70.

编者汪曾祺等4人与原作作者文牧的著作权纠纷直到20世纪90年代才被提出解决。

（四）1978年之后：从单一的行政执法走向双轨制

改革开放后，对外交流（尤其是与美国的贸易谈判）使得保护知识产权被提上议事日程。恢复稿酬以取代过去实行的工资制首先得到落实。[1] 中美谈判后签署的《中美高能物理协定》和《中美贸易协定》明确提出保护版权，国家领导人也迅速指示“赶快动手，组织班子，草拟版权法”[2]。首先落实该指示的是1984年颁布的《图书、期刊版权保护试行条例》，作为职能的延续，文化部主持了该条例的制定，并享有解释该条例的权力。对于版权侵权的救济，该条例规定由文化部主管的省级出版管理机构直接处理，并未赋予司法管辖的权力。[3] 但随后出台的《图书、期刊版权保护试行条例实施细则》将司法保护纳入了侵权救济的条款。[4] 二者均由文化部起草，公布时间先后不到一年，却出现明显差别，可以看出当时在该问题上争论之激烈。

自1979年胡耀邦同志作出指示以来，著作权法的立法工作已陆续开展。但著作权主管机构尚未确定，使起草工作受到不少影响。[5] 关于采取司法保护抑或行政保护来处理著作权侵权纠纷的问题，在起草过程中产生较大争议。法院的同志认为其“受理案件多，希望政府著作权管理机关能协助他们处理一些著作权纠纷”。而政府方面，也认为行政机关“有专业人员，处理问题比较便利”“中国文化人有个特点，不爱打官司，认为到法院打官司有失体面，不论有理无理，官司输赢，被法院传票传来唤去，总觉得是件不怎么光彩的事”。[6] 基于以上种种理由，导致1990年通过的《著作权法》采用“双轨制”的保护形式。

1990年颁布《著作权法》后，我国先后加入了《伯尔尼公约》《世界版权公约》《录音制品公约》和TRIPS等多部国际公约。在弥补法律不足和

---

[1] 周林，李明山．中国版权史研究文献［M］．北京：中国方正出版社，1999：332-336.

[2] 周林，李明山．中国版权史研究文献［M］．北京：中国方正出版社，1999：Ⅳ-ⅩⅣ.

[3] 周林，李明山．中国版权史研究文献［M］．北京：中国方正出版社，1999：337-341.

[4] 周林，李明山．中国版权史研究文献［M］．北京：中国方正出版社，1999：342-347.

[5] 沈仁干．有关中国著作权法制定的回顾［M］//刘春田．中国知识产权二十年．北京：专利文献出版社，1998：31.

[6] 沈仁干．有关中国著作权法制定的回顾［M］//刘春田．中国知识产权二十年．北京：专利文献出版社，1998：44-45.

履行国际公约义务两方面理由的推动下，2001 年全国人大对《著作权法》作出第一次修改。修法的内容整体加强了对著作权的保护力度，无论是行政执法还是司法保护，都在此次修订中得到不同程度的细化。行政执法方面，首先扩大了行政执法措施，在“没收非法所得”和“罚款”的基础上增加了“责令停止侵权”和“销毁复制品”的权限，还扩大了适用行政执法的侵权行为类型。在司法保护方面，首先，建立起诉前临时措施体系，包括诉前临时禁令和诉前财产保全、诉前证据保全等规则被确立下来。其次，确立司法审判中对著作权侵权行为认定的过错推定制度。侵权赔偿方面，则建立了全面赔偿原则和法定赔偿制度。行政执法与司法保护实际上呈现出一种双线扩张的态势，其结果是著作权保护力度的全面提升。

三、中国专利法行政执法的历史演进

（一）清末：专利权向设厂垄断权异化及行政执法的介入

“誉中国者，每谓中国为世界最古最大之农业国，中国人亦往往以此为自豪，以惟四千年来既以农立国矣，则居今日言富强中国，其惟振兴农业乎！若工业则非我所长，固不妨取诸他人也。”❶ 这无疑是对中国近代转型之前的客观评价。工业上取诸他人，一方面在于技术，另一方面则在于制度。

除了仿制之外，为寻求结果上的“自强”，是否制定专利制度产生了重大争议。在主张建立专利制度的论者看来，如何定位专利制度是更大的难题。近来一种将近代中国专利制度理解为科技奖励制度的观点不无道理。❷实际上，大多数中国人最早对专利的理解并没有一步到位地跳跃到“权利”乃至“私权”的观念上，魏源提出“有能造西洋战舰、火轮舟、造飞炮、火箭、水雷、奇器者，为科甲出身”，就是时人理解专利的普遍思路。作为例外，洪仁玕在《资政新篇》中所提出的是少数接近近代专利观念的表述，❸ 其对于能兴“车马之利”“舟楫之利”“器皿之利”等新技术都“限

---

❶ 陈真，姚洛．中国近代工业史资料（第一辑）［M］．上海：生活·读书·新知三联书店，1957：1.

❷ 刘建军，甘向阳．中国近代科技奖励制度建立的曲折历程——专利性质的奖励制度［J］．科学技术与辩证法，2004：84－87.

❸ 孙羽，宋子良．从洪仁玕到《振兴工艺给奖章程》——中国曲折发展的专利制度［J］．自然辩证法通讯，1998（2）：24－28.

满准他人仿做”，对于他人仿造的，则“罪而罚之”。但《资政新篇》由于太平天国的崩溃而未实现。

清政府颁布的《振兴工艺给奖章程》代表了一种传统的思路。“产权保护”并非重点，[1] 给予嘉奖却备受关注。按照不同类别的“器物”，分别予以加官进爵和专利（专售）年限，官职高者可至“工部郎中”，年限长者可达五十年。[2] 一方面，加官进爵是对中国传统观念中“学而优则仕”这一信条的体现，并且不再将学识理解为狭隘的经史子集上的“道义礼教”，承认了“奇技淫巧”作为“学识”的一部分，成为“振兴工商”“挽回利权”的重要手段。另一方面，“重义轻利”的观念也得到改变，言利尤其是“与洋商争利”成为当时社会的主流话语。

所谓的专利（专售）在实际适用中演变成了“设厂垄断权”，[3] 上海织布局在 1882 年取得的十年专利便是典型。该局总办郑观应在请求专利的函文中称：“请宪恩酌给十五年或十年之限，饬行通商各口无论华人、洋人，均不得于限内另自纺织。卑局数年来苦心巨资，不致徒为他人争衡，即利效未敢预期，而后患庶儿可免矣。”[4] 对此，李鸿章在呈光绪帝的奏折中称：“查泰西通例，凡新创一业，为本国未有者，例得畀以若干年限。该局用机器织布，事属创举，自应酌定十年以内，只准华商附股搭办，不准另行设局。”[5] 该奏折最终得到光绪帝的认可。对于专利权的保护实际上变成了对设厂垄断生产这一特权的保护。当美商试图在上海筹建纱厂时，针对此专利便发生了纠纷，并受到了李鸿章、张之洞等人力阻，依靠中国官员的政治权势，美商最终未能建成纱厂。[6] 随后日本大阪纺织会社又筹划在上海建立轧花厂，李鸿章对此事批文称：“今祥生厂英人格兰特忽议招股在浦东购基建厂轧花，实与改造土货无异，比应严速查禁。此事关系中国民生大局，

---

[1] 刘秀平. 迟滞与成长：近代中国专利制度的历史考察（1860—1923）[D]. 武汉：华中师范大学，2009：8－64.

[2] 朱寿朋. 光绪朝东华录 [M]. 北京：中华书局，1958：4128－4130.

[3] 姚秀兰. 制度构建与社会变迁——近代中国专利立法论 [J]. 法学论坛，2006（4）：120－125.

[4] 夏东元. 郑观应集（下册卷7）[M]. 上海：上海人民出版社，1988：534－535.

[5] 李鸿章. 李鸿章全集（第三册：奏稿）[M]. 海口：海南出版社，1997：1339.

[6] 刘秀平. 迟滞与成长：近代中国专利制度的历史考察（1860—1923）[D]. 武汉：华中师范大学，2009：8－64.

非途干碍布局一端也。”❶ 日商依仗其在中国的权势并未予理会继续建厂，两江总督只得以参与太平天国为借口下令逮捕为其招股的中国买办王克明，以一种曲折的方式实现了对专利权的保护。❷

实际上，除了上海织布局之外，清政府还授予了其他专利，大多形成了行业垄断。于华商，或以入局为代价，或者假冒洋商，才能够进入垄断行业。而面对外商，只能依靠官员个人的政治能量来应对，如果无法应对，只好听之任之。在晚清，行政力量是保护专利权的唯一途径，这不仅是传统政治体制之下“全能型衙门”带来的必然结果，也是因为当时专利权并没有被视为私权而不可能由司法介入。作为一种设厂垄断权，专利权在表面上被提升到了维护国计民生的高度，背后则与利益集团密切挂钩。正因如此，通过政治势力的干预来加以保护，在当时的语境下便理所当然。随着大清王朝在政治上的覆灭和“西学东渐”所带来的民智渐开，对于专利的认识有所改变。

（二）民国：以行政执法为主导的保护模式

1912 年中华民国甫一建立，北洋政府便于 12 月颁布了《奖励工艺品暂行章程》。❸“实业救国”是当时社会上下的统一认识，孙中山先生的一段话最能体现：“余观列强致富之源，在于实业。今共和初出成，兴实业实为救贫之药剂，为当今莫要之政策。”❹

另外，社会思潮的变迁也促使专利制度发生转型。在以“民主共和”为立国思想的新时代，个人本位的崛起取代了“普天之下莫非王土，率土之滨莫非王臣”的传统思想。专利制度也随之从代表王室恩惠的“设厂垄断权”缓慢走上一种私权的进路。实际上，清末商部官员已经意识到这一问题，其在《咨各省呈请专利办法略》中以指出：“盖先办之人一经准其专利，则虽有资本雄厚者，且将坐视垄断无所措手，殊与振兴宗旨相背……此属于提倡工艺范围，与商业保障显有不同。乃近日往往混而为一，寻常

---

❶ 孙毓棠．中国工业史资料（第一辑下册）[M]．北京：科学出版社，1957：162.

❷ 刘秀平．迟滞与成长：近代中国专利制度的历史考察（1860—1923）[D]．武汉：华中师范大学，2009：8－64.

❸ 关于“工艺品”概念的理解，参见《奖励工艺品暂行章程》第一条：“本章程称工艺品者为发明或改良之制造品。”

❹ 孙中山．孙中山全集（卷二）[M]．北京：中华书局，1982：340.

物品非出创制，一设场厂便请专利若干年限，致后来者无所发展，此直垄断而已，是宜明定章程以取缔之也。”[1] 当以设厂特权形式出现的概括式专利权受到摒弃时，与彼时兴起的个人本位观念契合的私权观出现便理所当然了。最显著的两个特征便是：其一，愈加重视对专利内容的审查（当时称为“考验”）；其二，明确规定侵权行为，并以民刑方法惩罚之，辅以行政手段予以执行。

最先，北洋政府工商部在1912年颁布的《奖励工艺品暂行章程》中便已规定：“伪造他人已得本部之发明改良之物品，在专卖年限以内者处五等有期徒刑或二十元以上三百元以下之罚金。”[2] 徒刑与罚金成为惩罚专利侵权的手段。按《临时约法》所规定：“法院依法律审判民事诉讼及刑事诉讼。”当时实际上已经确定了刑罚都应由司法机关予以裁判的顶层设计，[3] 因而在1923年《暂行工艺品奖励章程》出台前，至少在立法层面上，专利权是依照刑事诉讼规则受到司法保护的。

但是，以刑罚为中心的司法保护进路并没有得到后来立法的继承。在袁世凯取代孙中山成为临时大总统之后，便走上了专制独裁的复辟之路。晚清和辛亥革命后所建起来的独立审判的法院体系遭到破坏，1914年北洋政府下令裁撤原有的地方和初级审判检察厅，回归以地方长官“兼理司法”的模式。[4] 北洋政府工商部1923年颁布的《暂行工艺品奖励章程》转而规定：“在专利年限以内如有他人私自仿造妨害专利权时，享有专利权者得呈请禁止。”[5] 并在同时颁布的施行细则中规定，“凡依奖章第十四条规定呈请禁止者，应详细记载发觉私自仿造之实在情形，并将私自仿造物品呈本部查验”[6]“前条呈请本部审查结果认为证据确实者，即由部饬令地方官厅严行处罚”[7]。如此一来，行政执法完全取代了司法保护，在立法层面上成为专利权人寻求公权保护的唯一选择。在1925年云南实业司的公文中，针对华安工厂侵犯昆明机器厂专利权的行为，批文称“此案曾经市政公所批示

---

[1] 刘文藻．清朝续文献通考（卷383）［M］．北京：商务印书馆，1936：11303－11034.

[2] 施泽臣．新编实业法令［M］．北京：中华书局，1924：197.

[3] 李春雷．清末民初刑事诉讼制度变革研究［M］．北京：中国政法大学，2003：49－53.

[4] 韩秀桃．司法独立与近代中国［M］．北京：清华大学出版社，2003：230－238.

[5] 秦济宏．专利制度概论［M］．北京：商务印书馆，1946：137－138.

[6][7] 施泽臣．新编实业法令［M］．北京：中华书局，1924：201－203.

该（华安）公司禁止制造售卖矣，如果该公司迄今未遵办，应即由该（昆明机器）厂呈请市政公所查禁究办”❶。从现有文献看，当时的行政执法至少有两个特点：其一，侵权认定一般由工商部认定，并指令地方采取措施，是一种自上而下的行为；其二，行政执法的手段局限于查禁，主要目的在于制止违法，并不涉及赔偿等其他内容。

1928 年北伐战争的胜利使南京国民政府在名义上统一了全国，结束了北洋军阀统治的时期。自诩追随孙中山先生“三民主义”的当局，随后按照五权宪法的制度构架，重新搭建起独立的司法体系。❷ 1928 年南京国民政府颁布《奖励工业品暂行条例》，重新恢复了对专利权的司法保护，同时也保留了行政执法的内容。中国专利保护“双轨制”最早或出于此。按照该条例，“在专利年限以内，如有他人私自仿造、影射，妨害专利权，享有专利权者除依民事法规要求赔偿外，得呈请工商部禁止并没收之”❸。并在其施行细则中强调呈请禁止者“应详细记载发觉私自仿造或影射之实在情形，将私自仿造或影射品呈请工商部查验”❹。在此种立法分工体系下，侵权行为仍由工商部予以认定（查验），饬令禁止和没收侵权物品的权力也由工商部掌握，法院的职权则限制于对损害赔偿的判令上。事实上，以工商部为代表的行政机构掌握着对侵权案件的调查权与处罚权。“天华实业社仿造假牙筷”一案展现了当时查处假冒专利的过程，当案件材料以附件形式呈“奖励工业品审查委员会”后，该委员会开会审查并议决请工商部对该案予以调查，工商部批文准予调查，并批示若调查结论为“所用原料与制造方法如与该呈请人专利原案完全相同”，则查禁没收。❺

1932 年南京国民政府又颁布了一部名为《奖励工业技术暂行条例》的新法规，该条例分列了三种制裁侵权行为的处罚，包括有期徒刑、罚金与

---

❶ 批昆明机器厂：呈为该厂发明铁制丝杆呈准专利华安工厂任意仿造请维持查办等情由［J］．云南实业公报，1925（41）：37－38.

❷ 韩秀桃．司法独立与近代中国［M］．北京：清华大学出版社，2003：360－375.

❸ 商务印书馆编译所．民国政府颁行法令大全［M］．北京：商务印书馆，1929：491－504.

❹ 商务印书馆编译所．民国政府颁行法令大全［M］．北京：商务印书馆，1929：505－508.

❺ 韩秀桃．司法独立与近代中国［M］．北京：清华大学出版社，2003：360－375.

没收侵权产品。[1] 尽管规定了更为细致的处罚种类，但该条例并没有明确提到具体的执法主体。1938 年南京国民政府实业部改为经济部后，于 1939 年修订了该条例。在执法方面，发生了两个方面的变化：其一，进一步细化了惩处侵权行为的不同层级；其二，删去了没收侵权物品的条文，只保留了有期徒刑和罚金的惩处方式。[2] 但仍未提及具体的执法主体。1935 年发生的“不倒秤纽专利侵权”案表明，以实业部为首，在各省通过建设厅、实业厅等地方部门训令，由各县政府实际执行的执法模式依旧适用。执法的内容以查禁居多，并不涉及有期徒刑和罚金的内容。

1944 年南京国民政府颁布了《中华民国专利法》，作为我国第一部正式的专利法，在内容上较为完备地规定了“第七节　损害赔偿及诉讼”和“第八节　罚则”两个部分，明确地要求以诉讼的形式解决专利侵权纠纷。在诉讼中，建立起一套以法院为主、专利局负责协助的体系，明确了对专

---

❶ 参见《奖励工业技术暂行条例》(1932 年)：

第二十七条　伪造发明品，损害他人之专利权者，处三年以下之有期徒刑，得并科五千元以下五百元以上之罚金。

第二十八条　仿造发明品或窃用其方法损害他人之专利权者，处二年以下之有期徒刑，得并科三千元以下三百元以上之罚金。

第二十九条　明知为伪造或仿造之物品而贩卖或意图贩卖，而陈列于交易场所者，处六个月以下之徒刑，拘役或一千元以下之罚金。

第三十条　前三条之处罚，须被害人告诉，乃论。

第三十一条　依本条例第二十七条至第二十九条处罚之物品，没收之。

❷ 参见《奖励工业技术暂行条例》(1939 年)：

第二十四条　伪造发明品损害他人之专利权者，处三年以下有期徒刑，得并科五千元以下罚金。

第二十五条　仿造发明品或窃用其方法损害他人之专利权者，处二年以下有期徒刑，得并科三千元以下罚金。

第二十六条　伪造他人新型之物品损害他人之专利权者，处二年以下有期徒刑，得并科三千元以下罚金。

第二十七条　仿造他人新型之物品损害他人之专利权者，处一年以下有期徒刑，得并科一千元以下罚金。

第二十八条　伪造他人样式之物品损害他人之专利权者，处一年以下有期徒刑，得并科一千元以下罚金。

第二十九条　仿造他人样式之物品损害他人之专利权者，处六个月以下有期徒刑、拘役，得并科五百元以下罚金。

第三十条　明知为伪造或仿造之物品，而贩卖或意图贩卖而陈列者，处六个月以下之徒刑、拘役或一千元以下之罚金。

第三十一条　前七条之罪，须被害人告诉，乃论。

利侵权案件予以裁判解决的权力界限。在规定权利人得在专利受到侵害时向法院提出诉讼的基础上，规定了法院得请专利局对损害赔偿数额代为估计，[1] 又规定了专利局得向法院提供咨询意见、配合调阅文件及派员到庭说明，还规定了法院应送判决书副本予专利局。[2] 在救济类型上，从单纯刑事上的自由刑与罚金的处罚扩张到了刑事诉讼与民事诉讼并存的范围，重新明确规定权利人得请求其停止侵权，并就损害要求赔偿。[3] 这是 1928 年《奖励工业品暂行条例》之后的几部法规均没有规定的。[4] 尽管这部较为先进的专利法由于战争的原因未在中国实施，但其对专利私权属性的大胆承认，以及基于此而明确以司法保护为中心的理念，无疑是中国近代专利制度史上的一个高峰。[5]

尽管专利立法上突飞猛进，但南京国民政府重立法、轻司法的举措仍备受批评。有人指出，“吾国当局，似仅仅孜孜于立法，而不注重司法。但自夸立法之迅速与内容之新颖，而于法官之素质、待遇应如何提高、改善，则少加顾及。一若制定颁布法律后，其职责既已完了者。”[6]“司法院”参事吴昆吾也指出，法令适用之不统一、判决不能执行、警察厅及陆军审判机关都有司法权等八大问题，极大限制了普通法院司法权的行使。[7] 除了司法环境的不足，硬件设置也对开展司法保护造成障碍。1945 年后，南京国民政府在县级政权设立的法院仅 600 多所，尚有 1300 多个县没有设立正式的法院。[8] 在没有设立法院的地方，兼理司法制度依旧盛行，以县长为代表的行政机关实际上掌握着司法大权。[9] 在此背景下，若以综观全国的眼光来看，司法主导的专利保护是不可能实现的。毋宁说，在那些设立独立法院的地区，或多或少地由通过司法裁判取代行政执法来保护专利权，而这种

---

[1] 参见《中华民国专利法》（1944 年）第八十二条：法院对于前条损害数额，得请专利局代为估计。

[2] 参见《中华民国专利法》（1944 年）第八十五条：法院受理专利诉讼案件，得向专利局咨询意见，或调阅问卷，或通知派员到庭说明。

[3] 参见《中华民国专利法》（1944 年）第八十一条。

[4] 秦宏济．专利制度概论［M］．北京：商务印书馆，1946：82.

[5] 徐海燕．中国近现代专利制度研究（1859—1949）［M］．北京：知识产权出版社，2010：205 - 209.

[6] 吴学义．法律与实行［J］．法律评论，1930，8（2）：2 - 4.

[7] 吴昆吾．中国今日司法不良之最大原因［J］．东方杂志，1935，32（10）：22.

[8] 徐矛．中华民国政治制度．上海：上海人民出版社，1992：260.

[9] 韩秀桃．司法独立与近代中国［M］．北京：清华大学出版社，2003：371 - 375.

趋势在1928—1944年颁布的几部法令中越来越明显，司法和行政的界限也划分得越加清楚。而那些没有设立独立法院的地区，行政长官兼理司法就成了唯一的选择。

（三）中华人民共和国：从行政执法为主向双轨制的转变

1949年中华人民共和国成立后，政务院于次年迅速颁布了《保障发明权与专利权暂行条例》。虽然该条例执行期间只批准了6件发明专利和4件实用新型专利，被认为是“早已成为徒有虚名且停止执行的一个条例”，[1]但从该条例的行文中不难窥见当时对专利的态度。在当时，个人所有制在意识形态上受到怀疑，集体生产更受偏爱。[2]在此意识形态下，该条例参照苏联模式严格区分了“发明权”和“专利权”，专利权属于一种垄断性的财产权，而发明权则仅具有荣誉性质。[3]就申请主体而言，外国主体可申请专利，而本国居民大多数情况下只能申请“发明证书”。发明所有权属于国家，任何企业都可以无偿利用，发明人只能获得荣誉、物质等奖励，[4]只有专利权才规定了私权的保护方式。[5]1956年党中央宣布社会主义改造完成后，该条例被搁置，[6]因而无从考察当时是由行政机关还是司法机关来保护专利权。

尽管私有产权与当时的意识形态不相符，但发明仍受到鼓励和推广应用。1963年国务院颁布《发明奖励条例》，以专利权来保护发明的制度被彻底废除了，该条例强调“发明属于国家所有，任何个人和单位都不得垄断，全国各单位都可以利用它所必需的发明”[7]。在此种公有制的体系之下，并不存在保护发明的问题，“吃大锅饭”的做法在技术领域同样适用。该条例的效力，一直延续到了改革开放之前。

1978年中央领导同志前后几次批示在我国建立专利制度，[8]促成了

---

[1] 赵元果．中国专利法的孕育与诞生［M］．北京：知识产权出版社，2003：11.

[2] 费正清．剑桥中华人民共和国史（上卷）［M］．北京：中国社会科学出版社，1990：140.

[3] 杨利华，冯晓青．中国专利法研究与立法实践［M］．北京：中国政法大学出版社，2014：5.

[4] 赵元果．中国专利法的孕育与诞生［M］．北京：知识产权出版社，2003：52－53.

[5] 《保障发明权与专利权暂行条例》第七条：

“……（三）非得专利权人许可，他人不得采用其发明；违犯者应依法赔偿专利权人之损失；……”

[6] 杨利华，冯晓青．中国专利法研究与立法实践［M］．北京：中国政法大学出版社，2014：7.

[7] 参见《发明奖励条例》（1963年）第二十三条。

[8] 赵元果．中国专利法的孕育与诞生［M］．北京：知识产权出版社，2003：41－42.

1984年《专利法》的诞生。1983年11月17日《人民日报》发表文章称："在社会主义商品经济条件下，各种商品都要进行交换，都是有价值的，技术商品尤其可贵。"官方媒体的这种提法从一个高度上承认了"技术是商品"的理念，商品化便要求通过专利权（私权）来保护技术，《专利法》呼之欲出，如何在确定权利的前提下有力地保护权利成为随后立法讨论的重点之一。

1984年《专利法》的制定前后历经二十五稿，关于执法的问题实际上从第一稿（1979年6月4日稿）便有所提及。一开始规定，各种专利纠纷都由法院审判。[1] 但经过数稿改动之后，除了明确具体的处罚措施之外，在第七稿和第九稿中都提到通过建立专利法庭来审判专利纠纷。[2] 由于涉及技术问题，立法者在起草《专利法》时实际上对法院能否胜任专利纠纷审判工作心存疑虑。一方面，最高人民法院的同志提出，为了使侵权纠纷得到及时解决并减轻法院负担，应由专利局对侵权纠纷先行调解，调解不成再诉至法院。另一方面，贸易促进会和法学研究所的同志则认为这种做法于逻辑上行不通，且各地还没有专利局的分支机构，无法处理这类纠纷。[3]

首任专利局局长黄坤益向全国人大常委会就《中华人民共和国专利法（草案）》所作的说明中实际上更多照顾到最高人民法院的意见，提出为了减轻法院的审判压力，在专利权人请求的前提下，可以增加地方科研成果管理部门调解专利纠纷的职能。[4] 全国人大常委会随后对该草案作出审议并作出报告，在执法的问题上提出"考虑到专利权纠纷的处理是专业性很强的工作，行政主管部门即专利管理机关应当有权处理"。在具体的细节上，以专利管理机关取代原草案中的科研成果管理部门作为主体，并将原有的"调解"职能直接上升到"处理"专利侵权纠纷的职权，后者包括责令侵权人停止侵权以及赔偿损失。[5] 这一基调深刻影响了日后的中国《专利法》，

---

[1] 赵元果．中国专利法的孕育与诞生［M］．北京：知识产权出版社，2003：212.

[2] 赵元果．中国专利法的孕育与诞生［M］．北京：知识产权出版社，2003：228，234.

[3] 赵元果．中国专利法的孕育与诞生［M］．北京：知识产权出版社，2003：272.

[4] 黄坤益．关于《中华人民共和国专利法（草案）》的说明［M］//杨利华，冯晓青．中国专利法研究与立法实践．北京：中国政法大学出版社，2014：175－180.

[5] 张友渔．关于《中华人民共和国专利法（草案）》审议结果的报告［M］//专利工作文选．北京：专利文献出版社，1985：23－25.

以“法院审判力量薄弱”和“专利纠纷专业性很强”为主的若干因素支撑了专利执法“双轨制”的存在，随后的修法只是在此基础上细化和明确法院系统和行政系统的职权分工。

为了配合1984年《专利法》的实施，国务院迅速下达通知在各省、自治区、直辖市、工业部（局）、经济特区和开放城市设立专利管理机关，并授予其执行和管理双重职能。[1] 在1984年《专利法》的条文中，行政执法被象征性地放在了司法保护之前，作为一种“准司法保护”，其实际上被赋予与司法裁判相同的权限，可以责令侵权人停止侵权及赔偿损失。在随后由中国专利局颁布处理专利纠纷的指导文件中，对于行政执法的具体程序更是与司法程序极其相似，甚至允许行政机关在处理纠纷时参照人民法院的标准酌收费用。[2] 各地方政府也陆续颁布了大同小异的行政规章，用以划定地方专利行政部门的执法权限。在执法类型上，除专利侵权纠纷外，专利申请权纠纷、专利申请后授权前的实施费用纠纷乃至专利技术合同纠纷等都被纳入了行政执法的范围。

专利权保护的“双轨制”模式在很长一段时间内并没有遭受质疑，在为“入世”创造积极条件的客观背景下，通过不同手段加强专利保护既是法律问题，更是政治任务。官方主流观点认为应当加强专利行政执法，并视之为中国《专利法》的创举。[3] 在实际的法律适用中，部分地方也出现了专利侵权救济以行政执法为主的现象。[4] 1992年修正《专利法》，也没有提及行政执法的问题。

但对专利行政保护的理论质疑却从未消失，私权纠纷是否应由司法途

---

[1] 参见1984年8月23日《国家经委、国家科委、劳动人事部、中国专利局关于在全国设置专利工作机构的通知》。

[2] 参见1986年《专利管理机关调处专利纠纷暂行办法》和1989年《专利管理机关处理专利纠纷办法》。另需说明，该收费条款随后因备受质疑而于1991年被《中国专利局关于中止执行〈专利管理处理专利纠纷办法〉第二十六条和第二十八条的通知》所废止。

[3] 持此类观点的代表性论述包括：高卢麟．以加大保护力度为突破把专利行政执法工作推向新阶段［J］．中国专利报，1994（12）：1；莫于川．知识产权行政保护制度亟待改革［J］．改革，1998（6）：89－95；王活涛，刘平．专利纠纷的行政调处和司法审查协调之重构［J］．科研管理，2000（1）：73－80.

[4] 以云南省为例，全省约70%的专利侵权纠纷案件通过行政执法解决。参见：范严生．专利执法中一个有关法律的问题初探［J］．云南科技管理，1996：63－64.

径予以救济，成为该问题的典型讨论进路。[1] 2000年《专利法》再次修正，专利行政执法的去留以及保护力度的强弱成为当时争论最为激烈的问题之一。[2] 一方面，立法者承认专利侵权纠纷是民事纠纷，原则上应当通过司法程序予以解决。另一方面，如何将复杂的专利侵权纠纷通过高效的机制予以解决，成为立法者不得不考虑的现实需求。[3] 除此之外，根据TRIPS，专利的保护途径将直接影响国家之间的贸易关系，触及国家利益和社会公共利益。为了保留国家对专利权保护的调控能力，专利行政执法得到了保留。[4]

对于行政执法属于何种性质的问题，在当时引起了较大的争论。为了解决这一问题，2000年修法作出了严格的规定。其一，认定侵权成立是其职权之一，也是行政机关要求侵权人承担民事责任的前提。包括责令停止侵权等行为，一同被确定为一种具体行政行为，后续的司法审查以行政诉讼展开。其二，行政执法中责令侵权人赔偿损失的权限受到限制，专利行政机关只能“调解”损害赔偿的问题，而不再具有作出行政裁决的权力。行政调解则是一种居间行为，不具有约束力，当事人有异议的则以民事诉讼的形式由法院予以裁判。其三，为了提高行政执法的水平，执法主体被限制在省、自治区、直辖市一级的行政部门，以保证执法质量。

2000年《专利法》的修正并没有终结理论界对专利行政执法的争论，因为此次修正既没有满足一种彻底废止行政执法的激进诉求，也没有满足进一步加强行政执法的愿望。尽管在2008年修法中得以延续，但争议依旧激烈。行政机关在参与第四次修改《专利法》的过程中，建议降低执法主体的级别，以及增加对群体侵权、重复侵权的执法权限，从而追求其行政权力的扩大。[5] 最高人民法院则提出专利权的司法主导，并且着重强调对行

---

[1] 较早质疑专利行政保护的代表性论述包括：卫聪玲．论知识产权的行政保护［J］．政府法制，1995（3）：23；刘刚仿．我国知识产权制度中行政处罚机制的利弊［J］．国际贸易问题，1997（12）：42－45.

[2] 尹新天．专利法详解（缩编版）［M］．北京：知识产权出版社，2012：514.

[3] 参见2000年国家知识产权局局长姜颖向全国人大常委会所作的《关于〈中华人民共和国专利法修正案（草案）〉的说明（2000）》。

[4] 尹新天．专利法详解（缩编版）［M］．北京：知识产权出版社，2012：515.

[5] 参见2015年发布的《中华人民共和国专利法修订草案（送审稿）》第六十条。

政执法行为的程序审查和执法标准的实体审查。[1] 实际上，以往司法和行政两个系统相互配合，合力保护专利权的时代逐步落幕。在两种力量都足以独立解决侵权纠纷的时代背景下，以法律为准绳的相互制衡或将成为新常态。

[1] 参见最高人民法院2017年颁布的《中国知识产权司法保护纲要（2016—2020）》。

第二章　知识产权司法保护的失灵

一、知识产权行政执法的理论图景

第一章通过横跨百年的叙述展现了一幅有关知识产权保护的历史图景，在此基础上，第二章将缩小时间维度，集中讨论20世纪80年代以来国内有关知识产权保护的相关理论。

（一）知识产权行政执法的定位迷失

知识产权行政执法面临的首要问题，是行政执法与司法保护之间的关系。知识产权制度对于中国而言是舶来品，是“枪口下的法律”。[1]第一章的大量史实证明，中国知识产权制度的百年史，是一个从“逼我所用”到“为我所用”的法律变迁史，也是一个从被动移植到主动创制的政策发展史。[2]尽管世界知识产权组织（WIPO）前任总干事阿帕德·鲍格胥曾盛赞中国用不到三十年的时间，走过了西方国家一两百年才完成的立法进程，但在夹缝中求生存的知识产权法并未能获得自身的独立品格。受限于时代之背景，20世纪80年代，传统意识形态以及官僚政治的干预[3]是知识产权法在当时获得保障的主要途径。这一点在第一章已充分描绘。

随着法律品格的完善，过去约束知识产权执法方式的力量渐渐被削弱，知识产权行政执法在我国逐渐呈现出理论与现实失调的状态。自20世纪末期开始，学界对知识产权行政执法的讨论便存在一种“存废”的紧张情绪；[4]

---

[1] 李雨峰．枪口下的法律——近代中国版权法的产生［J］．北大法律评论，2004.

[2] 吴汉东．中国知识产权法制建设的评价与反思［J］．中国法学，2009（1）.

[3] 曲三强．被动立法的百年轮回——谈中国知识产权保护的发展历程［J］．中外法学，1999（2）.

[4] “在知识产权保护体系中，行政保护机制与司法保护机制一样应当受到重视，那种弱化、排斥甚至否定知识产权行政保护作用的观点和做法显然是不符合实际的。”参见：莫于川．新技术革命与知识产权行政保护制度创新论要［J］．中国人民大学学报，1999（4）.

2008 年《国家知识产权战略纲要》颁布时便明确提出要“发挥司法保护知识产权的主导作用”；知识产权各单行法修订时，执法权限应如何分配，成为理论的博弈场。[1]此时，过去被忽视或被默认的前提需要重新正名：为何需要调用公共资源保护作为私权的知识产权？行政力量的介入和扩张是否会蚕食作为私权的知识产权？行政执法如何发挥效用？行政执法与司法保护如何协调？

一系列提问的背后潜藏着话语的颠覆。话语的形成以非话语实践为依据，[2] 过去渗透于各处的行政秩序，在法治中国的语境下受到新的约束，此时，知识产权行政执法的话语体系面临重构。重构的失败，意味着对过去的否定，把知识产权行政执法视作特定的历史产物，通过解构其本身以说明它在新环境下的不合时宜，进而否定其延续；重构的努力，是对理论的再挖掘，在新的事实基础上，完善其存续之根基。两者的互动造就了知识产权行政执法的存废之争，它是知识产权行政执法定位迷失的表现。

在此思潮下，知识产权行政执法、司法保护并行的双轨制受到质疑。双轨制曾被认为是具有中国特色的知识产权保护制度，但有学者通过分析英、美、德、俄、澳等 13 个国家的知识产权行政管理机构指出，知识产权实行专业行政执法和行政准司法机构执法与司法平行的“双轨制”是世界上多数国家的通行做法。[3]具有中国特色之处在于，国外知识产权行政管理机构没有直接行政执法职能，知识产权行政执法主要依靠专业行政执法机构和行政准司法机构，而我国知识产权行政管理机关直接承担行政执法职能。[4]国家知识产权局重组后，由市场监管综合执法队伍承担专利、商标的执法职能，这已与国际通行做法相去不远；国家版权局下设执法监督处，地方设有文化市场行政执法（稽查）总队，在广州、西安、海南、重庆、

---

[1] 有关存废讨论之文章，可参见：易玲．中国知识产权行政保护“存与废”之路径［J］．求索，2011（1）；曲三强，张洪波．专利行政保护研究［J］．政法论丛，2011（3）；邓建志．专利行政保护制度存在的正当性研究［J］．湖南师范大学社会科学学报，2017（4）；李永明，郑淑云，洪俊杰．论专利行政执法的限制——以专利最新修法为背景［J］．浙江大学学报（人文社会科学版），2013（5）；刘银良．论专利侵权纠纷行政处理的弊端：历史的选择与再选择［J］．知识产权，2016（3）．

[2] 米歇尔·福柯．福柯访谈录：权力的眼睛［M］．严锋，译．上海：人民出版社，1997：181．

[3] 李顺德．关于加强知识产权行政管理和行政执法的思考［M］//中国社会科学院知识产权中心．中国知识产权保护体系改革研究．北京：知识产权出版社，2008：46－78．

[4] 李顺德．对加强著作权行政执法的思考［J］．知识产权，2015（11）．

上海、北京均为独立执法机构，其他各省市则受版权行政管理机关或广播电视局管辖。

双轨制何以成形？有学者认为，“高度集权”和“官本位”构成了中国政治体制的重要特点，国家行政构成整个社会的绝对重心，强行政弱司法的传统，导致行政执法机制在较少争论的情况下，被纳入法律之中。[1] 但从司法实践角度观察，这一历史基础亦发生着变化。在知识产权制度建立之初，“双轨制”模式充分利用行政力量，满足了在较短时间内建成有效知识产权保护体系的需要。但是，随着我国知识产权法律制度不断完善和知识产权司法保护的日益成熟，行政执法与司法保护在相互配合、相互协调过程中出现的问题不断增多，一定程度上制约了知识产权司法保护主导作用的发挥。[2]

毋须赘言，以上讨论均表明：知识产权行政执法的定位面临重构。目前，学界对知识产权行政执法定位重构的努力源于以下三个方面：第一，以受到国际条约（主要为 TRIPS）和世界各国认可，作为知识产权行政执法的正当性基础；第二，以知识产权的私权/公权属性命题作为支撑知识产权行政执法的立脚点；第三，以知识产权行政执法的制度实效作为根基。

（二）国际条约认可及比较法依据

实际上，TRIPS 对知识产权行政保护持较暧昧的态度。依据 TRIPS 第一条第一款、第七条、第四十一条第一款、第六十二条之规定，缔约各方可根据自身国情设置知识产权保护制度，只要其符合第四十四条第四款的司法审查要求，但除第五十一条至六十条知识产权海关保护外，TRIPS 再未言及知识产权行政保护的具体制度，均使用执法程序（Enforcement Procedure）作为统摄。这带来了两种不同的阐述。第一种观点认为 TRIPS 并没有规定各成员必须实施行政保护制度，且对该制度予以严格限制，总体体现为否定的态度；第二种观点则认为，知识产权行政保护符合 TRIPS 原旨，后者对其持积极肯定的“扬弃”态度。

持肯定态度的学者认为，第五十一条至第六十条的海关保护，第二十三条第一款脚注提及的行政保护，都表现了 TRIPS 对知识产权行政保护的肯定；知识产权行政保护体现了“低成本、高效率”的执法原则，取消或

---

[1] 邓建志．中国专利行政保护制度的基础理论研究［J］．湖南师范大学社会科学学报，2012（3）．

[2] 陶凯元．充分发挥司法保护知识产权的主导作用［J］．民主，2016（4）．

者削弱知识产权行政保护制度应当受到TRIPS“不得减损已有知识产权保护水平”原则的制约。[1]此外，知识产权行政保护可彰显TRIPS中促进国际贸易、保护公共利益、权利平衡的目标，符合TRIPS中的必要原则、适当原则以及不得减损现有保护水平的原则，应在私人侵权、国家侵权、维系国家权力等保护范畴内完善和发展。[2]

持否定态度的学者则认为，知识产权行政执法并非在多数国家普遍适用，它没有成为谈判的焦点就纳入了相关条款，很多内容有待解决。另外，“司法最终审查原则”的适用，表现为TRIPS要求知识产权行政保护要逐步被弱化，最终被司法审查取代。[3]同时，为照顾众多成员的制度差异，TRIPS理解和尊重各成员选择适合本国实际的知识产权制度，但也强调行政程序需遵循和司法程序同样的规则，且应有司法审查，这表明TRIPS对于专利等知识产权的行政程序持认可但审慎的态度，没有行政保护并不意味着中国的知识产权保护水平不能达到协议要求，把TRIPS对行政程序的认可作为支持中国理应选择专利等知识产权纠纷行政处理路径的理由难以成立。[4]

事实上，即使在“最低保护标准原则”下，TRIPS亦未提供知识产权司法保护、行政执法的有效组织原则，其在第四十一条第五款已声明，“本部分的任何规定在实施知识产权与实施一般法律的资源分配方面，也不产生任何义务”。[5]尽管TRIPS对中国知识产权立法影响之深远有目共睹，但应该承认，TRIPS中未呈现出足够的依据，用于释明知识产权行政执法的正当性，以此作为分析框架，既缺乏解释力和内部结构的一致性，也未能展现分析的明晰性。

（三）知识产权的私权/公权属性命题

知识产权“私权公权化”命题的提出，希冀释明在“私法公法化”的浪潮中，政治国家与市民社会的分野日益模糊，国家公权力在知识产权确权、管理、保护等方面不断渗透，逐步形成知识产权“公”“私”混合的属性。[6]作为一次理论的探索，知识产权的公/私属性命题被广泛运用于知识产

---

[1] 邓建志．《TRIPS协定》对知识产权行政保护的规定及其启示［J］．知识产权，2013（1）．

[2] 杨武松．TRIPS协议知识产权保护的原旨解读及未尽事宜［J］．学习与实践，2016（3）．

[3] 易玲．中国知识产权行政保护“存与废”之路径［J］．求索，2011（1）．

[4] 刘银良．论专利侵权纠纷行政处理的弊端：历史的选择与再选择［J］．知识产权，2016（3）．

[5] 与贸易有关的知识产权协定［EB/OL］．［2019－03－30］．http：//www.ipr.gov.cn/zhuanti/law/conventions/wto/trips.html.

[6] 冯晓青，刘淑华．试论知识产权的私权属性及其公权化趋向［J］．中国法学，2004（1）．

权行政执法的正当性问题研究，如果可以证明知识产权具有公权属性，行政权力的介入便显得天然且正当。故有必要重新审视该命题的讨论。

赞同或反对知识产权私权公权化理论的学者，自始至终都未否定知识产权的私权属性，双方分歧的焦点在于，如何解读国家权力对知识产权的介入和干预。赞同者认为，国家公权力对知识产权的积极介入是由其自身属性所引起的，知识产权兼具私权和公权两种属性；反对者则认为，权利皆受到限制，国家公权力介入既不能作为私权公权化的依据，亦非由知识产权独有属性所引起。

具有代表性的赞同者认为，同一个知识产品上，权利人和社会公众的利益的保障，都有赖于法律对知识产品的保护和限制；这种利益平衡的机制体现为公权力广泛的介入和调整，包括授权、许可、登记、查处等行政职能和规范；公权力的渗透有助于追求公共利益的价值目标的实现。因此，知识产权兼具公权属性和私权属性，二者相互对立又融合，私权属性是矛盾的主要方面，公权属性是矛盾的次要方面。[1]此外，“私权”与“公权”存在共性，国家公权力向知识产权领域渗透，是知识产权制度社会化和公法化的过程，政府角色强化、公共政策影响加深并未改变知识产权的私权属性，而是赋予其公权性质，这一性质主要表现在社会公益性、国家授予性和利益权衡性三个方面。[2]

反对者针对私权公权化的依据进行一一反驳。具有代表性的观点认为，创造性活动是权利产生的“源泉”（source），而法律（国家机关的授权活动）是权利产生的“根据”（origin），权利的属性取决于权利的基本内容而不是权利的产生方式；公法私法化源于国家对经济生活的干预，其是对私法自治原则的限制，不可能内化为知识产权从私权向私权/公权混合体的演变；私权神圣强调对私权的保护，利益平衡强调对私权的限制，两者并不对立，而是共存于知识产权制度设计的内部，它们没有也不应该改变知识产权的私权属性。[3]

针对行政授权的性质，知识产权作为私权，登记、授权等必要的行政

---

[1] 冯晓青，刘淑华．试论知识产权的私权属性及其公权化趋向［J］．中国法学，2004（1）．

[2] 李永明，吕益林．论知识产权之公权性质——对“知识产权属于私权”的补充［J］．浙江大学学报（人文社会科学版），2004（4）．

[3] 吴汉东．关于知识产权私权属性的再认识——兼评“知识产权公权化”理论［J］．社会科学，2005（10）．

行为并非将本属于政府的私权授予申请人，这种“要式行为”不能改变知识产权的固有属性。[1] 至于私法公法化的影响，这是近代民法向现代民法发展的趋势，这种形式的变化并未突破民法自身的框架；现代民法对财产所有权的保护不像近代民法那样绝对化；按照现代民法的思想，认为财产权应受一定的限制，财产所有权具有社会性。[2]

另外，从利益角度划分公法和私法，只是试图在法律上将国家和个人区别开来，但这种人为定义是非技术性的，因而很难适用；即使适用，国家对知识产权制度的干预，表现为知识产权在权能范围与效力范围方面受到某些限制，但并不改变知识产权的基本属性；国家战略的制定是一种经济政策，与知识产权的法律性质无关；对知识产权的国家干预是对权利的限制，它自始有之，并广泛存在于其他传统民事权利中，既非知识产权自身性质所引起，亦不会导致私权属性的改变。[3]

总体而言，以“公共利益”作为国家公权力介入的正当性背书并不特殊，如房屋征收，既是对物权的限制，亦是对公共利益的维护，此时法律机制的存在便是对公共利益与私人利益的均衡。利益平衡原理的问题不在于它不适用于知识产权，而在于它并非独用于知识产权。利益平衡原则的普适性，表明了知识产权是整个私权体系中的一部分，但如果对知识产权行政保护正当性基础的理解仅停留于利益平衡机制，并把引申而来的私权公权化命题作为行政保护的根基，那么，理论和实践的联系将会被削弱，因为我们很难从利益平衡本身说明其界限在何处，私权/公权如何寻求自身的适用边界。

（四）知识产权行政保护的制度实效

自知识产权行政执法受到法学界关注开始，“低成本、高效率、主动性”的标签便不断见诸学者笔端。[4] 1995 年中美签署的第二个知识产权协议《有效保护及实施知识产权的行动计划》以及 1996 年的第三个知识产权协议《关于中国在 1995 年知识产权协议项下所采取的实施行动的报告》，中美双方均将行政执法作为主要保护手段。[5]但事实上，对知识产权行政保护

---

[1] 刘春田．知识产权解析［J］．社会观察，2003（2）．

[2] 梁慧星．从近代民法到现代民法——二十世纪民法回顾［J］．中外法学，1997（2）．

[3] 孙海龙，董倚铭．知识产权公权化理论的解读和反思［J］．法律科学（西北政法学院学报），2007（5）．

[4] 莫于川．知识产权行政保护制度亟待改革［J］．改革，1998（6）．

[5] 凌金铸．知识产权因素与中美关系：1989—1996［D］．苏州：苏州大学，2005：130－157．

的比较优势尚未取得足够共识。“低成本、高效率、主动性”皆为行政保护的比较优势，其对标的是司法保护，通过比较两者的制度效益以证成行政保护优势的过程中存在两种论证逻辑：其一，将司法保护与行政保护看作两种相对独立的保护体系，后者较前者门槛更低、效率更高，并具备较强的能动性，是有益补充；其二，把司法保护和行政保护视为一个相互联系的整体，行政保护扰乱了司法保护的进程，看似高效的保护方式，实际上扩大了整体运行的成本，故不可取。

具有代表性的反对观点认为，司法最终审查机制下，知识产权行政执法通常涉及行政执法、行政诉讼、民事诉讼等环节，往往导致纠纷解决周期长、效率低下和资源浪费，最终导致界权成本的增加；一旦进入司法程序，行政机关的行政执法活动很可能归于徒劳；行政执法较为宽松的受理条件相比司法诉讼更为严格的诉讼条件，容易引发恶意的行为，从而导致执法成本增加；行政执法因缺乏完整的程序制约，较之司法诉讼，往往不能保证处理结果的正确性和公平性，从而影响执法的效益。[1]此外，有学者还指出，行政执法带来了公共机构财政支出的高昂费用，经过20多年建设，知识产权法院或法院知识产权审判庭的专业性已经不弱于行政管理部门的专业性，后者并不再具有专业优势；行政执法和司法保护存在判断标准不一、受理程序矛盾、处理程序重叠等内在冲突，尚缺乏有效调解机制；社会治理一般需要把执法者与纠纷裁决者分开，借以维护纠纷裁决的公平，但囿于历史和现实，中国在知识产权治理问题上却把两者混同在一起。[2]

如果说反对者是从“供给端”驳斥行政执法的制度实效，支持者则另辟蹊径由“需求端”进行分析，以执法成效证成其制度效益。无独有偶，此类研究多集中于专利执法。有学者分析2001—2013年中国专利行政执法统计数据，发现行政执法案件量快速增长，总体上是法院案件量的1/3，调解和撤诉占专利侵权纠纷行政处理的73%，跨部门执法2400多次，跨区域执法2600多次，并认为行政执法是司法保护的有益补充。[3]此外，以2010—2014年中国专利执法案件为样本，同样发现比例的增长；1985—2010年专

---

[1] 李永明，郑淑云，洪俊杰．论知识产权行政执法的限制——以知识产权最新修法为背景［J］．浙江大学学报（人文社会科学版），2013（5）．

[2] 刘银良．论专利侵权纠纷行政处理的弊端：历史的选择与再选择［J］．知识产权，2016（3）．

[3] 万里鹏．我国专利行政执法制度实证分析［J］．科技管理研究，2015（9）．

利行政执法案件占法院同期案件比例约为 30.35%，到 2014 年行政和司法处理专利民事纠纷案件占比约为 46% 和 54%，行政执法有明显增长，专利行政执法绩效显著。[1]《2017 年中国专利调查报告》指出 72.7% 的专利权人希望管理专利工作的部门主动执法查处侵权行为，希望专利行政部门调查取证的比例为 73.1%。[2]

支持者多数避而不谈的是，知识产权行政执法增长的原因呈现出不协调之处，除执法力度加强外，还存在不少非理性因素。以著作权为例，在重点打击书籍类商品的商标侵权的执法活动中，某县工商行政管理部门安排了专人跟踪"中国商标网"上的商标注册信息以及该县辖区内的图书销售信息，一旦发现某种书籍的名称或其封面设计中的局部图案与他人针对期刊、杂志、书籍类商品申请注册的商标近似，就会对出版该书籍的出版社进行处罚。[3]这对我们的启发是，特征不明显的统计数据，很难反映知识产权行政执法的真实面貌。

当问题落脚于知识产权行政保护的制度实效时，知识产权保护运作的过程、功能和效用成为讨论重点，这点既不同于以文本解读为基础的比较法研究，亦不同于偏于类型化的知识产权私权公权化命题。它从结构功能主义出发，试图厘清知识产权行政保护的关键因素，并以此构建解释力与内在结构相一致的理论框架。我们认可这一研究方向，本章余下之论述，均为对知识产权行政执法制度实效的补充，但在进行深入论述前，需要阐明研究的进路。

（五）经济学进路分析知识产权行政执法

1. 知识产权的经济学分析

以经济学为视野，分析知识产权运作，并非新鲜事。亚当·斯密、边沁、密尔及其他古典经济学家都曾对知识产权进行简要的讨论；20 世纪初，美国学者阿诺德·普兰特（Arnold Plant）发表了有关专利与著作权的经典文献，[4]

---

[1] 邓建志．专利行政保护需要加强的实证研究［J］．知识产权，2016（7）．

[2] 国家知识产权局．2017 年中国专利调查报告［EB/OL］．［2019－04－06］．http：//www.sipo.gov.cn/zscqgz/1121280.htm．

[3] 刘平．侵犯商标专用权的行政处罚问题研究——一起商标行政执法案件引发的法律思考［J］．知识产权，2010（2）．

[4] 这两篇文章分别为：PLANT A. The Economic Aspects of Copyright in Books［J］．Economica，1934，1（2）：167－195；PLANT A. The Economic Theory concerning Patent for Inventions［J］．Economica，1974，1（1）：30－51．

并提出具有开创性的意见。20世纪中叶，法经济学分析兴起，[1] 以成本、收益为分析框架，以总体利益最大化原则为指导的经济学进路，[2] 不断见诸法律论著；至20世纪70年代，美国知识产权经济分析的文献激增，[3] 并逐步成为一个经济学中常青的话题。根据中国知网数据统计，1993年之前数据库中尚未有知识产权与经济分析的讨论；2001年“入世”前后，一年有45篇；2016年，年产256篇文献。在这一系列有益研究的演进中，知识产权与经济分析的联系源于两方面：其一，知识产权创造了垄断，但它的福利效果如何，却远比想象中复杂；其二，法经济学分析兴起，知识产权与市场联系紧密，使得规则中的正义更贴近效率，减少伦理的桎梏。

事实上，知识产权制度的社会经济福利并不明晰，前景理论[4]、公地悲剧理论[5]为知识产权的福利效应站台；与此同时，反公地悲剧[6]、专利

---

[1] 现代法经济学的真正兴起却是以新制度经济学为基础，以20世纪50年代末60年代初芝加哥大学法学院Journal of Law and Economics的创办（Aaron Director）和《社会问题》（Coase，1960）的发表为标志，其学科发展之脉络，可参照：史晋川，吴晓露．法经济学：法学和经济学半个世纪的学科交叉融合和融合发展［J］．财经研究，2016（10）．

[2] 波斯纳提出的利益最大化不同于边沁所提出的，人在各个生活领域都是自己满足度的理性最大化者，而是考察判断行为和制度是否公证或良好的标准是这些行为和制度是否最大化了社会财富，参照：波斯纳．司法/正义的经济分析［M］．苏力，译．北京：中国政法大学出版社，2002：13－115.

[3] 与知识产权研究激增的调查与分析，可参照：MENELL P S. Intellectual Property：General Theories［M］//BOUCKAERT B，DEGEEST G. Encyclopedia of Law and Economics Civil Law and Economics. Cheltenham：Edward Elgar Publishing，2000：129－156.

[4] 前景理论同样根植于经典的激励理论中的经济学传统，但其关注点却不在于对创造进行事前激励；相反，这是一种事后激励，强调知识产权人通过许可有效实施其创新发明的能力，参照：KITCH E. The Nature and Function of the Patent System［J］. Law & Economics，1977（20）：265；GORDON WJ. Of Harms and Benefits：Torts，Restitution，and Intellectual Property［J］. Legal Strudy，1992（21）：449，473－474.

[5] 该理论认为，理性的人会过度使用所能接触到的公共财产，因为每个人都会从其个人使用中获得所有收益但仅需承担少量的成本。英国圈地运动是这一理论的写照——把公共草地转换为私人财产，尽管从正义的角度而言，它受到诸多批评，但该运动极大提高了农业生产率，相关论述参见：威廉·M. 兰德斯，理查德·A. 波斯纳．知识产权法的经济结构［M］．金海军，译．北京：北京大学出版社，2016：15.

[6] 这一理论是指：假如每块人行道都为不同的主体所有，则每一步都需要经过权利人的授权，穿越自己的社区将是一件相当麻烦的事。例如某一产品必须包括A和B两部分，且各部分由不同的企业享有权利，各企业因此能够垄断地控制相应的部分，那么每个企业都会在控制的部分上进行垄断定价。因此，整个产品的价格将升高，因为对同一下游市场征收了两份不同的垄断性费用。参照：LEMLEY M A. Place and Cyberspace［J］. California Law Review，2003（91）：521，523；LICHTMAN D. Property Rights in Emerging Platform Technologies［J］. Legal Study，2000（29）：615.

丛林[1]、信息封建主义[2]对这一垄断形式提出了质疑，也有学者坦言这一问题的复杂性，在1958年弗林茨·马奇卢向国会报告专利制度改革前景，[3]以及英国2005年发布的《整合知识产权与发展政策》中都提及了一段话：如果我们之前没有知识产权制度，那么创建这样一项制度是一种不负责任的做法，但既然知识产权制度已经成为我们的一项法律制度，那么废除它同样是不负责任的。

把“激励”（Incentive）与“接触”（Access）之间的交换视为知识产权的核心难题，使知识产权法的经济分析陷入胶着，因为“激励”与“接触”之间的社会福利比较是个困难。与此同时，波斯纳法官也指出，把“激励”与“接触”视为知识产权法的核心命题，会割裂物质财产与知识财产的连贯性。[4]我们认可这一观点，与知识产权行政执法对社会福利的间接影响相比，我们更关注知识产权行政执法对权利人的直接影响，即知识产权行政执法如何影响知识产权的排他效力。

2. 知识产权行政执法与市场秩序

依据传统法学分析，财产权是一种对于某物的“完全排除”的对物权（故知识产权也被称为“准物权”）；[5] 而法律经济学的分析则认为财产权是对资源行使某些活动的权利的一个集束或集合体，是个人对资源的一系列特殊的使用权。两者的区别在于，构建财产权的核心是否包含了“物”（或称财产客体）。科斯指出，若交易成本不存在，不同的资源配置方式并无实质区别，由谁取得权利，关键在于权利的界定（赋予特定主体的权利束）能否降低交易成本，[6] 而非是否包含物（或财产客体）。科斯的观点，显然无法在传统法学分析范畴中获得支持，后者认为，物（或财产客体）

---

[1] 专利丛林现象是指，相互交织在一起的知识产权组成稠密网络，一个公司必须披荆斩棘穿过这个网络才能把新技术商业化，参照：SHAPIRO C. Navigating：The patent thicket：Cross licenses，patent pools，and standard setting [M]. Massachusetts：Massachusetts Institute of Technology Press，2001.

[2] 揭示知识产权制度的工具本质和TRIPS形成的背景和实际情况，质疑知识产权造成的垄断，参照：彼得·达沃豪斯. 信息封建主义 [M]. 北京：知识产权出版社，2005：2-46.

[3] 丹·L. 伯克，马克·A. 莱姆利. 专利危机与应对之道 [M]. 马宁，余俊，译. 北京：中国政法大学出版社，2013：49.

[4] 威廉·M. 兰德斯，理查德·A. 波斯纳. 知识产权法的经济结构 [M]. 金海军，译. 北京：北京大学出版社，2016：14.

[5] 如威廉·布莱克斯通（William Blackstone）著名的定义，财产权为“一个人对世间外物主张和形式的唯一和专制的支配，完全地排除世上任何其他人的权利”。

[6] COASE. The Problem of Social Cost [J]. Law & Economics，1960 (3)：2.

是财产的起点，它属于个人的对抗一个很大范围并且不确定的人的权利。[1]

不少学者试图协调这两种相悖的观点，引起我们注意的是梅里尔和史密斯的研究。[2]他们把“信息成本”引入财产权的分析之中，认为传统法学注重“物”的概念范畴，是因为“若缺乏‘物’界定权利范围，一个不确定的大范围内的义务主体需要很高的信息成本方可知晓这些权利对他们的行为施加了什么约束”；法律经济学若想实质降低交易成本，建立“对物权”是不可或缺的，因为“不论是通过法律还是社会行为准则，建立对物权都是一个非常普遍的策略，它可以降低稀缺资源控制权分配的信息成本”。

我们认为，在分析财产权的保护（尤其是知识产权）时，引入“信息成本”的概念是有益的。人们通常认为，以财产权为核心的产权制度是市场经济的基石，而价格机制则是市场发挥作用的基本途径，不同市场主体依据价格信号，对供需关系进行弹性调整。那么，财产权是如何发挥基石作用的？“激励”是广受认可的说法，“有恒产者有恒心”，财产权给予市场主体足够动机，依据价格信号进行理性调整，从而实现市场内部秩序的自治。但是，人们开展市场活动的动机多种多样，把“激励”视为财产权的基本功能，无法解释法律对财产权不同权能的安排，即财产权的一系列权利束是如何有效组织，并发挥效用的。对这一问题的解决，哈耶克的研究提供了诸多有益的参考。

哈耶克在解释市场秩序如何实现时，充分考虑到个体的影响。哈耶克认为“这个过程（市场秩序的建立）中运用了大量的知识，但这些知识并不是集中在任何单个人脑中的知识，而是分散在不计其数的不同个体当中”[3]。换言之，哈耶克认为市场秩序实现的关键，在于产权制度的安排有利于“分散知识”的运用，即财产权的不同权能构造有利于分散主体依据自身的知识进行有效决策。很显然，哈耶克认同自己对市场秩序的剖

---

[1] HOHFELD W N. Fundamental Legal Conceptions as Applied in Judicial Reasoning [J]. Yale Law Journal, 1917 (26): 718.

[2] 托马斯·梅里尔，亨利·史密斯. “法律经济学中财产权怎么了?” [J]. 罗胜华，译. 私法，2003 (2).

[3] HAYEK. Studies in Philosophy, Politics and Economics [M]. London; New York Routledge & Kegan Paul, 1967: 29.

析，通过运用“分散知识”的概念，哈耶克构建出“自生秩序”的雏形，并把该结论运用到更为广泛的社会学视角。哈耶克认为“如果一个社会秩序能够较好地服务于涉于其间的个人利益，并较好地运用参与其间的个人知识，那么从一般意义上讲，这个社会秩序就是有助益的”[1]。“自发秩序”的概念引发了20世纪的诸多争议，考虑到历史上许多经典、富有价值的思想模型被过分抽象成一般性规则，而失去其最有营养的部分，为避免这一风险，我们仍把哈耶克的论述集中在他早期对市场运作体系的分析上。

哈耶克对市场运作体系的描述，支撑起我们为知识产权行政执法描绘的图景：由于缺乏有效知识（分散于不同市场主体），公权力对市场主体行为的直接指导通常是无效的，这也是为何福柯描述的“规训－惩罚”结构无法直接运用于与知识产权相关的市场活动（本章第二节将重点描述）。那么，行政执法和司法保护在市场运作体系中扮演着什么样的角色？哈耶克同样给出了答案。哈耶克认为，分散知识能够被有效运用，至少依赖于两个前提：第一，人们对某些行为规则的普遍遵守；第二，个人对具体情况的调适。[2]如果要确保人们普遍遵守“某种行为规则”，这意味着法律应当存在、健全且有效施行。

大多数情况下，“以符合法律规范的方式参与行动的人，大都不是把服从视为一项法律义务，而是因为环境认可这种行为并反对相反的行为，或者是习惯使然”[3]。事实上，法律命题直接作用的对象是司法机关或执法部门，即由一人或多人承担着特殊任务：随时准备专门提供的（物理或心理）强制手段，以保证法律规范的实施。从这一层面展开，知识产权行政执法与司法保护是同源：为知识产权法提供保障。但在提供保障的形式上，行政执法与司法保护无疑存在重大区别，那么，区别从何而来？

法律需要的保障，除强制力外，还有可适用性。即使人们已普遍遵循某些行为规则，但是，规则本身亦不可能一成不变；如果认为规则制定后

---

[1][2] HAYEK. The Constitution of Liberty [M]. London; New York: Routledge & Kegan Paul, 1960: 265－284.

[3] 韦伯．经济与社会［M］．阎克文，译．北京：人民出版社，2009：430.

便直接囊括所有现实情境，显然过于理想化。法律是不完备的，[1]为了向其提供充分保障，行政执法与司法保护需要进行有效分工，行政执法与司法保护应各有侧重：部分保护方式（行政执法）应侧重于执行法律的效率，以确保其应有之强制力；部分保护方式（司法保护）应侧重于调整法律的有效性，以确保其公正。分工的结果在今天看来是清晰、显而易见的，但鲜有研究指出，这种分工建立的考量因素。结合市场秩序建立的前提，我们在此试图给出一个答案——信息处理的效率（详细论述见本章第二节）。

在结束本节论述前，我们还试图强调，无论是司法机关抑或执法部门，它们对法律提供的强制力保障终究是有限的。一部“有保障的法律”绝不意味着，法律的实施均系司法机关或执法部门介入的直接结果。司法机关或执法部门提供的保障，是在有效解决个案的同时，向外界证明自身对特定领域的管制是有效的，进而产生如下效应：由于事实上极有可能诉诸法律强制而使规范得到尊重。要实现这一目标，意味着司法机关或执法部门必须能够充分运用当事人提供的信息，妥善、高效地处理个案纠纷；同时，个案纠纷的处理结果，应作为反馈信息作用于知识产权法秩序，达致法律调整的效果。

二、司法保护：知识产权保护的基本范式

（一）知识产权保护的剖析

制度何以正当？这源于对某种价值的肯定，在知识产权法中，它会表现为“是否应予以知识产权保护”“应予以多大强度的保护”的设问。否定前者，使知识产权保护机制的讨论显得毫无意义；对后者的举棋不定，使外部经济环境和政策需要成为主导因素，减弱对保护机制本身的考察。假设对价值的设问均予以肯定回答，问题将变得清晰：知识产权赋予权利人对特定利益的预期，在理想状态下，其可转化为实际利益；但现实中，预期利益的转化或存在障碍，此时，权利人需要第三方（知识产权保护机构）介入，清除障碍。这里会延伸出一个问题：权利人为何不亲自清除利益转

---

[1] 皮斯托、许成钢将契约不完全情况下的最佳控制权分配理论移植到法律中来，认为法律与契约一样，在信息约束下无法完全描述未来的所有可能状态，即使能够描述，成本也太高，为了有效处理和应对将来可能发生的不可预期的情况，事前将相应的立法权力，或者说相机执行权力作出最优配置就是必需的。许成钢．法律、执法与金融监管——介绍“法律的不完备性”理论［J］．经济社会体制比较，2001（5）．

化的障碍。

1. 知识产权保护的私力救济障碍

回答该问题的关键，是知识产权的无形性。如果一瓶汽水被抢走，所有者大可通过私力救济的形式，恢复对汽水的实际占有，只要其行为未超过合理限度。然而，一瓶汽水的商标若被他人假冒，生产者不可能在市场流通过程中，以直接取走假冒商品的形式，恢复对商标的实际占有，因为商标并不等同于这瓶汽水。对特定有体物的占有，具有唯一性，物的转移会伴随着法律效力的产生，无论法律对此作出的是何种评价。但对无形财产的占有，具有非物质性，除非特定物是该无形财产的唯一载体；否则，只有当法律效果发生时，对无形财产的占有才是有效的。因此，法律在两者中存在重要区别：前者需要法律对利益分配的结果进行确认，后者需要法律对利益分配的秩序进行确认。

诚然，对利益分配秩序的确认，意味着对特定市场主体经济优势的巩固，知识产权人为地创造稀缺性，为特定市场主体提供更多的交易机会，这属于某种垄断，并使知识产权在过去、现在、未来都会面临制度的正当性挑战。但同样，如果这种利益分配秩序不受认可，或者维持这种利益分配秩序的力量不复存在，知识产权预期利益转化的障碍，将无法或难以消除。此时，人们会拒绝把相关知识产品投放到市场进行交易，例如“独门秘方”“传男不传女”等限定技术流通的行为在不同文化中皆有体现。为克服预期利益的转化障碍，人们也会采用内部规范的形式，确保特定秩序得到遵守，例如版权领域内，剽窃就曾以难堪、羞辱、遭排斥或社会舆论等方式，对违反了社会规范的人施加耻辱性惩罚。[1]

缺乏外部强制手段的社会规范，对不同群体的规制作用依赖于群体内部的各种势力的平衡，一旦平衡被打破了，约束行为的外部条件将被修正。这里，我们并无意表明，不同社会规范对知识产权秩序的调整十分脆弱；恰恰相反，基于习惯与观念的相互作用，它们往往促使人们表现出更稳定的行为模式。然而，当人们希望把内部秩序作用于外部群体时，法律、行政手段、司法途径成为可能的选择。对于具有无形性的知识产权，这种需求更为明显。因此，无论古今中外，知识产权保护均存在寻求公权力保护的动机。

[1] 理查德·波斯纳．论剽窃［M］．沈明，译．北京：北京大学出版社，2010：11－30.

例如，专利方面，据记载，公元前10世纪雅典王国时代，意大利南部古都锡巴里斯（以生活奢侈著称），一个厨师曾被授予“独占”其新的烹饪方法一年的“特权”。❶1331年，英王爱德华三世曾赋予佛兰德的工艺师约翰·卡姆比（John Kempe）在缝纫与染坊技术方面“独专其利”。❷1421年由城市国家佛罗伦萨对建筑师布伦莱希发明的“装有吊机的驳船”授予三年的垄断权。❸版权方面，1265年中国福建转运司发布檄文，曰：“据祝太傅宅干人吴吉状：本宅见雕诸郡志，名曰《方舆胜览》及《四六宝苑》两书，系并本宅贡士私自编辑，数载辛勤。今来雕版，所费浩瀚。窃恐书市嗜利之徒辄将上件书版翻开，或改换名目，或以《节略舆地纪胜》等书为名，翻开搀掠，致本宅徒劳心力，枉费钱本，委实切害。照得雕书，合经使台申，乞行约束，庶绝翻版之患。乞给榜下衢、婺州雕书去处张挂晓示。如有此色，容本宅陈告，乞追人毁板，断治施行……右令出榜衢、婺州雕书去处张挂晓示，各令知悉。如所有似此之人，仰经所属，陈告追究，毁版施行，故榜。”❹商标方面，爱德华四世（1442—1483年）时期，有一个法案规定，布料生产者必须在其生产的棉绒衣服的边角上加盖印章，它的效力等同于当时的“警察标记”（Police Marks），一旦出现他人假冒或者生产者自身的手艺缺陷，就有可能构成一种“警察罪行”（Police Offence），并受到严厉的惩罚，❺ 对于金银饰品行业也有加设证明标记规定。❻

2. 公权力的作用

再来谈谈公权力的作用。如前所述，相较于实体物的权利秩序，知识

---

❶ 文希凯，陈忠华．专利法［M］．北京：中国科学技术出版社，1993：7.

❷ WILLIAM M. The English Patent System［M］. London：Nabu Press，1905：11. 转引自：郑成思．知识产权论［M］．北京：社会科学文献出版社，2007：3.

❸ 何勤华．英国法律发达史［M］．北京：法律出版社，1998：307.

❹ 周林，李明山．中国版权史研究文献［M］．北京：中国方正出版社，1999：3. 转引自：张玉敏，李雨峰．中国版权史纲［J］．科技与法律，2004（1）：42－47.

❺ SCHECHTER F I. The historical foundations of the law relating to trademarks［M］. New York：Columbia University Press，1925：38. 转引自：张惠彬．工具到财产：商标观念的历史变迁［J］．知识产权，2016（3）：61－69.

❻ 在13至14世纪，金银饰品都是由合金制成的，一般百姓很难判断其纯度。1300年英国政府立法规定：只准金匠公会的会员从事金饰行业，所有金饰制品在销售前必须送到行会的地方分馆中检验、标记。通过检测的制品上注有两种标记：其一，制造者的个人标记；其二，国王的标记。参照：BELSON J. Certification marks：special report［M］. London：Sweet & Maxwell，2002：16－24. 转引自：张惠彬．工具到财产：商标观念的历史变迁［J］．知识产权，2016（3）：61－69.

产权法秩序的实现，对外部法治环境的依赖程度更高。司法机关或执法部门的介入，意图实现的目标是，由于事实上极有可能诉诸法律强制而使规范得到尊重。通常，“威慑”被认为是达致该目标的有效途径。但是，威慑的效果是如何实现的，法国哲学家米歇尔·福柯在《规训与惩罚》一书中，作出不少有趣且极具启发性的思考。

福柯研究的问题是，诸如断头、分尸等作为“公共景观”的公开处刑为何会在18世纪后期开始逐步消失，取而代之的是，在限制个体自由后，精细化地安排其从事不同活动。[1]除了人道考量之外，福柯认为，“这些变化伴随的是运作对象的置换”。[2]换言之，惩罚的内容，不再是仪式化地对肉体施加痛苦，并向公众展示，从而唤起人们内心的敬畏与恐惧；而是通过层级监视、规范化裁决和检查，技术性、精确化地控制人们行为，达到规训的效果。[3]这一转变的核心是“有效”。惩罚不再试图借助肉体，构建“罪－罚”之间连续的心理想象，实现“镇压”的效果。相反，层级监视使监管者获取对象的直接信息，而规范化裁决针对不同行为进行直接调整；使两者发挥持续效力的，是由各种文书技术所包围的检查，它把个体（自然人或法人）变成被书写的客体，“检查－处罚－调整”的循环，把外部的管理要求转化为内部的自我管理规范，不合规范的行为始终处于公权力的压制网络，直至它被纠正或被放弃。如果个体一旦意识到自己的行为很大概率将被调整，为避免在调整的同时接受惩罚，他会率先调整自身行为，此时，秩序（或称纪律）便作用于其身上。福柯提出，这种“层级监视－规范化裁决－检查”的权力体系，是先从军队展开，再到学校、医院，最后，借由法律作用在整个社会共同体之中。福柯认为，“原则上平等的权力体系的一般法律形式，是由这些细小的、日常的物理机制来维持的，是由我们称之为纪律的那些实质上不平等和不对称的微观权力系统维持的。”[4]

---

[1] 福柯以《巴黎少年犯监管所》规章为例，从第十七条到第二十八条，详细列举了犯人每个时间点应当从事的不同行为，如起床、劳动、进餐、学习等。参见：米歇尔·福柯．规训与惩罚［M］．刘北辰，等，译．北京：生活·读书·新知三联书店，1999：6－7.

[2] 米歇尔·福柯．规训与惩罚［M］．刘北辰，等，译．北京：生活·读书·新知三联书店，1999：17.

[3] 米歇尔·福柯．规训与惩罚［M］．刘北辰，等，译．北京：生活·读书·新知三联书店，1999：193－218.

[4] 米歇尔·福柯．规训与惩罚［M］．刘北辰，等，译．北京：生活·读书·新知三联书店，1999：248.

不难从福柯描述的权力机制中，获取对现代生活的另一种理解：法治的另一面，是无所不在的微观权力系统，法律的威慑在于其对个体行为的直接纠正。依照这样一种治理脉络，知识产权法秩序若要获得保障，司法机关与执法部门是无法分开的，甚至可以认为，知识产权行政执法可发挥的作用，要胜于知识产权司法保护。然而，我们必须指出，福柯所描述的画卷，未能全然适用于私法秩序。因为财产权的目标，并非指导个体如何从事交易，它希望达致的效果是改变市场活动的约束条件。换言之，在市场经济体制下（与计划经济相对应），司法机关或执法部门均不会比市场主体更合适作出以下决定：何时交易、与谁交易、通过何种途径交易、如何控制交易的影响、如何确保交易的完成。因此，福柯提出的"微观权力系统"在此并不能发挥其预期的效用。

相反，知识产权法获得保障的途径在于，通过公权力的介入，改变相关市场活动（版权、商标、专利等）实现利益最大化的交易模式。即人们经过理性计算后，发现与知识产权权利人的一系列交易（转让、授权许可等）是最为经济的做法时，知识产权法获得的保障最大。因此，在知识产权法域里，"由于事实上极有可能诉诸法律强制而使规范得到尊重"中"法律强制"，并非一种基于公权力的压迫或者是暴力的直接结果，而是一种经过理性化计算的"经济强制"，即一旦启动公权力介入，（知识产权）侵权人将付出更多的经济代价。

3. 公权力的边界

如果（知识产权）权利人寻求公权力介入时，侵权人最终支出的费用低于或远低于直接与权利人进行交易，那么，权利人与侵权人会进行一场无休止的"猫鼠游戏"。换言之，知识产权法的实施并不能改变市场活动的约束条件；同样，如果权利人寻求公权力介入时，权利人最终承担的成本低于或远低于维权收益，即使侵权人支出费用要高于直接与权利人进行交易，也是一场"虚假的胜利"，它会展现出一种怪象：知识产权保护已经到达相对较高的程度，但权利人仍然不停质疑知识产权制度。另外，公权力介入后，权利人获得的维权收益应小于侵权人直接与其交易的收益；否则，滥诉将频频发生。如果采用公式化的表达，公权力发挥作用的条件将表现为：

$$F > P_0，且\ P_0 > P - C_1 > 0,$$

F（Fee）是公权力介入后侵权人实际支出的费用。P（Profit）是公权力介入后权利人的实际维权收益。C（Cost）是公权力介入产生的成本，一般而言，该成本会分解为权利人的维权成本（C_1）和侵权人的应对成本（C_2）。P_0是权利人与侵权人协商达成的知识产权交易价格，在多数情况下，它仅仅是一种交易预期，且P_0应围绕知识产权的实际价值上下浮动；此外，即使权利人与侵权人无法达成交易，只要侵权人停止生产与知识产权相关产品，同样可视作知识产权经济效益的体现，故P_0可设为常量。

知识产权司法保护中，侵权人实际支出费用会等同于诉讼成本（C_2）和侵权赔偿（等同于权利人的维权收益P），知识产权司法保护发挥作用的条件将转变为：

$$\because F > P_0, P_0 > P - C_1 > 0,$$

且

$$F = P + C_2,$$

$$\therefore P + C_2 > P_0, P_0 > P - C_1 > 0$$

知识产权行政执法中，权利人的维权收益并非是由侵权人直接向权利人赔偿损失，而是借由执法部门的介入，使权利人与侵权人达成交易或停止生产，故权利人的维权收益等于P_0，知识产权行政执法发挥作用的条件将转变为：

$$\because F > P_0, P_0 > P - C_1 > 0,$$

且

$$P = P_0,$$

$$\therefore P_0 > P_0 - C_1 > 0$$

$$\therefore F > P_0, P_0 > C_1 > 0$$

由于P_0是常量，两组不同的等式向我们揭示了以下几方面内容：

（1）具备一定强度的处罚（$F > P_0$）是知识产权司法保护与行政执法发挥作用的共同条件；

（2）司法保护与行政执法的维权成本（C_1或$C_1 + C_2$）是不同的，因为必须考虑两种不同保护方式的程序设置及内在机理；

（3）通过控制侵权赔偿金额，司法保护可实现维权成本的弹性调控；

（4）行政执法缺乏调控维权成本的手段，如果权利人投入的维权成本过高，将直接反映为行政执法低效，例如，侵权人不服行政处罚结果，提起诉讼；

（5）过高强度的保护（F极大），对司法保护效益的影响，甚于行政执法，例如，知识产权非运营实体的滋生；

（6）合理保护强度下（F适中），降低维权成本，是提升司法保护与行政执法效益的理想途径。

在这几方面内容中，最为关键的是（2）司法保护与行政执法的维权成本，它决定着行政执法与司法保护的效用边界。信息成本是维权成本的产生及效益之所在，如果信息被有效传递、处理，维权成本会大大较低，反之亦然。一旦材料制作、递交的周期过长，或难以作出有效审查，权利人的维权成本费将骤然递增，知识产权的保护会陷入困境，表现出举证困难、处理周期过长、维权费用高昂等问题。

要证成这一点并不困难，历史早已作出背书。18世纪至19世纪中期，在英国获得专利保护的程序大体如下："……准备一份申请书，并附上一份严格正式的专利声明投交当时的内政部；从国务大臣处取得该申请书的一份证明并送交当时的检察长准备专利提案；准备一个提案并做两个备份，置于检察长署的专利提案办公室，在收到许可状后将提案转换成'女王提案'并保存在印章办公室；通过加上一些正式用语以及盖印章，将一份备份提案转变为'印章提案'，通过类似方式将另一份备份转变为'御玺提案'；将相应专利模型的'御玺提案'提交上议院的大法官。"❶此外，在英国专利制度改革前，一个英国人若想获得一个英格兰的专利，他需要交纳约100英镑的专利申请费；若他想得到效力能及于英格兰、威尔士和苏格兰的专利，他需要付出约300英镑的专利申请费。❷ 而当时英国三地工匠年薪约为58.8英镑。❸在此背景下，我们不难理解欧洲废除专利制度的浪潮。英国议会两院的领导人建议取消专利制度；❹ 德国、荷兰、瑞士等国也掀起了

---

❶ TANIS M D. Patent Abolitionism [J]. Berkeley Technology Law Journal, 2002, 17 (2): 899-952. 转引自：张韬略. 英美和东亚专利制度历史及其启示 [J]. 科技与法律, 2003 (1): 103-114.

❷ KHAN B Z. Intellectual property and economic development: lessons from American and European history [R]. Brunswick: National Bureau of Economic Research, 2002. 转引自：张韬略. 英美和东亚专利制度历史及其启示 [J]. 科技与法律, 2003 (1): 103-114.

❸ 一六八九——八一五年的英国（下）[M]. 辜燮高，等，选译. 北京：商务印书馆，1997: 161-164.

❹ 起初，人们对专利制度改革仍抱有较大的希望，专利改革的呼声大于专利废除，但几次专利修改失败后，人们开始将热情转向专利废除运动，参照：MACHIUP F, PENROSE E. The Patent Controversy in the Nineteenth Century [J]. The Journal of Economic History, 1950, 10 (1).

反专利的浪潮，[1] 荷兰、瑞士废除实施多年的专利法正是这场反专利运动的高潮。[2]

简化信息成本是当时专利改革的核心。1836 年美国成立专利局，减少专利文件审批流程，确立专利审查标准，具体、客观地表述人的个性对技术形成的实质性影响，通过新颖性、实用性、非显而易见性特性，审查机构可甄别出实际保护将产生额外社会成本的专利，避免专利泛滥等问题再度发生。信息成本的降低，对效率影响是惊人的，以后来的英国为例，在 1852 年专利法修正案提出建立英国专利局（UKPO）前，当年专利授予数是 891 件，到 1854 年专利授予数是 2113 件，且当时英国尚未统一专利授权的标准。[3]

（二）知识产权司法保护的优势

乍一看，无须支付程序启动费用的知识产权行政执法，似乎具有“低成本”之优势，但这一看法无疑忽略了权利人投入维权成本产生的效益。为使自身的知识产权受到保护，权利人需要投入的成本，远不止启动保护机制。他需要证明自身权利的存在、权利的范围以及涉嫌侵权者的侵权行为，这是信息传递的过程；而裁决者（法官或执法人员）需核查相关证据、查明事实、适用法律、执行裁决，这是信息处理的过程。不能认为执法人员一经权利人举报，就会积极主动地作出反应。因为这一假设忽略了执法资源的有限，一旦资源配置量未能与实际工作量相匹配，执法活动（尤其是行政执法）会衍生出逐利性，因为它们只能优先配给到存在刚性需求的事项中，即“间歇性、选择性执法”。[4]此时，执法期限的延长、执法结果的效力，均成为权利人的维权成本投入。因此，知识产权司法保护与行政执法的比较基础，应回归到两种保护手段的基本区别：被动式执法和主动式

---

[1] 1800—1900 年，荷兰主要的经济来源在于货物贸易，其工业化进展主要集中于 20 世纪以后，因此，专利制度将部分商贸获益转嫁到了外国商人手中，使得本国商人的利益在市场零和博弈中受损，以致最终废除了专利制度，瑞士情况近似于荷兰，德国情况近似于英国。有关各国工业化进程问题，可参照：厉以宁．工业化和制度调整［M］．北京：商务印书馆，2015：4－26.

[2] 有关 19 世纪中叶欧洲反专利运动，可参照：亚当·杰夫，乔西·勒纳．创新及其不满：专利体系对创新与进步的危害及对策［M］．罗建平，等，译．北京：人民大学出版社，2007：76－82.

[3] 数据来源参照：KHAN B Z. Intellectual Property and Economic Development：Lessons from American and European History［R］．Brun swick：National Bureau of Economic Research，2002. 转引自：张韬略．英美和东亚专利制度历史及其启示［J］．科技与法律，2003（1）：103－114.

[4] 王锡锌．中国行政执法困境的个案解读［J］．法学研究，2005（3）：8.

执法。

1. 处理复杂问题的信息传递效率

尽管有学者指出我国行政执法存在“被动性”的特点，[1] 但可依职权启动的行政执法，无疑与严格遵循“不告不理”原则的司法保护存在重要区别。理解信息的传递过程，有助于理解两种执法方式的区别。处理知识产权纠纷的全部事实材料均掌握在不同当事人手中，它们需要被筛选、组织，进而传递至法院或行政执法部门手中。然而，事实材料在筛选、组织的过程中存在一项重要的限制因素——信息扭曲。

信息扭曲由人的逐利性所诱生，对其纠正是不同程序设置之核心。在司法裁决程序中，法官依据“三段论”等逻辑工具和特定的裁决规则(Rule of Decision)，[2] 在自身的正义自觉与程序的证据证伪之间取衡，尽管证据仍会被有选择地呈现，但彼此对立的立场又使其不得不就具有争议性的问题披露尽可能多的、有说服力的信息，交错的信息编织成一个立体的信息网络，信息间矛盾的地方剔除了冗杂、不友善的信息点，减少信息扭曲的产生。

行政执法则以行政型秩序[3]取代法庭上的系统论证，执法人员对权利人提交的初步证据通过合法地调查取证，缓解因信息不对称造成的不利地位，对案件事实形成自由心证或请示上级领导，依据现有法规，作出行政决定。

基于不同程序的特点，司法保护与行政执法对信息成本的分配是不同的。在司法程序中，当事人充分举证对法官查明案件事实，具有举足轻重的作用；若当事人举证不能，则应承担不利后果，故其必须承担更多的信息成本。因此，即使权利人的维权成本以及侵权的应诉成本（C_1+C_2）已经相对较高，法院仍可通过调节双方的收益系数（F），将之维系在契合理

[1] 行政执法的被动性表现为：“不出大事不理”“不举报不理”“不报道不理”“不批示不理”。参见：胡宝岭．中国行政执法的被动性与功利性——行政执法信任危机根源及化解［J］．行政法学研究，2014（2）．

[2] 比如，基于先例的司法裁决程序其裁决规则为相关的、既存有效的先例规则或先例原则，是从先例的判决理由（意见）中提炼出的；而衡平型裁决程序诉诸有良知意识的称职法官，对公平正义的理念考量而非法律规则。参见：韩振文．面向证立获致正当性的司法裁决程序［J］．北方法学，2018（4）．

[3] 行政型秩序，是由马克斯·韦伯提出的社会学术语，主要指通过组织内部的首脑或行政班子下达行政指令，以解决行政纠纷或实现某个既定的目标。参见：马克斯·韦伯．经济与社会（第一卷）［M］．阎克文，译．上海：人民出版社，2010：141－145．

性核算 [$P_0 > F - (C_1 + C_2) > 0$] 的水平。

在行政执法程序中，行政执法队伍的主动调查，取代了法庭质证，减轻了当事人的举证责任，部分信息成本由当事人转移至执法人员。如前所述，这部分成本并非真正从权利人身上减免了，缺乏当事人举证的结果是，行政执法需投入更多人力、设备、资金进行案件调查，并完成论证。与之相对应，权利人必须付出更多时间成本；此外，如果执法部门在缺乏详细举证的情况下，直接作出处罚决定，面对的知识产权纠纷越复杂，被法院更改处罚结果的概率就越高，此时，对信息的处理完全无效，维权成本骤然增加，行政执法的实际效力削弱（$P_0 < C_1$）。

这意味着，随着案情复杂程度的上升，当事人举证责任加重，案件处理的信息成本增加，司法保护与行政执法对知识产权保护的边际效益会发生很大不同（如图 2－1 所示）。

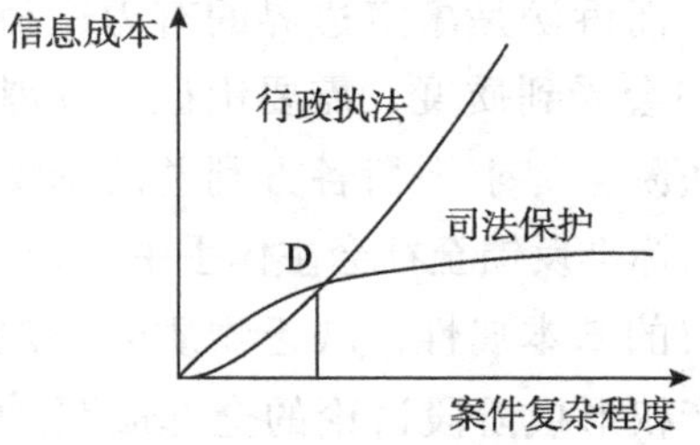

图 2－1 不同保护方式成本对比

以美国 *Ass'n for Molecular Pathology v. Myraid Genetics* 案为例。[1] Myraid 公司于 1997—2000 年向美国专利商标局提交多项申请，并获得了乳腺癌易感基因 BRCA1 和 BRCA2 的专利，该专利使得对乳腺癌易感基因检测、分析需要向 Myraid 公司付费（3000 美元），这一举动被视为限制科学研究，损害患者对医疗权的获得，并指责其违反美国宪法第一修正案和专利法。显然，仅凭执法部门的调查活动，无法回应在该案中所提出的保护诉求；而实际上，对比双方在美国专利商标局和诉诸法院后所提交的材料，后者是前者的 5 倍之多。[2]经过几轮诉讼后，美国联邦最高法院最终裁定，自然产生的 DNA 片段是自然产物，并不仅仅因为其被分离出来便具有可专利性；cDNA

---

[1] See Ass'n for Molecular Pathology v. Myraid Genetics, Inc., 569 U.S., 133 S. Ct. 2107 (2013).

[2] 闫文军. 专利法学说与案例研究［M］. 北京：知识产权出版社，2015.

则满足可专利性，因为它并不能自然产生。

因此，面对复杂问题的信息搜寻，无论司法机关还是执法部门应该做的是“更少”，而非“更多”。在程序设置上，法院无疑比执法部门更适合担任这一角色，因为“如果我们拥有所有的有关信息，如果我们能从一组给定的偏好出发，如果我们拥有关于现有一切手段的完整知识，剩下的问题纯粹是个逻辑问题。因此，哪一种体制更有效率，主要取决于哪种体制中现有知识更可能被充分利用。而知识的更充分利用又取决于我们能更成功地把所有应该利用的、在开始时分散于许多人中间的知识交给一个中央机构处理，还是能更成功地把人们所不拥有的知识在人们需要的时候传递给他们，以使人们能协调自己的计划从而与其他人的计划相适应”❶。

2. 有利于法律适用标准的生成

知识产权法是从法庭走向立法大厅的法律。❷权利边界的形成是知识产权法得以实施的原因，而诉讼是敲定边界的有力途径，因为知识由不同主体汇聚至法庭时，它们会受到质疑、需要论证，以消弭因个体利益对规则的扭曲；在必要时，法院会寻求平衡各方利益的均衡点，而这一均衡点通过判例的形式将生成的标准反馈至社会主体手中。

无形性是知识产权的基本属性，缺乏物质的外观形态导致权利边界不清晰，几乎构成知识产权形成阶段讨论的全部命题。❸解决之道是利用“表达＋登记（或确认）”的法律技术拟制权利边界以取代难以被辨明的本质，技术方案、作品、符号是专利法、版权法、商标法对表达具体形态的构建。因此，应当被注意却又长期受到忽略的一点是：表达将人的个性注入于法

---

❶ 弗里德里希·哈耶克．知识在社会中的运用［M］//兰德尔·S. 克罗茨纳，路易斯·普特曼．企业的经济性质．孙经纬，译．上海：格致出版社，上海人民出版社，2015：61.

❷ 1774 年英国“Donaldson v. Becket”案引发文学产权大讨论，并提出“思想/表达二分法”，改变 1710 年《安妮法案》颁布后法院否认著作权的做法．See：HARGRAVE F. An Argument in Defence of Literary Property［J］. Otridge，1774：4－19；1823 年《垄断法规》颁布时，不少学者认为只是“宣布了那些已经被法官认定为法律的东西”，参见：布拉德·谢尔曼，莱昂内尔·本特利．现代知识产权法的演进［M］．金海军，译．北京：北京大学出版社，2006：248；商标一开始是通过假冒之诉获得保护，1875 年才通过《商标注册法令》，See Millington v. Fox，（1838）3 My. & Cr. 338，40 Eng. Rep. 956（Ch.）.

❸ 无论是思想/表达二分法的讨论，抑或对无体财产本质的论证，都是塑造知识产权客体最为重要的一环。可参见：布拉德·谢尔曼，莱昂内尔·本特利．现代知识产权法的演进：英国的历程（1760—1911）［M］．金海军，译．北京：北京大学出版社，2012：9－50.

律的规制范围内[1]以获得识别权利的基点，但个性本身便蕴含着“独一无二”之意，除完全相同外，[2] 权利人可在多大范围内在不同的物质载体中主张自身的权利，成为一个法律适用张力变换的场域。

由于对个性表达的理解存在差异，即使是同一项规则，其也可能存在两种或两种以上的合理解释或适用情形。这涉及判定的标准，它决定着保护对象、是否侵权、赔偿额度等问题。表达是界定权利边界的栅栏，而适用标准能否稳定地形成且有效地实施，是权利栅栏扎入社会土壤的厚度，这是降低知识产权排他成本的关键。若其浅薄、分散、相互矛盾，有效的信息便无法汇聚并及时处理，它会转化为高昂的维权成本，并表现为举证难、周期长、费用高。

笔者认为，这是知识产权法秩序实现的关键。在以上论述中，我们谈到使知识产权法获得保障的法律强制，实质是一种“经济强制”，即由于公权力的介入，市场主体通过理性计算会发现，依据知识产权法的规则进行市场活动，是最为经济的做法。作为私法秩序的一部分，知识产权法效力的发挥，并非体现于对市场主体活动的直接干预，而是在一般规则的指导下，排除市场运作不顺畅的地方。这是一个“借力打力”的过程，首先，法院扮演的是一个“倾听者”的角色，“知识的更充分利用又取决于我们能更成功地把所有应该利用的、在开始时分散于许多人中间的知识交给一个中央机构处理”；其次，法院又会扮演“指导者”的角色，“能更成功地把人们所不拥有的知识在人们需要的时候传递给他们，以使人们能协调自己的计划从而与其他人的计划相适应”[3]。

三、知识产权司法保护的失灵

尽管司法保护是知识产权保护的基本范式，但其亦存在局限。一般形式下，知识产权司法保护发挥作用的条件是：

$$F > P_0，且 P_0 > P - C_1 > 0。$$

若要讨论知识产权司法保护的失灵，会联想到的是：司法赔偿过低，

---

[1] 如著作权的独创性、商标的显著性、专利的创造性（非显而易见性）。

[2] 如著作权法中的复制、商标法中的假冒、专利法中的完全等同侵权规则。

[3] 弗里德里希·哈耶克．知识在社会中的运用［M］//兰德尔·S. 克罗茨纳，路易斯·普特曼．企业的经济性质．孙经纬，译．上海：上海人民出版社，2015.

出现 $F < P_0$；或者诉讼成本过高，出现 $P - C_1 < 0$ 的情形。这很容易理解，如果侵权人被追诉后，实际支出的所有费用低于侵权获利或者与权利人达成交易，他难以说服自己依据知识产权法的规则，从事市场活动；同样，如果诉讼程序的启动，意味着将当事人（尤其是权利人）卷入一场难以预期成本以及结果的拉锯战，那么，司法保护的经济强制效果会首先作用在权利人身上，使之缺乏有效手段维护自身权益。

（一）群体性侵权

1. 群体性侵权的司法保护困境

通常认为，在特定时间段内，如果有两个或两个以上的民事主体，对同一知识产权的使用行为构成侵权的，即为知识产权群体性侵权。群体性侵权与共同侵权的区别在于，不要求侵权者之间存在实际关联，仅需要针对同一知识产权客体实施侵权行为，故群体性侵权更多是对侵权事实的一个描述，而非一个具有规范意义的法律概念。

知识产权极易诱发群体性侵权。“洛阳纸贵”[1] 这一成语向我们展示了，即使在传播成本较高的西晋，如果作品具备一定的市场价值，在拥有相应工具的条件下，模仿者可如雨后春笋般，以去中心化的形式进行模仿、复制。考虑到不同时代背景下制度构建的差异，以上例子或许不恰当，但它直观地表现了知识产权保护的复杂性。知识产权的客体通常是自我揭示（self - revealing）的，[2] 当产品推向市场时，知识产权客体的公开是不可避免的；即使是模仿成本更高的专利领域，有学者也指出，发明人寻求专利权保护的创新类型往往容易受到逆向工程的影响。[3] 只要知识产权具备市场价值，互无关联的不同主体基于生产利润的考量，均有可能采取侵权行为。

此外，知识产权群体性侵权的产生具有去中心化的特点，不具备显著的地缘特征，随着知识产权的扩散，侵权行为发生的概率会随之而增大，这将增加司法保护的难度。有学者通过分析 2016 年中国专利调查企业部分的调查数据（有效企业问卷共 8623 份），指出“企业所在地区（东部、中

---

[1] 洛阳纸贵，原指西晋都城洛阳之纸，因大家争相传抄左思的作品《三都赋》，以致一时供不应求，货缺而贵。后喻作品为世所重，风行一时，流传甚广。

[2] EASTERBROOK F H. Intellectual Property is Still Property [J]. Harvard Journal of Law & Public Policy, 1990 (10): 108, 109.

[3] 发明、实用新型、外观设计等专利与基础技术本身不同。虽然单独的专利文件可能无法以足够的清晰度来教导发明的工作，但可以通过发明本身完成揭示。LEMLEY M A. The Surprising Virtues of Treating Trade Secrets as IP Rights [J]. Stanford Law Review, 2008 (61): 311, 313.

部及西部）与企业遭遇专利侵权没有显著相关性，这表明，中国企业遭遇专利侵权已构成全国范围的普遍现实，不存在显著地区差异”[1]。这也意味着，权利人通过启动司法程序进行系列诉讼，有效打击知识产权群体性侵权的期望，很大可能会落空。

基于群体性侵权的去中心化和易生性，以及各级法院管辖权的划分，权利人一旦于各地启动司法程序，维权成本的支出将增加企业的运营费用。不少研究已指出司法保护应对群体性侵权的乏力：一是举证责任重、程序较为烦琐、审判周期较为漫长，维权效率低；二是如果对多个侵权者提起司法诉讼，立案成本高，尤其在法院选择上需要遵循“原告就被告”的管辖地原则，原告进行维权不堪诉累。[2]以专利为例，在美国，索赔额度在100万~2500万美元的专利诉讼，被告平均花费的法律费用约为150万美元，且诉讼周期平均为2.4年；[3]在中国，专利侵权、专利无效审查及相应专利行政诉讼，平均诉讼时长超过3年，被告平均需要支付30万元以上的律师费；[4] 在意大利，专利侵权案中的诉讼费用，平均为3万~6万欧元，且这是一次审判中的费用支出，若败诉方还要上诉的话，费用还要增加一倍，而平均诉讼时长是2.5~3年。[5]

目前，针对我国企业的知识产权保护现状研究，与先前结论基本相符。由于维权成本支出的压力，我国中小企业总体的知识产权维权能力、维权意愿偏弱。[6]即使是中型或大型企业也不得不考虑，如果针对群体性侵权进行大规模诉讼会给企业的风险投资、销售额和股价带来不确定性影响。[7]

---

[1] 尹志锋，邓仪友．中国企业的专利侵权特征及维权策略研究［J］．经济管理，2018（3）．

[2] 尹志锋，郭剑，周敏丹．遭遇群体性专利侵权企业的维权策略选择研究［J］．中央财经大学学报，2019（8）．

[3] 谢光旗．费用移转规则在美国的新发展与启示——以专利蟑螂泛滥为背景［J］．甘肃政法学院学报，2016（4）：146－156．

[4] 谢光旗．遏制专利蟑螂：美国专利诉讼费用移转规则的新发展［J］．法律科学（西北政法大学学报），2017（1）：169－179．

[5] TAVASSI G M. Italian Intellectual Property［J］．GIUFFRE，2007．

[6] 尹志锋，邓仪友．中国企业的专利侵权特征及维权策略研究［J］．经济管理，2018（3）．

[7] 有关知识产权诉讼和风险投资的研究，可参见：KIEBZAK S G，TUCKER C E. The Effect of Patent Litigation and Patent Assertion Entities on Entrepreneurial Activity［J］．Research Policy，2016，45（1）；知识产权诉讼与销售额关系，可参见：TUCKER C E. Patent Trolls and Technology Diffusion［J］．SSRN Electronic Journal，2013．AGRAWAL STAK，GRAHAM S. Standards，Patents and Innovations［M］．Cambridge，MA：NBER Books，2013；知识产权诉讼与股价的研究，可参见：BESSEN J，MEURER M J. The Private Costs of Patent Litigation［J］．Boston University School of Law Working Paper，2007．

我们可以很容易理解，司法保护应对群体性侵权时面临的困境：追求个案公正的司法程序，无法有效处理不同地域、不同主体针对同一知识产权客体，相同或相似的侵权行为。然而，鲜被提及的是，这一困境造成的后果是系统性的。如果多数侵权者可以零成本模仿、使用知识产权，增加自身营收，那么，即使针对个案进行高强度的保护，也很难起到警示作用。

例如，假设市场上现存民事主体 A，A 享有某一项知识产权（专利、版权或商标），B、C、D、E 生产涉嫌侵权的产品，这是典型的群体性侵权。由于 B、C、D、E 并非有组织的聚合群体，它们不会表现出相同的行为模式，故不可将四位侵权者视为同一主体。此时，如果 B、C、D、E 彼此信息不互通，显然，起诉任何一位侵权者都无法影响其他侵权者；如果 B、C、D、E 信息互通但存在明显的风险偏好，仅仅起诉其中一名不足以影响其他三位侵权者的行为；只有在 B、C、D、E 信息互通且无明显风险偏好的情况下，针对特定侵权者的民事起诉，方可起到对群体性侵权的警示作用。而在此条件下（侵权人存在信息互通，且无明显风险偏好），B、C、D、E 对 A 维权行动的反应，将表现为典型的进化型博弈（亦称为“演化型博弈”），[1] 即 B、C、D、E 不仅会对 A 的行动作出反应，还会针对侵权群体中的其他主体进行反应。

我国目前有不少学者利用进化型博弈分析企业面对群体性侵权的策略选择，[2] 其中，有学者依据不同侵权主体的风险偏好不同将之区分为主导型侵权者（高风险偏好）、跟随型侵权者（低风险偏好），并指出在此情形中的均衡条件：

$$E = 1 - \frac{K + M}{M + 2K + DM}$$ [3]

E 表示均衡点，K 为侵权者自身的模仿投入，M 为侵权者的生产投入，D 为权利人的维权力度。E 的有效区间为［0，1］，均衡临界点越靠左，表明侵

[1] 由于信息不对称以及认知局限性等因素，演化博弈论认为有限理性的经济主体无法准确认知所处的利害状态，而是通过最有利的策略逐渐学习和模仿下去，最终达到一种均衡状态。See: CHRISTIAN S. Are evolutionary games another way of thinking about game theory [J]. Journal of Evolutionary Economics, 2004, 14 (3).

[2] 张飞相，杨扬，陈敬良．基于演化博弈的企业知识产权保护与侵权研究［J］．商业研究，2015（2）.

[3] 详细推演过程可参见：吕周洋，何建敏，邓敏，等．专利侵权中侵权者群体行为的进化博弈分析［J］．科研管理，2010（S1）.

权主体表现为“主导型侵权者”的概率越高；反之，均衡临界点越靠右，表明侵权主体表现为“跟随型侵权者”的概率越低。从均衡条件可以看出，权利人的维权行动对侵权者的取向是存在较大影响的，如果采取消极维权行动，均衡临界点会不断向左转移。换言之，更多的主体会转变为“主导型侵权者”，即使偶尔采取维权行动，对群体性侵权的影响也甚微。更为早期的研究也揭示了这一点：在进化型博弈的模型中，如果发生群体性侵权，权利人更有可能会采取沉默的行动方式。[1]

因此，我们认为，应对群体性侵权行为，仅仅依靠知识产权司法保护是不足的，行政执法应发挥其作用。早前研究支持这一观点，基于斯塔克尔伯格（stackelberg）模型，[2] 知识产权保护由企业和政府共同承担时，政府的知识产权保护态度和对侵权的敏感程度会对企业的反侵权策略有重要影响，由此将导致不同的市场均衡结果和侵权程度。[3]甚至有学者认为，政府的政策态度是反侵权的关键。[4]另外，有研究通过分析2017年中国专利调查的企业调查部分（有效问卷9615份），认为更多企业在遭遇群体性侵权时，更少选择发律师函、向法院提起诉讼的维权方式；即使企业愿意寻求行政保护，但并未形成明显偏好，因为行政执法效果多数不尽如人意。[5]这是我们在第四章将要回应的问题：知识产权行政执法的范围应如何确定。

2. 知识产权司法保护失灵区间的扩大

群体性侵权使知识产权司法保护陷入困境，并在一定程度上表现出制度失灵的特征。然而，信息时代的到来持续放大群体性侵权的影响。回到前面的例子，即使A采取积极维权态度，决定同时起诉涉嫌侵权B、C、D、E，他也必须达成以下两个条件：其一，A需知晓B、C、D、E的侵权行为，并知悉与之相关的具体信息；其二，A需向法院证明侵权行为成立，并

---

[1] 吕周洋，何建敏，吴广谋．专利侵权问题的主从博弈模型及其改进［J］．科研管理，2007（4）．

[2] 斯塔克尔伯格（stackelberg）模型是一种产量领导模型，它反映企业间的不对称竞争，即在有些市场，竞争厂商之间的地位并不是对称的，市场地位的不对称引起了决策次序的不对称，通常，小企业先观察到大企业的行为，再决定自己的对策。

[3] BANERJEE D S. Optimal enforcement and anti – copying strategies to counter copyright infringement［J］. Japanese Economic Review，2008，59（4）：519 – 535.

[4] 张帆，蔡虹．软件盗版：公司的战略选择与政府政策的选择分析［J］．管理工程学报，2005（4）．

[5] 尹志锋，郭剑，周敏丹．遭遇群体性专利侵权企业的维权策略选择研究［J］．中央财经大学学报，2019（8）．

要求停止侵权或赔偿。我们通常容易忽略第一点，进而忽视信息革命对此类发现成本的重塑。

过去，由于生产力受限，商品流通范围较小，信息基本对称。“中世纪的农民相当精确地知道，要制造他换来的物品，需要多少劳动时间。村里的铁匠和车匠就在他眼前干活，裁缝和鞋匠也是如此……城市手工业和农民在集市上直接进行交易时，同样彼此了解劳动条件，因此，中世纪的人能够按照原料、辅助材料、劳动时间而相当精确地互相计算出生产费用——至少就日常用品来说是这样。”❶此外，费孝通先生对江村的社会学调查也表明了相同的现象。❷尽管在非市场经济条件下，知识产权的价值并不显著，但我们试图表明，在这种信息基本对称的条件下，发现侵权行为的成本是相对较低的。

工业化兴起后，商品流通范围扩张，受限于信息传递的工具，消费者与生产商之间存在一帘帷幕，信息对称性逐步削弱。消费者与生产者难以窥见彼此，商品通过各级渠道流通，供应商、批发商、分销商来回于帷幕之间，❸ 成为物流网络的节点。此时，B、C、D、E 为避免权利人维权产生的额外费用，可在一个较狭隘、流通有限的地域内销售涉嫌侵权的商品，根据地域销售的特点，当地消费者与生产者处于信息较对称的状态，一旦 A 与任何一名侵权人的运营市场发生重叠，A 仅需花费较低成本便能够发现侵权人的具体侵权行为，因为在信息对称情况下，销售量与发现成本总是呈负相关的。

由于在商品市场中，信息网络的构建与传递是受物流网络监控的。在信息化时代前，信息无法通过电子数据网络连续传递，信息传递的途径主要是人，不同供应商将货源在批发商处集散，此时，批发商从不同供货商处获取并处理信息，以协调自身仓储、运输的需求；同理，分销商也从供货商处获取并处理信息，并通过评估不同商品的市场前景，以调整库存和订货量。因此，物流网络的节点不仅是商品流通的节点，同时也是信息流

---

❶ 恩格斯．资本论第三卷补［M］//卡尔·马克思．资本论（第三卷）．郭大力，等，译．上海：上海三联书店，2006（16）．

❷ 费孝通．江村经济［M］．北京：北京大学出版社，2016：46－72．

❸ 即物流网络，依据我国 2001 年颁布的《物流术语》，物流是指物品从供应地向接收地的实体流动过程。根据实际需要，将运输、存储、装卸、搬运、包装、流通加工、配送、信息处理等基本功能实现有机结合。参照：杨永平．天津港口物流活动之历史考略——从漕运枢纽到国际物流中心［J］．经济问题探索，2006（4）．

通的节点，长鞭效应的产生，[1] 正是这种信息网络的例证。物流网络与信息网络交错纵横，信息的流向受到物流网络的监控，其中就包括侵权产品的相关信息。换句话说，B、C、D、E 任一主体产生跨地域销售的需求，其信息均有可能为权利人所掌握。

然而，数字化改变了信息传递的方式。1946 年美国数学家冯·诺依曼（von Neumann）提出“EDVAC”方案，构成所有电子计算机的基础原型；[2] 1969 年，ARPA（阿帕网）协议使计算机首次实现了联通，通过 TCP/IP 协议，计算机实现了联结。“数字开关把我们联结在一起”，[3] 生产者与消费者之间的帷幕被悄然拉开，数字成为信息时代中的信息载体。信息网络成为物流网络的基础。传统的“供应—批发—分销”链条被削弱，大量商品在分发、仓储、运输，却无须获取除物品性质、始发地、到达地以外的信息，供应链集成化以及 EDI（Electronic Date Interchange）技术的发展印证了这一点。[4]此时，生产端与消费端的衔接，减少了传统物流中间的信息传递环节，解绑了信息网络对物流网络的依附，即使侵权商品较少，它也能够在较大范围内覆盖。

假设 B 仍生产侵权商品，经由信息网络，其销售范围却远不止在生产地及附近地区，而是在网络所能触及的任何地方。倘若此时 C、D、E 也逐步以同样的方式生产该侵权商品，它们可能在某一个节点不断交错着，却

---

[1] 长鞭效应（Bullship Effect）是指供应链中的下游企业的需求信息在向上游企业传递时发生的放大现象，经典例子是宝洁（P&G）公司在对其 Pamper 牌尿布的订货模式的调查中发现：Pamper 在零售商店中的销售量呈幅度不大的波动变化，可是当分销商向宝洁订货时，订货量的变化幅度显著变大，而在宝洁向其供货商发出物料订单中，这种波动变得更大。即婴儿是以一种稳定速度消费 Pamper 牌尿布，可是订货需求的不平稳却还是随着供应链向上延伸被一级一级放大。参照：马新安，张列平，田澎．长鞭效应的实质与弱化措施［J］．中国管理科学，2000（S1）．

[2] EDVAC（Electronic Discrete Variable Auto Computer），即离散变量自动电子计算机，它提出两大改进：（1）以二进制代替十进制，进一步发挥电子元件的运行速度；（2）将“程序”本身作为数据存储，实现全过程电子控制。易健雄．技术发展与版权扩张［M］．北京：法律出版社，2009：149．

[3] 凯文·凯利．失控［M］．张行舟，陈新武，等，译．北京：新星出版社，2010：276．

[4] 集成化供应链管理，是指供应链中的节点企业摒弃传统的管理思想和观念，通过信息技术把所有供应链成员的采购、生产、销售、财务等业务进行整合，并将其看作一个整体的功能过程而开发的供应链管理；EDI 技术，是指简化集成化供应链中成员企业商业过程，节点企业之间不再通过人工方式协调，而是通过网络连接在一起，采购、销售等单个企业外部的信息在供应链内自动流动，消除了供应链内部的“自动化孤岛”现象，从技术上实现了将供应链所有成员企业的业务过程集成为一个功能过程。张新安，田澎．集成化供应链的历史与发展［J］．中国流通经济，2002：45－48．

由于信息网络与物流网络的分离，信息无法有效汇聚，它们平行流通着。尽管侵权商品来源于不同产地、不同主体，它们互相没有联系，却借助互联网汇聚在了一起：住在同一层楼不同单元的消费者，他们可能购买了不同厂家（B、C、D、E）生产的同一类侵权商品，但无论是消费者本身、侵权人抑或是运输的物流公司，都无法意识到它们在同一个地区被消费着，荒唐的事情发生着：信息在联通的时候却又相对孤立着。

信息不对称的状态使权利人 A 更难有作为，因为 B、C、D、E 相互并无联系，无论对其中哪一个提起诉讼，低销售金额的低诉讼收益（P）、高发现成本（包括获得侵权人的真实信息、取证及跨区域诉讼）使得诉讼成本（C_1）相对增加，极大可能导致诉讼总收益不具效率，即 $P-C_1<0$。互联网使得分散、零碎的生产商交汇在一起，尽管 B、C、D、E 可能都未曾意识到，在权利人眼里，他们构成了一张看不到的网，在平行地加大着对权利人实际造成的损失，如同千里堤坝中分散着的蚁窝。当不断加深的影响逐步转化为结构性的运营网络，权利人却难以通过制度调控加以阻止时，将造成知识产权司法保护失灵的区间扩大。

（二）司法赔偿的高测量成本

如果说群体性侵权造成知识产权司法保护失灵的方式是，由于经济理性考量，阻却权利人广泛启动司法程序予以制止。那么，以下我们将指出，即使进入司法程序，权利人仍需面对司法赔偿的高测量成本。“知识产权侵权纠纷的低司法赔偿”曾是广泛受到理论界、实务界关注的问题。有学者以 2008—2011 年我国 4768 件知识产权判决书为基础，指出“广受诟病的知识产权侵权‘赔偿低’问题在我国确实存在，且法院有过度适用‘法定赔偿’标准进行判赔的倾向”❶。

但值得深思的是，仅出现司法赔偿过低或者诉讼成本过高的情形时，是否就能将之称为“失灵”。法院对司法赔偿实质享有较大的主动权，司法政策的转变可直接影响知识产权侵权赔偿数额。在 2020 年的另一份研究中，有学者以 2012—2015 年 11984 份知识产权判决书为基础，提出“法定赔偿虽仍然占据绝对多数，但超额法定赔偿在司法实践中大量存在，统计数额的偏低系因 80.04% 案件均为批量案件，价值不高，‘赔偿低’的结论并非

---

❶ 夏强．模糊的边界：知识产权赔偿问题的实务困境与对策［J］．法治论坛，2014（3）．

绝对成立”[1]。同样，法院内部改革会给当事人的诉讼成本带来直接影响。1961 年德国联邦专利法院建立，该法院的法官群体除法学出身之外，还有大量自然科学出身的技术法官（Technische Richter）以应对需要特殊技术背景的审查。[2]紧随其后，这一做法在世界范围内得到认可，美国素有专家证人、技术顾问、技术陪审员。1998 年韩国亦设立了技术调查官。2014 年我国《关于在北京、上海、广州设立知识产权法院的决定》出台，《关于知识产权法院技术调查官参与诉讼活动若干问题的暂行规定》颁布，审判专门化逐步完善。

因此，关键之处在于，法院是否有足够的能力调控司法赔偿，并降低当事人的诉讼成本，将两者约束在一个合理的区间，并从整体上达致对知识产权法的保障。如果法院无法作出相应的理性调控，或者作出调控所需要的成本过高，我们认为，在此类情形中，知识产权司法保护将失灵。

1. 价值厘定：知识产权司法赔偿之困境

我国《专利法》第六十五条、《商标法》第六十三条、《著作权法》第四十九条均规定了四种赔偿方式：（1）权利人实际损失；（2）侵权人侵权获益；（3）许可费倍数；（4）法定赔偿。依据相关法律规定，四种赔偿方式的适用是递进的，前一种方式适用不能时，方可适用后一种方式。然而，据学者统计，适用法定赔偿的民事判决占样本总数的 95.68%（样本总量为 2011—2016 年的 9057 份知识产权侵权纠纷案件）。[3]

对这一有趣现象的讨论是常有常新，目前，取得较多关注的观点是，“只有法定赔偿才能解决具有高度不确定性的案件，而实际损失、违法所得与许可费倍数这三种传统赔偿方式应当被用于解决不确定性较低的案件”[4]。其中，“高度不确定性”并非指代知识产权侵权纠纷无法判明侵权行为的性质，以致案件结果不可预期，而是指由于权利人难以举证实际损失，导致法院难以判明具体赔偿数额。因此，也有学者指出，对法定赔偿制度，“应

---

[1] 詹映．我国知识产权侵权损害赔偿司法现状再调查与再思考——基于我国 11984 件知识产权侵权司法判例的深度分析［J］．法律科学（西北政法大学学报），2020（1）．

[2] 根据《德国专利法》第六十五条第二款和第二十六条第三款，技术法官必须毕业于受到承认的大学的自然科学专业，要有一定的技术领域工作经验和一定的法律知识。近年来，技术法官多从在专利局工作七年以上的人中选出。技术法官与普通法官一样享有权利，承担义务。参见：杜颖，李晨瑶．技术调查官定位及其作用分析［J］．知识产权，2016（1）．

[3] 曹新明．我国知识产权侵权损害赔偿计算标准新设计［J］．现代法学，2019（1）．

[4] 蒋舸．知识产权法定赔偿向传统损害赔偿方式的回归［J］．法商研究，2019（2）．

明确其在性质上是‘损害赔偿’制度的替代性选择，本质上是为权利人提供一种便利的金钱救济途径，而不再以‘损害’作为其计算基础”❶。如果绝大多数的案件均难指明“损害”之要旨，自然无法测量权利人之损失，知识产权司法赔偿的高测量成本问题由此产生。

在知识产权侵权纠纷中，权利人的实际损失是什么？这一问题并不如其看起来那么容易回应。例如玻璃被打碎了、车子被刮花了、房子被拆了，碎裂的玻璃窗、刮花的花纹、房子被拆毁的部分，都是物质性损耗，它是具体、客观的。但知识产权被侵犯时，其客体不会有任何一个部分发生损毁，因为它是无形的。诚然，知识产权的无形性并不意味着损失的无形，因知识产权侵权行为导致权利人利益的损失是真实存在的，只是难以测量。

难以测量的第一个原因是：权利人实际损失的测量，无法脱离对预期利益的评估。知识产权侵权对权利人的利益妨碍主要体现于商品销售等流通环节，它发生于外部市场，而非权利人的内部经营过程。如果假设侵权人多生产一份盗版书、假冒商品、专利侵权产品，则权利人对自身享有知识产权的生产、使用成本便会上涨，其与实际并不吻合。这就导致了权利人无法通过核算内部账目，反映其真实的利益损失，向法院举证其索赔主张。此时，人们会假设，如果没有侵权行为的发生，权利人可获取的利益是多少，综合考量预期利益与实际利益的差额，即为权利人的损失，有学者亦将之称作“差额赔偿”。❷

依此思路，差额赔偿存在以下两点优势：第一，差额赔偿符合民事赔偿中的填平原则，可抑制侵权人的侵权收益，有助于保障知识产权法秩序的运行，且不易诱导权利人滥诉；第二，存在实施可能，如果权利人可举证，在侵权人投放侵权产品进入市场流通的时间节点前后，权利人的被侵权产品销售量明显发生变化，那么，此类证据则有助于法官对损害赔偿问题形成心证。因此，《最高人民法院关于审理专利纠纷案件适用法律问题的若干规定》第二十条规定：“……权利人因被侵权所受到的实际损失可以根据专利权人的专利产品因侵权所造成销售量减少的总数乘以每件专利产品的合理利润所得之积计算……”

---

❶ 王迁，谈天，朱翔．知识产权侵权损害赔偿：问题与反思［J］．知识产权，2016（5）．

❷ 欧洲侵权法小组．欧洲侵权法原则：文本与评注［M］．于敏，等，译．北京：法律出版社，2009：57．另可参见：田村善之．知的財産権と 損害賠償［M］．东京：弘文堂，2005：6．

然而，差额赔偿存在困难的地方在于，如何证明权利人销售量的减少，并非市场供需关系调整的结果，而是由侵权人的侵权行为造成的。这意味着差额赔偿可适用的情形少之又少。有学者采用“零和竞争关系”和“非零和竞争关系”两种经济模型对差额赔偿加以讨论。[1]零和竞争关系，是指权利人与侵权人处于“非此即彼”的竞争关系，侵权人通过侵害知识产权的非法获益，会减少权利人的合法收入，即在严格的市场竞争条件下，一方收益必然导致另一方损失，并且双方收益与损失之和必然等于零。很显然，差额赔偿在零和竞争关系中是存在适用空间的，因为被侵权产品与侵权产品之间存在严格的替代关系。这一点在美国司法实践中受到重视，“Panduit（潘蒂特）四要件”正是基于对零和竞争关系（权利人与侵权人之间的产品是否具备严格的替代关系）的排查而产生的。[2]但是，在正常经济活动中，零和竞争关系存在的情形并不多，故应考虑差额赔偿在非零和竞争关系中的适用。

在更符合现实世界情况的非零和竞争关系中，权利人对预期利益的评估以及实际情况的核算的差额，应看作市场供需关系调整以及侵权行为的综合结果。因此，差额赔偿的对象很难再表现为“被侵权产品因侵权所造成销售量减少的总数”，因为两者的实际关联度并不高，难使法官形成自由心证。有学者把差额赔偿的对象提炼为一个更为抽象的范畴——“交易机会损害”，即知识产权侵权行为产生的直接结果是权利人获得预期的市场交易之概率（机会）降低的客观事实。[3]交易机会损害凸显了知识产权侵权行为对权利人未来收益的不当干预，侵权人对此等损害的赔偿，其本质是把“知识产权的未来收益压缩成一个单一的支付”。[4]考虑到在非零和竞争关系中，侵权产品与被侵权产品不存在严格替代关系，即使利用侵权产品投入

---

[1] 徐小奔．知识产权损害的价值基础与法律构造［J］．当代法学，2019（3）．

[2] “Panduit（潘蒂特）四要件”源起于专利侵权诉讼案件 Panduit Corp. v. Stahlin Bros. Fibre Works。该案中法官指出，侵权产品的市场价值若要全部裁决为非法获利，应符合以下四个条件：一是存在对专利产品的市场需求，二是专利权人具有满足这些市场需求的实施能力，三是若无侵权则不存在与专利产品同等功能的市场替代品，四是专利权人能够通过销售而获得利益。See Panduit Corp. v. Stahlin Bros. Fibre Works，Inc. 575 F. 2d 1152，197 U. S. P. Q，2d 1578（6th Cir. 1978）．

[3] KING J H. Causation，Valuation，and Chance in Personal Injury Torts Involving Preexisting Conditions and Future Consequences［J］. Yale Law Journal，1981（90）：1353.

[4] 戈登·史密斯，罗素·帕尔．知识产权价值评估、开发与侵权赔偿［M］．夏玮，等，译．北京：电子工业出版社，2012：151.

市场前的财务模型测算出知识产权的预期利益，仍需要考量预期利益的兑付差额应多大范围内可归责于侵权人。此时，知识产权市场价值的测定问题，成了不可避免的议题。

事实上，侵权获益赔偿的计算困难也集中于市场价值的测定问题。侵权获益赔偿，是指侵权人依照侵权行为的非法获利情况进行赔偿，由于该做法与填平原则有所偏离，故非法获利赔偿是与一般损害赔偿有所区别的救济方式。侵权获益赔偿，源于衡平法中的“利润交账”（Accounting for Profits）救济，即法院通过安排会计官查明被告的非法获利后，由被告赔偿给原告。[1]在英美法系中，利润交账救济原本是对违反信托义务的救济，对于受托人违反信托义务获取的利益，向受益人进行赔偿。随后，利润交账救济的适用很快扩大至知识产权侵权领域。侵犯他人知识产权从事经营活动，被拟制为侵权人为权利人的利益从事经营活动的信托关系，由于侵权人未取得权利人之许可，对此义务的违反导致侵权人应向权利人赔偿所受利益，这种拟制的信托关系曾被美国联邦巡回上诉法院用以解释侵权获益赔偿的正当性。[2]侵权人的侵权获益是将权利人的权益与侵权人投入的生产要素相结合而产生的。其中，权利人的权益，既是侵权人应付而未付出的支出，也是原告应得而未得的损失。据此，《最高人民法院关于审理专利纠纷案件适用法律问题的若干规定》第二十条规定：“……专利法第六十五条规定的侵权人因侵权所获得的利益可以根据该侵权产品在市场上销售的总数乘以每件侵权产品的合理利润所得之积计算。侵权人因侵权所获得的利益一般按照侵权人的营业利润计算，对于完全以侵权为业的侵权人，可以按照销售利润计算。”然而，由于在知识产权侵权纠纷中，侵权人投入的生产要素通常包含了比较复杂的一系列经营行为，包括支付薪酬获得劳动力、企业经营管理、组织人员生产产品、建立销售网络等。不容忽视的是，知识产权通常仅构成侵权产品的一部分，如果严格依照因果关系，应首先确认权利人的权益对侵权产品销售利润的贡献，方可计算侵权获益的赔偿数额。换言之，侵权赔偿的合理利润应考量知识产权的市场价值。

2. 知识产权公允价值的缺失

事实上，由于诸多权利人并不愿意将公司财务信息作为证据向法院

---

[1] 和育东．非法获利赔偿制度的正当性及适用范围［J］．法学，2018（8）：151－168.

[2] 和育东．美国专利侵权救济［M］．北京：法律出版社，2009：134.

提供，[1] 对市场价值的评估实质上转换为第三方定价的问题。目前，针对知识产权损害赔偿，我国法院通常采用的价值评估方式有三种：重置成本法、现行市价法和收益现值法。[2]重置成本法即为历史成本计量，通过知识产权产生的成本对其价值进行估算；现行市价法，依据市场现行的交易价格并对其进行调整，用以估算知识产权的价值；收益现值法，通过估算知识产权的未来预期收益并将其折算成现值，用以测算知识产权的价值。

其中，重置成本法难以反映知识产权的价值，因为知识产权的交易多发生于市场主体之间，它的功能在于生产而非消费。但作为一项生产要素，它与诸多原料或者机器的价值评估存在根本区别：我们可以预见到原料一经使用便转化为产品的一部分，而机器长期使用会存在折旧或损耗的问题，其边际产出与使用成本之间具有可比性，故两者以成本计量为基础，再加以调整，可以大体反映其价值；知识产权的使用是不存在损耗的，虽然不少学者指出，作品、技术、商标都存在生命周期，随着时间流逝会发生折扣和贬值，[3] 但难以否认的是，在一定时间段内知识产权创造利润边际成本极低，例如，如果某项作品、技术或者商标某段时期受到市场的追捧而销量激增，不断增长的收益并不要求权利人加大对特定知识产权的投入，这可以解释为何以重置成本法无法反映知识产权的价值。收益现值法，是知识产权证券化通常会采用的价值评估方式，[4] 因为债券发行者试图用“现金流收益 + 信用增级”的方式，说服投资者对债券的投资是有保障且可预期的；然而，如同前文所揭示的，这种以权利人预期作为价值评估支撑的体系，仅在零和竞争关系中存在适用空间。知识产权系基于市场交易而生，相较于其他两种评估方法，我们认为，现行市价法存在更为广阔的适用空

---

[1] 经统计，2012—2015 年，93.29% 的著作权侵权案件、94.37% 的商标权侵权案件以及 92.68% 的专利权侵权案件中原告未对其主张的损害赔偿数额进行举证。参见：詹映．我国知识产权侵权损害赔偿司法现状再调查与再思考——基于我国 11984 件知识产权侵权司法判例的深度分析［J］．法律科学（西北政法大学学报），2020（1）．

[2] 吴汉东．知识产权损害赔偿的市场价值分析：理论、规则与方法［J］．法学评论，2018（1）．

[3] 威廉·M. 兰德斯，理查德·A. 波斯纳．知识产权的经济结构［M］．金海军，译．北京：北京大学出版社，2006：260．

[4] 贺琪．论我国知识产权资产证券化的立法模式与风险防控机制构建［J］．科技与法律，2019（4）．

间。但正如学者指出，现行市价法仍然存在“可比性”的问题，❶ 即对知识产权的评估是否存在可供司法计量的“公允价值”？

公允价值❷这一概念来源于财务会计学，兴起于20世纪70年代的美国，美国财务会计准则委员会（FASB）发现以历史成本（近似于重置成本法）的会计准则对公司进行价值评估，会产生难以反映市场价值波动的缺陷；另外，20世纪90年代金融衍生工具产品的产生与风险，使金融界迫切需要将无形财产纳入财务报表中，于是，公允价值成为被正式认可的计量属性。公允价值与历史成本的区别显而易见：假设某企业1993年12月12日建造完工一栋办公楼，历史成本为200万元，该楼在2018年10月17日的公允价值是2200万元；在2018年12月31日的资产负债表上，该办公楼以历史成本200万元列报显然没有以公允价值2200万元列报更与信息使用者当前的决策相关。❸知识产权的价值与此相近似，商标登记费用、作品制作费、技术研发费用均无法直接反映知识产权的价值，因为知识产权的价值与市场评价高度关联，这也是为何我们使用“公允价值”作为知识产权的计量概念。我国财政部2014年发布的《企业会计准则第39号——公允价值计量》与国际会计准则理事会（IASB）发布的《国际财务报告准则第13号——公允价值计量》（IFRS 13）对公允价值的定义是相似的：公平交易中熟悉情况的交易双方自愿进行资产交换或者债务清偿的金额。某种程度上，公允价值的概念展现了法院希望在知识产权侵权诉讼中拟定的赔偿数额。

然而，从公允价值的计量准则中，我们可以发现为何知识产权公允价值会缺位。同样依据财政部发布的《企业会计准则第39号——公允价值计量》，公允价值的计量划分为三个层次：（1）第一层次输入值是在计量日能够取得的相同资产或负债在活跃市场上未经调整的报价；（2）第二层次输

❶ 马海生．标准必要专利许可费司法定价之惑［J］．知识产权，2016（12）．

❷ “公允价值”是财务会计用于评估财产价值的计量概念，2014年1月26日，我国财政部正式印发《企业会计准则第39号——公允价值计量》，公允价值的启用与国际会计准则理事会（IASB）和美国财务会计准则委员会（FASB）准则趋同。依据财政部发布的《企业会计准则第39号——公允价值计量》，公允价值，是指市场参与者在计量日发生的有序交易中，出售一项资产所能收到或者转移一项负债所需支付的价格。相关说明可参见：雷宇．公允价值的概念性难题及其解释——兼论财务报告目标的重构［J］．中南财经政法大学学报，2016（1）．

❸ 雷宇．公允价值的概念性难题及其解释——兼论财务报告目标的重构［J］．中南财经政法大学学报，2016（1）．

入值是除第一层次输入值外相关资产或负债直接或间接可观察的输入值；(3) 第三层次输入值是相关资产或负债的不可观察输入值。[1]在此三个层次中，第一层次的计量值是最为重要的。换言之，如果不存在交易（相同或相似）某项财产的活跃市场，公允价值是无法生成的。尽管公允价值并不等同于市场价格，但它实际上是对某项财产在特定时期市场价格的理性调整。这是我国知识产权司法赔偿的真实困境：诸多涉诉的知识产权并不存在真实交易，且多数知识产权的交易缺乏活跃市场。根据《中国统计年鉴2017》，2016 年我国被收取的知识产权使用费高达 240 亿美元，对外许可收取知识产权使用费仅为 12 亿美元；2017 年我国企业的专利许可率仅为 7.2%；另有统计显示，2009—2015 年，以 1 件专利进行许可的合同数量在当年的合同总量的占比从 87% 逐步下降至 72%，组合专利许可规模仍然较小。[2]如果缺乏公允价值，对知识产权的价值评估亦难以形成基本共识，这也是为何当事人对涉诉知识产权的价值评估报告通常无法使法官产生内心确信，进而被采纳。

3. 知识产权司法定价的困境

谈及知识产权公允价值的缺位，意在表明知识产权司法赔偿缺乏可靠的计量依据。我们并不否认诸如版权、标准必要专利等，不仅存在活跃交易市场，还形成了较为成熟的交易模式；但仍需指出，即使在此条件下，对知识产权的司法定价仍充满挑战。

如果某项知识产权存在公允价值，那么，可以认为，诉讼中所争议的假定损害赔偿，具有充分可比性的市场价值。然而，充分的可比性是建立在已有的市场价值与假定性损害赔偿之间关联性足够强的基础之上。以下将说明足够强的关联性应包含的因素（见表 2-1）：

尽管全面地考量、评估确有益处，但对法院而言，完整参照以上或者其他同类型的价值评估指标，确实是一项不小的负担。例如，标准必要专利的“公平、合理和非歧视性”的许可费标准。部分案件中，法院通过比较与涉案许可协议具有充分可比性的现有协议（可比许可协议），证明涉案

---

[1] 财政部．企业会计准则第 39 号——公允价值计量［EB/OL］．（2014-01-26）［2019-11-20］．http：///kjs. mof. gov. cn/zhengwuxinxi/zhengcefabu/201401/t20140128_1040392. html.

[2] 朱尉贤．当前我国企业知识产权证券化路径选择——兼评武汉知识产权交易所模式［J］．科技与法律，2019（2）．

表2-1 知识产权市场价值评估指标表[1]

一级指标	二级指标	三级指标
专利市场价值	技术价值（0.4）	技术含量（0.15）
		技术生命周期（0.15）
		专利印证次数（0.1）
	商业价值（0.4）	同类专利市场价（0.15）
		专利实施概率（0.15）
		剩余有效期（0.1）
	战略价值（0.2）	专利家族数（0.05）
		专利贡献（0.1）
		专利后续价值（0.05）
商标市场价值	符号价值（0.3）	知名程度（0.15）
		商标生命周期（0.1）
		企业文化表达（0.05）
	商业价值（0.4）	同类商标市场价（0.15）
		商品市场份额（0.15）
		附加价值增长率（0.1）
	战略价值（0.3）	无风险报酬率（0.15）
		信用背书（0.1）
		商标后续价值（0.05）
著作权市场价值	文化价值（0.4）	思想传播（0.15）
		作品生命周期（0.1）
		作品影响因子（0.15）
	商业价值（0.4）	同类作品市场价（0.15）
		作品衍生收益（0.15）
		剩余有效期（0.1）
	战略价值（0.2）	作品权利束（0.1）
		作品运营模式（0.05）
		作品后续价值（0.05）

[1] 专利市场价值评估指标表，参照专利价值的评估指标研究，对部分指标和占比进行调整，相关研究可参见：许华斌，成全．专利价值评估研究现状及趋势分析［J］．现代情报，2014（9）；商标市场价值评估指标，参照中国资产评估协会印发修订的《商标资产评估指导意见》（中评协〔2017〕51号）；著作权市场价格评估指标，参照中国资产评估协会印发修订的《商标资产评估指导意见》（中评协〔2017〕50号）。

专利许可费的构成，并以此反应专利技术在市场中的合理价值。[1]但有学者仍指出："可比许可协议是在复杂因素影响下形成的，从中解析涉案专利的许可费率难度较高……由于过多不确定信息无法通过许可协议条款知悉，使司法机关难对不确定信息的获取途径和作用进行有意安排，以裁决出符合其所设定目标的许可费率。"[2]法院对诸多复杂要素处理的困难，使不少学者加重了对司法定价合理性的怀疑。[3]

这是第三方定价的难题所在。法律为知识产权创设人为稀缺性，试图巩固特定生产要素的竞争优势，并使无形财产的交易成为可能。由于对知识产权的占有通常以垄断形式存在，知识产权交易（转让、许可等）容易进入典型的单边交易情境，垄断程度越高，市场供需关系对价格影响越弱，交易价格和交易条件则更多由权利人主导。由于技术标准的强制性，标准必要专利的垄断程度非常高，故标准必要专利的许可交易会衍化为单边交易。虽然"公平、合理和非歧视性"的许可费标准试图营造合理的许可费模式，但模糊的定价规则并不具备实际的指导性意义。因此，我国《最高人民法院关于审理侵犯专利权纠纷案件应用法律若干问题的解释（二）》第二十四条规定："推荐性国家、行业或者地方标准明示所涉必要专利的信息……经充分协商，仍无法达成一致的，可以请求人民法院确定。"

由法院指导定价，并非考虑到法院的定价更合乎"公平、合理、无歧视"（如前所述，法院并无此方面的优势），而是在市场价格无法发挥信息作用或无法有效反映合理价值的时候，通过指导定价等"影子价格"取代市场价格，以缓解价格机制短期失灵的问题。在20世纪80年代初，我国从计划经济向市场经济逐步过渡时，便是通过"影子价格"作为结算标准，调控物价，实现平稳过渡的。[4]

然而，应当指出，诸如版权转让、商标许可等交易市场，仍存在较高的产品替代性，价格机制可发挥充分的作用。因此，特定知识产权的垄断程度越高，价格机制的短期失灵可能性越大，由此带来的问题是，发现成

---

[1] Virnetx, Inc. v, CiscoSystems, Inc., 767 F. 3d 1308 (Fed. Cir. 2014); Unwired Planet International Ltd. v. Huawei Technologies Co. Ltd., [2017] EWHC 2988 (Pat).

[2] 马一德. 多边贸易、市场规则与技术标准定价 [J]. 中国社会科学, 2019 (6).

[3] 马海生. 标准必要专利许可费司法定价之惑 [J]. 知识产权, 2016 (12).

[4] 世界银行经济考察团. 中国：社会主义经济的发展——世界银行经济考察团对中国经济的考察报告 [M]. 财政部外事财务司组织译校. 北京：中国财政经济出版社, 1982: 17.

本的价格增加。经济学家罗纳德·科斯曾在《企业的性质》一文中强调，“通过价格机制‘组织’生产的最明显的成本，是发现有关价格的成本”，并且即使“出现出售价格信息的专业机构，可以降低但不会完全消除这一成本”。[1]这种价格发现成本增加的司法表现是，司法定价面临的考量因素愈发复杂，即使鉴定机构等第三方评估单位介入，也很难消除这一困难。

事实上，对知识产权侵权损害赔偿的司法定价，绝非法院第一次面临价值厘定的难题。我们并不认为，对市场价值的厘定会比人身损害赔偿的厘定更为棘手和难以量化，因为后者更多涉及伦理命题和价值取向。人身损害赔偿的数额厘定已走出合理性的泥潭，然而，我们如何能够确定人身损害赔偿可恰如其分地填平权利人的伤害，尚未有此方面的实证证据对此予以回应。那么，人身损害赔偿的理性化是如何构建的：第一，人身损害赔偿具有较为周延的分类基础；[2] 第二，以“受诉法院所在地上一年度城镇居民人均可支配收入或者农村居民人均纯收入标准”作为抚养费、残疾赔偿金和死亡赔偿金的计算基础。[3]与前述讨论一致，当价格机制短期失灵或发现成本价格太高时，人们会采用计划定价等“影子价格”作为结算依据，选取某个可供计量的基础单位后（“受诉法院所在地上一年度城镇居民人均可支配收入或者农村居民人均纯收入标准”），针对不同案情、不同类型，依据损害的严重程度进行司法定价。

毋须赘述，我们认为，知识产权侵权损害赔偿在零和竞争关系与垄断程度较低的活跃交易市场十分容易实现理性定价，即使法院未负担相应的论证成本（以法定赔偿厘定）；如果非零和竞争关系中交易市场并不活跃或者垄断程度较高，法院发现价格的成本将陡然增加，由于法院缺乏提供计量知识产权价值的基础单位，并不存在构建司法定价内在理性的充分条件。此时，缺乏有效调控手段，使得知识产权在面临司法赔偿的高测量成本时易陷入失灵。

失灵的表现是多种多样的，最为显著的是，当知识产权损害赔偿测定

---

[1] COASE R. The Nature of the Firm [J]. Economica, 1937 (4).

[2] 依据《最高人民法院关于审理人身损害赔偿案件适用法律若干问题的解释》第十七条规定，人身损害赔偿应包括医疗费用和误工收入、残疾赔偿金和后续治疗费用、死亡赔偿金和丧葬相关费用。

[3] 参见《最高人民法院关于审理人身损害赔偿案件适用法律若干问题的解释》第二十五条、第二十六条、第二十七条规定。

困难时，会采用一种定性的方式厘定赔偿标准（类似于确定刑罚），而非调整特定可控变量。例如，2018 年 6 月 28 日深圳市人民代表大会常务委员会公开征求意见的《深圳经济特区知识产权保护条例（草案）》规定，在实际损失、侵权获利和许可费难以确定时，根据情节和社会影响确定最低赔偿限额和法定赔偿。例如，侵害专利权的，情节轻微，社会影响较小，在 10 万元以上 100 万元以下确定赔偿数额；情节较重，社会影响较大，在 100 万元以上 300 万元以下确定赔偿数额；情节严重，社会影响恶劣，在 300 万元以上 500 万元以下确定赔偿数额。对于侵害商标权、著作权的情形也有类似的规定。而且，实际损失、侵权获利和许可费难以确定，但明显超过 500 万元的，可以视情节等因素确定 500 万元以上的赔偿数额。对此，有学者直接指出，“情节和社会影响一般只是公法制裁的依据，不应当作为民事赔偿的依据。只规定可量化损失明显超过 500 万元又难以确定具体数额的酌定赔偿，没有规定可量化损失明显低于最低法定赔偿额时的酌定赔偿，不符合专利种类多、良莠不齐和价值高低差异极大的实际，会导致不公平”。[1]

很遗憾，我们并不打算强调，司法赔偿的高测量成本可以通过知识产权行政执法得到弥补，因为同样不具备任何证据证明，知识产权行政执法可以更好地厘定知识产权损害赔偿数额。以上不厌其烦的分析试图指明的是，知识产权司法赔偿的高测量成本，很大原因在于知识产权价格体系的不完善，这一问题真正的解决之道，仍在于权利人维权成本的降低。因为长远看来，知识产权法的保障越充分，知识产权交易市场越活跃，对特定知识产权公允价值的发现成本亦会随之降低，法院对知识产权损害赔偿的论证成本降低后，自然会从法定赔偿向传统赔偿方式（利益损失、侵权获益、合理许可费等）过渡。因此，知识产权保护双轨制的优化，对于治理司法赔偿的高测量成本，具有重要意义。

四、作为治理方案的知识产权行政执法

回到开篇对知识产权行政执法的其中一项质疑：“为何需要调用公共资源保护作为私权的知识产权？”这启发我们思考，知识产权司法保护与行政执法的边际替代问题：如果案情简单，司法保护要求当事人承担的维权成

[1] 孔祥俊．我国知识产权保护的反思与展望——基于制度和理念的若干思考［J］．知识产权，2018（9）．

本实际高于权利保护之所需，对知识产权的保护是低效率的，因为行政执法可以更低的信息费用达到相同之效果；如果案情复杂，行政执法要求当事人承担的维权成本实际低于权利保护之所需，对知识产权的保护亦是低效率的，因为司法保护实现相同效果时，所需信息费用更低。显著的例子是，如果权利人在街边看见有假冒其享有商标权的商品，调查厂商信息、购买侵权商品并公证、起诉法院、经开庭审判并执行的效率，远不如权利人收集初步证据，向行政执法机构请求保护。同样，如果侵权人仅在交易文书中使用近似商标，权利人向行政执法机构请求保护，行政执法机构需要判定交易文书是否用于商业用途、是否使相关公众发生混淆，对此类问题的审查，不亚于在行政执法机构内部开设一个论证机构，重复法院更为胜任的工作。

综上，知识产权行政执法既非历史的遗物，亦非行政秩序统摄下的副产品，我国知识产权保护的双轨制是高度理性的安排。“我国行政执法在知识产权保护体系中占据重要地位，行政执法与司法两条途径协调运作，成为我国知识产权保护的一大特色。”[1]这并非虚言，比较优势的互补，是知识产权保护有效介入的基本保证。行政执法长期受到的质疑，事实上是对边际效益的理性考量，质疑的声音试图揭示和反映的是：就实现同样保护效果，行政执法投入之成本是否会超过其合理之阈值？司法保护与行政执法协调的界限位于何处？这是以下解释的重点。

（一）常识：知识产权行政执法的理性基础

1. 常识在知识产权行政执法中的体现

常识并不是一个法律或经济的规范术语，它意在表明，基于社会生活潜移默化的影响或经人类感官可直接捕获，行动者无须特定学科背景或长时间专业培训，便能够迅速学习、掌握、运用相关内容，若要进行反驳或抗辩，需另供证据并论证。

在知识产权行政执法的语境中，它通常是指，执法者处理相关案件时，无须对涉案的技术特征、作品独创性、商标知名度作出详细、准确的判断；或者对涉案产品作出是否侵权的判断时，不依赖于特定的知识背景或拟制主体（本领域内普通技术人员、一般消费者等）视角。若进一步观察，某项信息判断能否上升为常识，通常依赖于社会日常活动的标准，当某项标

[1] 张茅．开启新时代知识产权保护新篇章［N］．人民日报，2019－04－26（15）．

准凝聚人们共识，且被运用到生活的各个方面，将会潜移默化成为常识时，它们或是人为规定，如秦始皇统一度量衡；或是自发形成，如一般等价物，其本质上是标准在社会生活中形成的过程。

我们强调常识，是因为常识是标准生成的基础。知识产权案件处理的有效性，与常识结构休戚相关。若信息充分传递至法院或行政执法机构后，仅凭一般社会个体的常识结构便可作出合理裁决，信息传递的成本就足以决定法律实施的效率。然而，对知识产权的侵权认定所依赖的知识结构差距较大。专利以特定技术领域的知识为基，故“由于专利诉讼通常涉及一些在技术或科学业已取得成功的进步，它会更加复杂、费时、费力”，❶ 有学者甚至将专利法中科学与法律的交错视作一道“巨大的认知鸿沟”，以致法官不得不依赖于技术专家拨开“认知迷雾”。❷商标活跃于日常商业活动，与特定学科背景知识联系不大，与一般社会主体常识交错范围较广。因此，不同类型的知识产权应设置不同的行政执法权限。

常识的适用，意味着依据常识执法，而非执法生成常识。对行政执法的权限设置应回避对法律适用标准的判断——法院更适宜作出相关决定，如特定作品类型构成思想抑或表达，商标是否属于驰名商标，技术特征是否构成等同。知识产权行政执法应仅凭执法对象的外观便可判断侵权与否，而不应对其性质作过多的讨论；即使需对特定侵权行为作出常识以外的判断，亦应提供额外之依据。这意味着两点：其一，认定侵权行为的低信息成本；其二，常识的标准化。“依据常识执法”绝非一个可纳入法条或任意规范文本的表述，“常识”是为展示规范知识产权行政执法的内在逻辑，它应具体、明确，执法人员在花费较低信息成本的前提下即可识别侵权行为，并通常表现为可量化的执法标准。

2. 理性约束：以专利执法为例

那么，常识应如何有效约束知识产权行政执法？以下将以专利执法为例，说明常识的理性化。1984 年《专利法》出台，对行政执法仅有原则性规定，即专利管理机关可以对侵犯专利的行为责令停止侵权并赔偿；1992 年《专利法》第一次修正，在 1984 年《专利法》基础上增设对假冒他人专利行为的行政处罚（停止行为、公开更正、处以罚款）；2000 年《专利法》

---

❶ ZAHORSKY R M. Patent Pending [J]. A. B. A. J, 2010: 11.

❷ LEE P. Patent Law and the Two Cultures [J]. Yale Law Journal, 2010, 120 (1): 2-82.

第二次修正，删去对专利侵权行为责令赔偿的权限，增设赔偿调解，并细化假冒专利的行政处罚；2008 年《专利法》第三次修正，增设专利执法行为的程序性规定，将查封或扣押职能限定于假冒专利的情形；2015 年国务院法制办公室公开《专利法修订草案（送审稿）》（以下简称《专利法送审稿》）第六十条第二款，增设对群体侵权、重复侵权行为等故意侵权行为的行政处罚，❶ 但 2019 年 1 月全国人大发布的《专利法修正案（草案）》（以下简称《专利法修正草案》）又将其删除。

考量行政执法的实施效果，除去实证分析研究外，模拟社会网络的形成亦可窥见一二。构建社会网络需满足三个前提：（1）社会网络中存在众多节点，并相互链接；❷（2）依据联系紧密程度，不同节点间存在强关系、弱关系；❸（3）生长和优先连接是网络生成的主要因素，❹ 随着连接节点数增加会形成中心节点，社会网络基数越大，中心节点的中心度越高，影响范围越大。❺

将行政执法视作一个社会网络后，侵权行为与执法措施便构成该网络中的各个节点。1984 年《专利法》仅概括性地囊括专利侵权行为，由于执法措施未与特定情形相对接，整个专利侵权网络呈现一种扁平化结构，从立法架构观察，并无明显的中心节点，且各节点间不存在明显差异，多样性、异质度较低，具体实施效果不强。1992 年《专利法》第一次修改，增设假冒专利的侵权行为，通过立法确认构建该社会网络中不同的中心节点（假冒专利行为、一般侵权行为），并以中心节点为原点形成不同的强、弱

---

❶ 《中华人民共和国专利法修订草案（送审稿）》第六十条规定："……对涉嫌群体侵权、重复侵权等扰乱市场秩序的故意侵犯专利权的行为，管理专利工作的部门有权依法查处；在全国有重大影响的，由国务院专利行政部门查处。管理专利工作的部门认定故意侵权行为成立且扰乱市场秩序的，可以责令侵权人立即停止侵权行为，没收、销毁侵权产品或者用于实施侵权行为的专用设备。非法经营额五万元以上的，可以处非法经营额一倍以上五倍以下的罚款，没有非法经营额或者非法经营额五万元以下的，可以处二十五万元以下的罚款。"

❷ 王涛，罗仲伟．社会网络演化与内创企业嵌入——基于动态边界二元距离的视角［J］．中国工业经济，2011（12）．

❸ GRANOVETTER M. The strength of weak ties ［J］. American Journal of Sociology，1973（6）：1360－1365.

❹ ALBERT R，BARABASI A L. Statistical，mechanics of complex networks ［J］. Review of Modern Physics，2002，1（1）：47－97. 转引自：周涛，柏文洁，汪秉宏．复杂网络研究概述［J］．物理，2005（1）：31－36.

❺ 王珊珊，许艳真，李力．新兴产业技术标准化：过程、网络属性及演化规律［J］．科学学研究，2014（8）．

关系（假冒他人专利应停止侵权、公开更正、处以罚款），多样性、异质度逐步提升，该社会网络渐渐活跃。2000 年、2008 年《专利法》修正，在 1992 年《专利法》筑构的中心节点基础上，调整不同中心节点的强弱关系（删去一般侵权的行政处罚、增加假冒专利的处罚力度），逐步形成配套标准（假冒专利的处罚标准、细化行政执法程序性规定）；而配套标准的建立实际上构成了次级的中心节点，先前建立中心节点的中心度增加，多样性、异质度渐渐丰富，该社会网络可承载社会功能随之而增加，各类社会关系可纳入调整，构成该社会网络的标准在实际运行中将逐步社会化（如图 2-2 所示）。

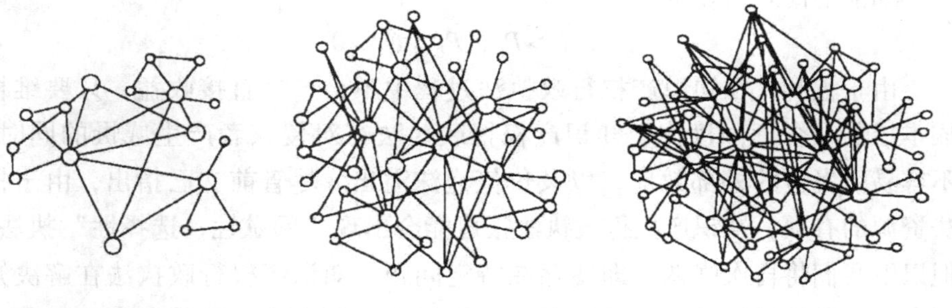

（a）标准形成　　（b）增设标准配套机制　　（c）标准社会化

图 2-2　标准社会化过程

这正是通过常识约束知识产权行政执法的理性所在。

首先，执法权限被约束至常识以内，意味着对原则性规定（一般侵权行为、恶意侵权行为）的排斥。若特定侵权情形无法直接识别为具体违法行为，解释便介入其中，它会造成两个结果：其一，执法范围扩张，解释范围皆为执法之权力；其二，执法成本上扬，若解释缺乏论证直接定性，容易造成形式不公，且行政执法论证成本要高于司法保护。反过来说，如果特定侵权情形可直接识别为具体违法行为，在采集初步证据基础上可直接依据常识判断，例如假冒专利是适用常识的典型情形，因为判断相关事实（专利号、专利人、专利产品归属）并不依赖于相关技术领域的知识背景。由于行为定性是“不言而喻”的，举证责任将转移至侵权人，其需要提供额外的证据进行抗辩、复议或另行起诉，符合前文对行政执法和司法保护的分工预设。

其次，常识虽将法律适用的解释权限让渡于司法机关，但它将行政执法的注意力转移至侵权产品的流通环节，这更贴合行政执法的制度功效。

如现行《著作权法》第四十八条规定，行政执法权限基本不涉及翻译、改编等演绎权利，而集中于复制、发行、表演、放映、广播、汇编、信息传播等传播体系权利，后者在判断侵权时，仅需认定是否完全相同。

最后，常识解决了行政执法实施细则的问题。将执法对象的认定纳入常识范畴，避免了定性的争议，在取得共识的基础上，可依据情节轻重制定执法标准，实现对行政执法理性约束之效果。

（二）发挥知识产权行政执法的司法补正功能

1. 有效处理群体性侵权

如前述简式所显示：

$$\therefore\ F > P_0,\ P_0 > C_1 > 0$$

由于权利人在知识产权行政执法过程中不会产生直接收益，只要维权成本控制在合理限度内，知识产权行政执法在对侵权者产生威慑的同时，不容易引发负的外部效应，以及价值泡沫溢出。尽管前文已指出，由于执法资源的有限，知识产权行政执法很可能会出现“间歇性、选择性”执法，但以下我们将再次强调，即使存在特定问题，知识产权行政执法在解决知识产权司法保护失灵（尤其是群体性侵权）的问题上，还是存在很显著的优势。

知识产权的价值源于特定范式（权利客体）的高附加值，如知名商标、畅销作品、尖端技术方案，通常的侵权获利情形，是重现该权利客体并投放于市场进行流通。对侵权者而言，重现该权利客体的成本必须低于其高附加值所创造的利润，假设完全重现（作品盗版、假冒商标、假冒专利）是投入/产出比最高的模仿，此时，由于完全相同，执法人员亦最易借助常识判断进行调查、取证、处罚。若侵权人意图降低被处罚概率，对权利人的权利客体进行修改，或由于额外成本的投入（多见于专利），或由于范式更改削弱其附加值（仿冒商标、作品抄袭），侵权产品利润降低，侵权者不得不扩大生产提升边际利润或者在范式更改基础上提升其附加值。此时，司法保护与行政执法将形成良性互补。若对权利客体修改幅度不大，依据一般常识进行执法出现判断误差概率较小；若与被侵权的权利客体已有区别，以执法人员的一般常识已难以判断是否构成侵权，侵权者或已完成由模仿向创新的过渡，或仍构成侵权，由法院进行系统论证更有利于法律适用标准的形成。

通常，知识产权群体性侵权的发生，是由于模仿（特定知识产权客体）

行为产生的额外利润，利润的多少与被模仿知识产权客体的形式结构有高度相关性。在同一时间侵权行为发生越高频，侵权产品与被模仿的知识产权客体越相近；如果侵权产品与被模仿的知识产权已具有较大区别，那么，说明侵权者的主要利润来自权利人享有权益比较困难，同样，予以该类情形过强保护也不应当。由此，我们可以推定，群体性侵权发生时，对个案的处理相对简易，因为判断要素大多在执法者的常识框架之内。

因此，知识产权行政执法处理群体性侵权时，至少存在以下两点优势：

其一，行政执法不存在采取司法保护衍生的额外成本。一方面，行政部门预先持有的有效信息，使权利人提供初步证据即可启动维权程序，无须组织大量材料启动保护程序，减少了获取保护所需的维权成本。另一方面，在一些侵权行为较为明显的、测量成本较低的案件中，行政保护通过行政型秩序取代法庭系统论证的方式是有效的，它回避了因知识产权性质产生的高测量成本。如前所述，权利人若要有效应对群体侵权之情形，不得不增加相应的人员投入，增添了组织成本，总维权成本扩张，司法保护适用的余地减少。可依职权启动的行政保护，把交易成本内部化后，无须考量专利测量成本的累积与重叠，可在一定区域内对不特定侵权主体展开维权，并对群体侵权、重复侵权等情形采取更为积极有效的措施。

其二，行政执法在处理群体性侵权问题时，信息成本维系在合理限度之内。这一点具有重要意义，有学者已指出，“当政府的惩罚力度小于政策实施成本时，有限理性的政府会选择不监管的策略”[1]。诚然，我们并不认为知识产权行政执法会因为实施成本过高而无法启动，但应当指出，在持续高成本投入的条件下，行政执法很难高效持续，成为常态化的保护机制。

2. 测定和管束知识产权行政执法的强度

常识的提出不仅为揭示知识产权行政执法的内在逻辑脉络，它更希望增进对知识产权行政执法的理解，包括如何测定和管束知识产权行政执法的强度。

仍以 2015 年《专利法送审稿》对专利行政执法的规定为例，其直接增设了中心节点（扰乱市场秩序的故意侵权行为），并从“扰乱市场秩序的故意侵权行为”的概念中分离出两个中心节点“群体侵权”“重复侵权”，围

[1] 张飞相，杨扬，陈敬良．基于演化博弈的企业知识产权保护与侵权研究［J］．商业研究，2015（2）．

绕这三个中心节点构建了不同配套标准（群体侵权可没收产品、生产工具，重复侵权可没收产品、生产工具并处以罚款，扰乱市场秩序的故意侵权行为可查封扣押）。有研究者指出，“群体侵权、重复侵权、扰乱市场秩序、故意”等概念判断标准模糊、难以界定，❶ 行政力量频繁介入市场甚至可能干扰正当经营者的生产经营活动，扰乱市场秩序。❷但以常识作为测定依据，判断增加特定侵权情形后行政执法强度的变化，并非由某个概念是否凝聚社会各界的共识或执法范围是否扩张所决定，而是新增的情形是否以较低信息成本即可识别，且存在清晰的外观要件加以判断。否则，行政力量将难以介入相应社会活动，更不必言对生产经营活动进行干扰。因此，尽管《专利法送审稿》第六十条第二款的内容为2019年《专利法修正草案》所否定，但本书预测，该款中仅重复侵权可形成效力较强的执法活动，群体侵权或扰乱市场秩序行为多受政策引导或由专项行动所驱动。

重复侵权是否包含测量成本较高的专利侵权情形，实际上源于对“重复”的界定。“重复”意味着对持续性行为的割裂，即前一行为与后一行为相同却相互区分，它以特定事件作为切割的分割点，但事件的界定是具有弹性的，若某一侵权产品在市场持续流通，每一次产品出货行为即可以看作连续的整体，也可以看作彼此区分的多次行为。事件的选取应尽可能减少信息成本的投入，其本身应包含对侵权行为的准确判断，无须在事后对信息真伪的测定再投入大量信息成本。以司法裁决、行政处罚作为认定重复侵权的基点，是一项有益的参考。相关侵权行为经司法裁判或无异议的行政处罚、调解后，侵权人再次构成同一侵权行为，应认定为重复侵权。此时，执法人员仅需对比侵权行为与先前涉案行为是否一致，且存在清晰的外观要件（裁决文书）作为判断依据，故其可纳入常识的规制轨道。同时，它也管束着行政执法之权限，仅相同主体、相同行为的情形，方可纳入规制。

“群体”是一个描述量的概念，即有多个专利侵权行为，不同侵权行为之间相互有联系，这种联系可能衍生出以下三种情形：（1）一个侵权人同时侵犯多个权利人的专利权；（2）多个侵权人同时侵犯一个权利人的专利

---

❶ 朱雪忠，万里鹏．信息公开视角下的专利行政处罚权研究［J］．江西社会科学，2014(9)．

❷ 刘银良．论专利侵权纠纷行政处理的弊端：历史的选择与再选择［J］．知识产权，2016(3)．

权；（3）在特定区域内，多个侵权人同时侵犯多个权利人的专利权。此外，除去高度抽象量化关系，群体侵权还包含着产业化的导向，因为群体侵权以“扰乱市场秩序”为前提。马克斯·韦伯曾指出，市场秩序是凭借利益格局实现的，[1] 那么，构成市场秩序的参与者必须实现最低程度的组织化，即生产；同理，“扰乱市场秩序”的群体侵权行为同样应包含这一要件，即以生产专利侵权产品为主业，否则将难以描述“群体”这一量的特征。群体侵权不仅缺乏可供识别的外观要件，且在量的构成要素上容易受到不同时空、不同环境的影响而流变，对群体的定性会出现不同的理解，这意味着识别侵权行为的信息成本较高，草率定性容易造成不公，由法院认定更能发挥制度之实效。若坚持以行政执法实施，更有可能与特定公共政策相结合，进而衍生为一项“运动式”职能。

[1] 马克斯·韦伯．经济与社会（第一卷）［M］．阎克文，译．上海：人民出版社，2010：61.

第三章　知识产权行政执法正当性的反思

正当性是知识产权行政执法的基石，同样也是研究知识产权行政执法的逻辑起点。在第二章中，我们试图通过司法保护与行政执法的对话，寻求知识产权行政执法的定位：作为知识产权司法保护失灵的有效补充。本章中，我们将回到知识产权行政执法的本身，回答“知识产权行政执法应如何存在”。

一、知识产权行政执法必要性之反思

（一）知识产权行政执法历史必要性之反思

每个时代都需要研究它的历史，不全是因为早先的历史研究不对，而是因为每个时代都会面对新的问题，产生新的疑问。[1]这往往会促使我们梳理与此相关的事物发展脉络，期待找到新问题的答案。我们的答案将反映我们在时代所处的位置，即以什么样的观点来看待自身所处的社会。[2]

1. 知识产权行政执法的历史变迁

19世纪末，现代法意义上的知识产权制度随着西学的浪潮进入中国，由于时局动荡，直到中华人民共和国成立前夕，现代法意义上的知识产权制度依然没有扎根于中国。从1949年中华人民共和国成立到1978年改革开放之前，我国对知识产权制度进行了初步探索，但是由于当时我国正处于计划经济时代，知识产权制度失去了其生存的土壤，以至于无疾而终。[3] 现代法意义上的知识产权制度建立于20世纪80年代。我国建立知识产权法律制度之初，尚未建立知识产权司法保护体制，现实中面临较为繁重的知识产权

---

[1] 斯塔夫里阿诺斯．全球通史：从史前史到21世纪（第7版修订版）（上册）［M］．吴象婴，梁赤民，董书慧，王昶，译．北京：商务印书馆，2015：9.

[2] E. H. 卡尔．历史是什么［M］．陈恒，译．北京：商务印书馆，2007：89.

[3] 宋世明，张鹏，葛赋斌．中国知识产权体制演进与改革方向研究［J］．中国行政管理，2016（9）.

执法和纠纷处理任务，仅仅依靠司法机构是难以胜任的，随着知识产权法律制度建立的知识产权行政部门，理所当然地担起了行政执法和纠纷处理的重任。[1]这在1982年《商标法》、1984年《专利法》、1990年《著作权法》及其历次修订中体现得尤为明显，相关内容已在第一章作出详细论述。

从知识产权行政执法的历史变迁不难发现，知识产权行政执法的方向发展是规范化，并体现为执法权限、执法程序和执法地位的规范。

首先，执法权限的规范。其主要体现在以下三个方面：其一，1982年《商标法》和1984年《专利法》都规定了知识产权行政执法机关具有责令侵权人赔偿损失的权力。就知识产权侵权而言，赔偿损失是纯粹的民事责任，代表国家公权力的知识产权行政执法机关，无权责令赔偿损失，否则会对私权造成损害。因此，在后面的修法中，都改成了知识产权行政执法机关可以应当事人的请求，就损害赔偿的数额进行调解，调解不成的，由当事人向法院提起民事诉讼。立法的这一改变，进一步规范了知识产权行政执法权，使其不得任意干涉私权。其二，最初的《商标法》《专利法》和《著作权法》都只规定了知识产权行政执法机关可以就情节严重的侵权行为处以罚款，但没有就罚款的具体情况及具体数额作出规定，而在后面的几次修法中，都将处以罚款的情形和数额具体化了，从某种程度上来说，这是对知识产权行政执法权的限制。其三，引入了公共利益的限制。知识产权制度建立之初，知识产权行政执法机关对知识产权侵权行为的处罚基本没有限制，2001年《著作权法》增加了同时损害公共利益这一限制，而在《专利法送审稿》中更是将公共利益具体化，并明确规定，针对一般侵权行为，专利行政执法机关只能责令停止侵权行为；只有在恶性侵权、群体侵权、反复侵权的情况下，专利行政执法机关才能行使罚款、查处、没收等权利。

其次，执法程序的规范。1982年《商标法》、1984年《专利法》和1990年《著作权法》都没有对知识产权行政执法机关的职权、职责进行规定，而在后面的修法中都对知识产权行政执法机关在执法中享有的职权和应当履行的职责作出了规定。除此之外，各知识产权行政执法机关都制定了内部的执法规则，以规范知识产权行政执法程序。例如，国家工商行政管理总局制定的《工商行政管理机关查处商标违法案件监控规定》、国家版

---

[1] 李顺德．健全知识产权执法和管理体制［J］．中国发明与专利，2008（8）．

权局制定的《著作权行政处罚实施办法》、国家知识产权局制定的《专利行政执法办法》。

最后，执法地位的规范。在知识产权制度建立初期，知识产权行政执法机关具有相当大的职权，在某种程度上已经代替了知识产权司法保护。这一点，在1982年《商标法》、1984年《专利法》和1990年《著作权法》中初见端倪。甚至，立法在表述上都将知识产权行政执法放在知识产权司法保护的前面。这说明，在我国建立知识产权制度初期，知识产权行政执法在知识产权保护的“双轨制”中占主导地位。随着知识产权司法保护的发展，以及人们对知识产权的认识进一步加深，知识产权行政执法权逐渐被限制，在立法表述上也将知识产权行政执法移到知识产权司法保护后面。这足以说明，知识产权行政执法逐渐退居二线，知识产权司法保护逐渐在“双轨制”中占据主导地位。

2. *知识产权行政执法的历史选择了什么*

法律若完全依靠强制力执行，成本过高。一项法律若要得以长久、有效地实施，必须依赖民众的普遍认可，即使其起初是由强制力（暴力、强监督）推行。马克斯·韦伯也曾强调，“实在的成文法规之所以是正当的，可能是因为：（1）它产生于当事各方的自愿同意；（2）它是由某个被认为具有正当性，因而理应服从的权威所强加的。”❶一旦法律的实施是由民众的认可和选择所实现，其被视作合同自然顺理成章，此时，对于合同性质的诸多理论将嫁接于法律之中。例如，合同是不完备的，它无法预见可能发生的所有情形，因此需要执法机构进行事后调整。❷这从另一层面诠释“有保障的法律”不仅关乎当下，更看重“变化”：如何确保法律在变动的社会关系中发挥效用。对于这一点，如果我们换个视角观察，将更贴近于事实本身：如何让人们接受持续变动的“行动中的法”。

这是行政执法难以绕开的议题，它展现了知识产权行政执法更为丰富的面貌，即行政执法是公权力与私权利相互作用的持续过程，在此过程中，

---

❶ 马克斯·韦伯．经济与社会［M］．阎克文，译．北京：人民出版社，2009：128.

❷ 皮斯托、许成钢将契约不完全情况下的最佳控制权分配理论移植到法律中来，认为法律与契约一样，在信息约束下无法完全描述未来的所有可能状态，即使能够描述，成本也太高，为了有效处理和应对将来可能发生的不可预期的情况，事前将相应的立法权力，或者说相机执行权力作出最优配置就是必须的。参见：戴治勇．执法经济学：一个文献综述［J］．管理世界，2008（6）；许成钢．法律、执法与金融监管——介绍“法律的不完备性”理论［J］．经济社会体制比较，2001（5）.

任何一方均存在妥协、反抗的行动选择。有学者将之称为“法律接受”，即社会公众对法律规范的接纳、认同、服从或是违背、抗拒等行为反应。[1]这预示着法律实施的接受，断然不是无条件，尽管现代生活不断强调守法是公民的基本义务，但将之视为一项禁忌式的道德命题并无益于问题的讨论。同样，我们也不认为，法律可接受性的达致主要是一个修辞的问题，[2]尽管严密的逻辑结构更容易产生说服力，但受众同样可以通过拒绝谈论、漠视等方式进行抵制。我们认为，法律执行（如行政执法）是一个形而下的命题，它关乎法律适用的结果，而非法律自身的结构。

如果从这个角度展开，知识产权行政执法的可接受性更多源于相应制度的完善，这也是知识产权行政执法对执法权限、执法程序、执法地位规范的努力方向。如前所述，行政执法的实现既是对法律的表达，也存在对法律的调整，行政执法部门如需同时实现以上两种结果，自由裁量权是必不可少的。然而，自由裁量权如果超出法律拟定的框架，就会产生正当性危机；但一味依照正当程序标准行事，僵化法律的执行，又会形成了哈贝马斯所言的“有效性匮乏”秩序。[3]诚然，当下中国行政执法面临更多的是对自由裁量权的约束问题，有学者已指出，“目前我国的行政执法体系中存在‘滞后’‘混乱’‘藏私’‘脱节’等严重问题，这是行政执法可接受度较低的主要原因。”[4]这也是为何在过去三十多年中，知识产权行政执法的历史变迁选择了“规范化”，它是在应对社会外部环境快速变化的同时，不断重建自身的正当性和有效性。

首先，当知识产权行政执法意识到行政机关的执法主体已不足以为其提供足够正当性担保时，它引入了制度性规定，规范执法权限和执法程序，借助正当程序的仪式性运转，知识产权行政执法将制度性规定与技术性活动保持了适度分离，即“（正当性与有效性的）脱耦”。[5]

其次，知识产权行政执法调整了自身的地位，因为它发现自身存在天然缺陷，由于通过高度集中的指令化运作，行政执法在内部指令与外部环

---

[1] 胡平仁．法律接受初探［J］．行政与法，2001（2）．

[2] 孙光宁．可接受性：法律方法的一个分析视角［M］．北京：北京大学出版社，2012（17）．

[3] 哈贝马斯．合法化危机［M］．刘北成，曹卫东，译．上海：上海人民出版社，2000：129－133．

[4] 王学辉，张治宇．迈向可接受性的中国行政法［J］．国家检察官学院学报，2014（3）．

[5] 张晓．我国行政执法制度变革的新制度主义解读［J］．湘潭大学学报（哲学社会科学版），2012（1）．

境存在冲突时，通过有效沟通、施行便宜原则[1]最终达致合作的成本是很高的，为有效纠正个案处理可能存在的弊端，知识产权行政执法引入外部司法审查，纾解行政执法本身的自我矛盾。

综上，尽管历史变迁的方向，使知识产权行政执法走向规范化，并限缩其权限、范围、地位，但这并非预示着知识产权行政执法将走下历史舞台；恰恰相反，自我约束的目标，是构建知识产权行政执法有序发展的良性要素。有学者对知识产权行政执法产生的历史背景进行梳理，然后得出结论：在我国知识产权制度建立之初，知识产权司法保护制度尚未建立起来，这一历史局限性，促使我国选择了知识产权行政执法。我们认为，这是一种循环论证的论调，事实无法从其本身阐明意义，需要加以陈明的是某种定向、可重复的因果倾向。若知识产权行政执法是一个不得已而为之的选择，当社会环境发生变化，走出了历史局限性时，知识产权行政执法就应当被废止。但事实是，知识产权司法保护经过三十多年的发展，日臻完善，可知识产权行政执法依然与知识产权司法保护双轨并行，丝毫没有被废止的征兆。

（二）知识产权行政执法现实必要性之反思

我们对知识产权行政执法的所有讨论，可以归结为一个中心点：纾解知识产权行政执法的困境。起初，我们认为困境存在于认知层面——知识产权行政执法在法治中国的语境下迷失了自我定位，于是，我们试图论证在知识产权司法保护失灵的情况下，行政执法存在制度实效。然而，随着研究深入，我们发现作为“行动中的法”，知识产权行政执法同样存在困境。有学者将行政执法的困境描述为一种“两难”的状态，“政府（国家）通过法律规则宣示了某一立场，但这些法律规则因为执法者或利益相关的个体（或者二者相结合）的相应行动策略而受到实际上的漠视、规避，甚至拒斥，进而导致一种‘进退两难’的处境：要么因为政府立场和法律规则受到公然挑战而致政府和法律权威性资源流失（退）；要么因为政府动用

---

[1] 便宜原则最早源自刑事诉讼法领域，就行政法学而言，便宜原则的含义是法律授权执法者在特殊情形下，可以超越刚性的法律约束运用裁量权进行执法。便宜原则不同于比例原则，后者仅仅要求执法者应该在法定的裁量幅度内合乎比例地运用裁量权，而前者则意味着执法者直接可以跳过成文法的处罚种类、幅度的限制，直接裁量是否处罚或处罚幅度。参见：王学辉，张治宇．迈向可接受性的中国行政法［J］．国家检察官学院学报，2014（3）．

各种执法途径和资源执行法律而使执法的经济和社会成本变得难以承受（进）。”[1]这种“两难”状态造就的局面是政府采取“睁一只眼、闭一只眼”的方式，辅以“突击式”“运动式”等典型化执法策略，也正是常常被论及的“间歇性、选择性执法”。[2]

诚然，在20世纪八九十年代，知识产权行政执法确实面临“两难困境”：作为“舶来品”的知识产权法缺乏大量社会成员（包括执法人员）的足够认同。[3]但应当指出，“两难困境”面临的矛盾并不尖锐，它不像禁放烟花爆竹，存在过去文化习俗与现行管理规范的深层冲突；[4] 更不同于美国20世纪初期的禁酒运动，一种清教徒式宗教理想与大众民俗文化现实之间的冲突。[5]知识产权保护存在本土化的困境，但它更多源于经济层面的考量：依靠（人力、原材料、能源等）比较优势建立的加工经济，正依靠低模仿、低学习成本完成工业发展的内生积累，过于强调知识产权保护，将加重方兴未艾的民营企业的负担，并增加国有企业与外资合营的成本。

然而，20世纪末的中国经济如雨后春笋般成长，知识产权的保护需求逐渐从本土滋生，学者将之描述为“中国知识产权法律变迁，首先是对外来制度进行‘内化’和‘吸收’，实现移植法律与本土国情的契合性”[6]。这一判断同样适用于知识产权行政执法。起初，知识产权行政执法成为抵抗外来压力和消解内在矛盾的桥梁，[7]“间歇性、选择性执法”除去知识产权行政执法体系自身的不完善外，也是一种与当时经济形势相适应的“消极策略”（这也反向论证了知识产权行政执法体系不完善的合理性）。但是，

---

[1] 王锡锌．中国行政执法困境的个案解读［J］．法学研究，2005（3）．

[2] DAVIS K C. Discretionary Justice：A Preliminary Inquiry［M］．Champaign：University of Illinois Press，1971：3.

[3] 20世纪80年代，中国引进知识产权法的根本动机是来自对外开放政策的驱使，“中国需要对外贸易，吸引外资以及从西方获取迫切需要的技术和设备。”See：HERRY J H. Wheare，Lovell White Durrant，Intellectual Property：China's Unrewarded Efforts？［J］．China law and Practice，1996（10）：38。

[4] 王锡锌．中国行政执法困境的个案解读［J］．法学研究，2005（3）．

[5] “禁酒不仅是个人道德问题，而且是维护清教主义理想在美国的唯一可行的办法。”参见：安德鲁·莫鲁瓦．美国史［M］．上海：上海人民出版社，1977：120.

[6] 吴汉东．中国知识产权法律变迁的基本面向［J］．中国社会科学，2018（8）．

[7] 而1995年中美签署的第二个知识产权协议《有效保护及实施知识产权的行动计划》以及1996年第三个知识产权协议《关于中国在1995年知识产权协议项下所采取的实施行动的报告》，中美双方均将行政执法作为主要保护手段。参见：凌金铸．知识产权因素与中美关系：1989—1996［D］．苏州：苏州大学，2005：130－157.

这一形势已悄然发生改变。知识产权对经济生活的贡献通常会被视作一种“激励”，这种“激励”不仅包含着对特定生产要素的价值分配优化，❶ 它还意味着对特定产业本身的结构调整，致使不少产业需要依赖于完善知识产权制度，来实现商业模式的运作及盈利。后者多被称为“知识产权密集型产业”（包括专利密集型产业、商标密集型产业与版权密集型产业），❷ 美国、欧盟曾撰写官方报告表明知识产权密集型产业的经济贡献，❸ 但我们更关注的是：一旦知识产权被接受了，它将很容易被需要。这一点导致知识产权行政执法不同于烟花禁放或者禁酒令，尽管它一开始不被认同，随着外部经济环境的变化（且这一变化具有较高普适性），知识产权行政执法会逐步被需要，它可以凝聚更多社会成员的共识（包括执法人员），其现实必要性可体现为政策态度及经济环境需要。

1. 现有政策的认可

为提升我国知识产权创造、运用、保护和管理能力，建设创新型国家，国务院于2008年制定的《国家知识产权战略纲要》指出，经过多年发展，我国知识产权执法水平不断提高，但是从总体上看，社会公众知识产权意识仍较薄弱，市场主体运用知识产权能力不强，侵犯知识产权现象还比较

---

❶ 激励论是建立在这样一种假定之上，即个人的创新性成果得到法律的保护，将激发更多人参与创新、持续创新，而社会公众将从创新成果中受益。因此，知识产权制度从诞生之日起就担负了两种使命：第一，激励创造，即知识产权制度能鼓励作者创作，鼓励发明家创造；第二，激励投资，即知识产权制度能鼓励资本方对知识产权的创造、传播、实施进行投资。这既体现了知识产权制度的法律性，又体现了知识产权制度的政策性。参见：邹彩霞．知识产权的十大矛盾［J］．湖南社会科学，2016（5）：86.

❷ 对知识产权密集型产业的定义，多数通过五年内产业授权（生产）知识产权数与该产业五年间平均就业人数的比值测算，但不同类型（商标、版权）密集型产业还有不同测算方式。可参见：姜南，单晓光，漆苏．知识产权密集型产业对中国经济的贡献研究［J］．科学学研究，2014（8）.

❸ 知识产权密集型产业概念广泛传播于2012年4月美国商务部联合专利商标局发布的《知识产权和美国经济：聚焦产业》，指出2010年知识产权密集型企业为美国GDP贡献5.06万亿美元，占GDP总值的34.8%，直接提供了2710万个就业机会。See：U. S. Department of Commerce. Intellectual property and the U. S. economy：industries in focus［EB/OL］.［2012－04－13］. http：//www.uspto.gov/about/ipm/industries_in_focus.jsp. 无独有偶，2013年9月欧盟专利局发布《知识产权密集型产业对欧盟经济和就业的贡献》，指出知识产权密集型企业为欧盟经济贡献4.7万亿欧元，占GDP总值的39%，直接贡献5650万个岗位。See：European Patent Office and the Office for Harmonization in the Internal Market. Intellectual property rights intensive industries：contribution to economic performance and employment in the European Union［EB/OL］.［2013－09－30］. http：//keionline.org/sites/default/files/ip_intensive_industries_en.pdf.

突出，因此，需要健全知识产权执法和管理体制，加强司法保护体系和行政执法体系建设，发挥司法保护知识产权的主导作用，提高执法效率和水平，强化公共服务。至此，《国家知识产权战略纲要》制定已十年有余，我国知识产权事业至少在以下三个方面获得了长足的发展：知识产权制度日渐完备、知识产权数量不断增长、知识产权保护的社会意识也逐渐增强。这三方面的发展是多层级、多方位政策支持共同努力的结果。

中国共产党第十九次全国代表大会通过了《决胜全面建成小康社会 夺取新时代中国特色社会主义伟大胜利》（以下简称“十九大报告”），为实现中华民族伟大复兴、为新时代中国特色社会主义的建设提供了战略蓝图和行动纲要。党的十九大报告指出，“创新是引领发展的第一动力，是建设现代化经济体系的战略支撑”，建设创新型国家需要“倡导创新文化，强化知识产权创造、保护、运用”。[1]创新文化是历史实践过程中创造的精神财富的总和，它包含以创新为内涵的社会意识形态以及与该意识形态相适应的制度框架和组织结构。意识形态与制度结构相辅相成，密不可分。

2017 年 11 月 4 日，习近平总书记召开十九届中央全面深化改革领导小组第一次会议并发表重要讲话，审议通过《关于加强知识产权审判领域改革创新若干问题的意见》，明确提出加强知识产权审判领域改革创新，要充分发挥知识产权司法保护主导作用，树立保护知识产权就是保护创新的理念，完善知识产权诉讼制度，加强知识产权法院体系建设，加强知识产权审判队伍建设，不断提高知识产权审判质量效率，优化科技创新法治环境。《中共中央关于制定国民经济和社会发展第十三个五年规划的建议》明确提出，要深入实施创新驱动发展战略，需深化知识产权领域改革，加强知识产权保护。《国务院关于新形势下加快知识产权强国建设的若干意见》明确指出，我国经济发展方式加快转变，创新引领发展的趋势更加明显，知识产权制度激励创新的基本保障作用更加突出，到 2020 年，知识产权重要领域和关键环节改革上取得决定性成果，创新创业环境进一步优化，为建成中国特色、世界水平的知识产权强国奠定坚实基础。

党的十八大报告指出，我国要坚持走中国特色新型工业化、信息化、城镇化、农业现代化道路，推动信息化和工业化深度融合、工业化和城镇

[1] 决胜全面建成小康社会 夺取新时代中国特色社会主义伟大胜利［EB/OL］.［2018－08－15］. http：//cpc. people. com. cn/n1/2017/1028/c64094－29613660. html.

化良性互动、城镇化和农业现代化相互协调，促进工业化、信息化、城镇化、农业现代化同步发展。[1]因而要实施创新驱动发展战略，实施国家知识产权战略，加强知识产权保护。在我国，知识产权保护包括知识产权司法保护和知识产权行政保护，因此，加强知识产权保护就意味着同时加强知识产权司法保护和知识产权行政保护。

党的十八届四中全会指出，要完善激励创新的产权制度、知识产权保护制度和促进科技成果转化的体制机制。党的十八届五中全会指出，深入实施创新驱动发展战略，发挥科技创新在全面创新中的引领作用，实施一批国家重大科技项目，在重大创新领域组建一批国家实验室，积极提出并牵头组织国际大科学计划和大科学工程。知识产权制度的核心就是激励创新，因而实施创新驱动发展战略离不开知识产权保护制度，离不开知识产权行政执法。《国民经济和社会发展第十三个五年规划纲要》指出，要发挥科技创新在全面创新中的引领作用，加强基础研究，强化原始创新、集成创新和引进消化吸收再创新，着力增强自主创新能力，为经济社会发展提供持久动力。《“十三五”国家知识产权保护和运用规划》指出，要显著改善知识产权保护环境，加强知识产权“双轨制”保护，发挥司法保护的主导作用，加强知识产权行政执法体系建设，完善行政执法和司法保护两条途径优势互补、有机衔接。

持续的关注与强化使行政执法成为我国知识产权保护体系的显著优势。中国国务院印发《国务院关于进一步做好打击侵犯知识产权和制售假冒伪劣商品工作的意见》，成立全国打击侵犯知识产权和制售假冒伪劣商品工作领导小组，形成由 29 个部门参与的常态机制。2018 年 9 月，国务院新闻办公室发布《关于中美经贸摩擦的事实与中方立场》白皮书。针对美国政府对中国知识产权保护的指责，白皮书指出，中国国家知识产权局积极构建集快速审查、快速确权、快速维权于一体的快速协同保护体系，建成了基本覆盖全国的“12330”知识产权维权援助与举报投诉网络。专利、商标、版权行政执法部门开展了强有力的主动执法，有效保护了知识产权权利人的合法权益。国家知识产权局重组后，商标、专利执法由市场监管综合执

[1] 胡锦涛．坚定不移沿着中国特色社会主义道路前进 为全面建成小康社会而努力奋斗——在中国共产党第十八次全国代表大会上的报告［M］．北京：人民出版社，2012.

法队伍承担，执法力量得到整合与加强。

为整合与加强知识产权行政执法力量，2019 年 11 月 24 日中共中央办公厅、国务院办公厅发布《关于强化知识产权保护的意见》，对行政执法提出富有指导意义的改革方向：在加大惩处假冒行为方面，要求行政执法研究采取没收违法所得、销毁侵权假冒商品等措施，加大行政处罚力度，开展关键领域、重点环节、重点群体行政执法专项行动；严格规范证据标准，要求制定完善行政执法过程中的商标、专利侵权判断标准，推进行政执法和刑事司法立案标准协调衔接；加强监督问责，推动落实行政执法信息公开相关规定，另将行政处罚信息纳入国家企业信用信息公示系统；对行政执法引入假冒线索智能检测系统和技术调查官制度，发挥（专利、商标）远程确权审理、异地审理对行政执法作用等。为了营造良好的创新环境，需要加强知识产权保护。在知识产权“双轨制”保护模式下，加强知识产权行政执法是加强知识产权保护的应有之义。

2. 营商环境优化

我国营商环境的优化，是对以下三大诉求的回应：第一，随着“一带一路”倡议的铺开与深化，我国企业“走出去”需要他国予以营商环境优化的支持，为此，我国需率先树立标杆，例如，2016 年杭州二十国集团（G20）会议期间，习近平主席便敦促与会的澳大利亚总理特恩布尔（Malcolm Turnbull），“希望澳方继续致力于为外资提供公平、透明、可预期的政策环境”；[1] 第二，随着改革开放进入深水区，我国需要提供更加开放、包容、可持续的营商环境，例如，我国外交部发言人表示，中国正在推进的全面深化改革将为完善投资环境提供有力保障；[2] 第三，供给侧改革战略的实施要求我国应为产业升级、转型提供足够的转身空间，以优化营商环境为前提，降低企业去杠杆、去产能的成本，并抵抗经济下行的风险，这也是为何中国外长王毅强调“简单地以高度发达国家的标准来判断和衡量发展中国家的投资环境，缺乏科学性和可比性”。[3]

[1] 习近平会见五国领导人［N］. 人民日报（海外版），2016－09－05（2）.

[2] 2016 年 6 月 7 日外交部发言人洪磊主持例行记者会［EB/OL］.［2016－06－07］. http://www.fmprc.gov.cn/web/fyrbt_673021/t1370284.shtml.

[3] 王毅谈中国投资环境：越来越开放将是一个必然趋势［EB/OL］.［2016－10－31］. http://www.fmprc.gov.cn/web/wjbzhd/t1411667.shtml.

营商环境优化的核心思想是“制度至关重要”，即具有更好的“制度”、更有力的产权保护、更少的政策扭曲的国家，将比不具备这些条件的国家更加富裕。[1]如果接触过20世纪80年代的经济学思潮，接受以上观念或许存在不少难度，因为在当时，人们认为卓尔有效的经济政策应该放松价格管控并建立有效市场，具体做法包括：削弱政府公共职能、减税以及推动市场自由竞争和私营企业发展。当时的世界银行显然是这一套观念，它在应对拉美和撒哈拉以南非洲地区债务危机时，便推出了“结构性贷款”，即以减少贸易投资壁垒、私有化、去管制化和减少政府职能，作为获取世界银行贷款或援助的前提，目的在于改变部分发展中国家的宏观经济政策。很显然，经济学思潮发生转向的根本原因，是以上（针对拉美和撒哈拉以南非洲地区债务危机）的改革均未获得成功。研究者试图指出，失败原因在于发展中国家的制度、文化、法律并未能与宏观经济政策的转变相匹配，“法律转向”继而出现：“如果说旧一代的发展模型认为走向增长和繁荣的路径有赖于建设有效率的市场，那么新的正统性强调的是市场本身依赖于法治。”[2]恰逢其时，秘鲁经济学家赫尔南多·德·索托（Hernando de Soto）基于对经济现状的观察（各种管制对商业开办和运营构成了巨大成本），借助他领导的秘鲁自由与民主学会推行了行政改革，采取了健全并明确产权制度、简化行政程序等措施，便利企业营商，并取得显著经济成效。经济学思潮的转向以及秘鲁改革的成功，触动了任职于世界银行的经济学家西蒙·贾科夫（Simeon Djankov），一个新的观点不断在世界银行得到印证——制度比价格更为重要。[3]为此，贾科夫创建了一个新的项目并产生了一份新的报告——《营商环境报告》，这份享有广泛影响力的报告，可以说在全球范围内全面诠释了“营商环境”一词。

综合《营商环境报告》发布前整个经济学思潮的转变，不难理解产权保护在营商环境评估中的重要地位，同时，亦无须过多强调知识产权保护在其中的比重。然而，对营商环境的关注脱胎于20世纪80年代的新自由主

---

[1] FIELDING D, TORRES S. Cows and Conquistadors: A Contribution on the Colonial Origins of Comparative Development [J]. Journal of Development Studies, 2008, 48: 1081 - 1099.

[2] KREVER T. The Legal Turn in Late Development Theory: The Rule of Law and the World Bank's Development Model [J]. Harvard International Law Journal, 2011, 52: 288 - 319.

[3] DJANKOV S. The Doing Business Project: How It Stared: Correspondence [J]. Journal of Economic Perspectives, 2016, 30: 247.

义思潮，这使得“营商环境优化”在21世纪初进入人们视野时成为一个复合的矛盾体：既关注产权保护，又厌恶政府监管。自然，在这种矛盾体中，知识产权行政执法与营商环境优化结合并不紧密。作为世界银行的公共产品，《营商环境报告》并未消弭。20世纪80年代对“有效市场”的崇拜，以及由此产生的“监管厌恶”，正如项目创始人贾科夫强调，在广大发展中国家，政府和官员的私利给企业的运营带来了压力，政府运作以及法律的形式主义等对企业经营活动的过度干预造成了普遍的腐败与低效。这一主张在后来稍有缓解，《营商环境报告》项目负责人奥古斯都·洛佩斯·克劳克斯（Augusto Lopez Claros）认为政府作为理性的行为体，仅在资源分配缺乏透明度、自由裁量权广泛存在等情况下，才容易导致腐败。因此，他认为应当简化监管，而非完全去监管。[1]

直到东亚的经济增长在世界范围内引起广泛关注，[2]各国研究者方开始为“监管厌恶”去魅：既要关注政府监管对企业可能造成的成本，也要评估政府监管维持经济平稳运行的作用。届时，知识产权行政执法与营商环境优化的联系开始紧密起来。但至今为止，世界银行发布的《营商环境报告》仍以“去监管化”或“简化监管”作为主要导向（参见表3－1）。尽管指标的构成是有意义的，它试图测定政府监管对企业运作造成的成本，但正如批评者所指出，“（《营商环境报告》）只重视监管给企业造成的成本，而忽视监管减少企业交易成本的效用。”[3]有趣的是，批评者给出的例子恰恰关乎中国知识产权保护，学者对比中国和澳大利亚开办企业时的商标登记，指出中国商标注册时要求提交文件较多（《营商环境报告》评价更低），但却能较快防止商标重复或涉嫌侵权，因而企业在中国的营商摩擦要小于澳大利亚。[4]对监管质量的忽视使《营商环境报告》长期受到批评，对此，世界银行《营商环境报告》撰写组也对指标构成进行多次调整：2016年《营

---

[1] CLAROS A L. Removing Impediments to Sustainable Economic Development: The Case of Corruption [J]. Journal of International Commerce, Economics and Policy, 2015, 6: 1－35.

[2] ITO T. The Evolution of Development Economics and East Asia's Contribution [M] //YUSUF S, DEATON A, DERVIS K, et al. Development Economics through the Decades: A Critical Look at 30 Years of the World Development Report. Washington, D. C.: The World Bank, 2009: 137.

[3] ARRUNADA B. Pitfalls to Avoid When Measuring Institution: Is Doing Business Damaging Business? [J]. Journal of Comparative Economics, 2010, 35 (4): 728－747.

[4] BATH V. The World Bank Doing Business Reports: Regulation and Change in China and Australia [J]. SSRN Electronic Journal, 2007.

商环境报告》发布时，一级指标“执行合同”，剔除“手续”指标，并增加“司法程序质量（0－18）”二级指标；一级指标“获得电力供应”，增加“供电可靠性以及电费透明度（0－8）”二级指标；一级指标“登记财产”，增加“土地管理质量指数（0－30）”二级指标；一级指标“办理建筑许可证”，增加“建筑质量控制指数（0－15）”等。[1]

表3－1　世界银行《营商环境报告》指标构成

一级指标	二级指标
开办企业	手续（数量）、时间（天数）、成本（人均收入百分比）、最低实缴资本（人均收入百分比）
办理建筑许可证	手续（数量）、时间（天数）、成本（仓库价值百分比）、建筑质量控制指数（0－15）
获得电力供应	手续（数量）、时间（天数）、成本（人均收入百分比）、供电可靠性和电费指数透明度（0－8）
登记财产	手续（数量）、时间（天数）、成本（财产价值百分比）、土地管理质量指数（0－30）
获得信贷	合法权利力度指数（0－12）、信贷信息深度指数（0－8）、信贷登记机构覆盖率（成年人百分比）、信用社覆盖率（成年人百分比）
保护少数投资者	纠纷调解指数（0－10）、股东治理指数（0－10）、少数投资者保护力度指数（0－10）
纳税	缴税次数（每年）、时间（小时数/每年）、总税率（商业净利润百分比）、报税后程序指数（0－100）
跨境贸易	出口时间：边界合规（小时）、出口成本：边界合规（美元） 出口时间：单证合规（小时）、出口成本：单证合规（美元） 进口时间：边界合规（小时）、进口成本：边界合规（美元） 进口时间：单证合规（小时）、进口成本：单证合规（美元）

[1] 钟飞腾，凡帅帅．投资环境评估、东亚发展与新自由主义的大衰退——以世界银行营商环境报告为例［J］．当代亚太，2016（6）．

续表

一级指标	二级指标
执行合同	时间（天数）、成本（标的额百分比）、司法程序质量指数（0-18）
办理破产	时间（年数）、成本（资产价值百分比）、结果（0 表示资产被分割；1 表示继续运营）、回收率（收回债务占债务额的百分比）、破产框架力度指数（0-16）
劳动力市场监管	雇佣、工作时间、裁员规则、裁员成本、工作质量

《营商环境报告》指标的转变，印证了以下观点：应该关注的不仅是企业营商的静态成本（注册登记、资本取得、清算注销等成本），还应当关注企业在日常营商活动中，政府监管对维持经济平稳运行的作用，例如建立市场信息对称机制、规范企业行为减少商业摩擦、快速处理纠纷等。从这一层面展开，知识产权行政执法的介入与优化，几乎是营商环境优化的题中之义。我们认为，营商环境优化与知识产权执法的关系，应从以下两个方面入手：

首先，营商环境优化的主要目的之一，是构建创新能力体系。世界经济论坛发布的《全球竞争力报告》（*Global Competitiveness Report*）把经济体分为三个发展阶段，有十二个竞争力支柱项目（参见表3-2）。我们选取了2015年的全球竞争力指数指标体系，而非2019年全球竞争力报告指数指标体系。[1]因为相较于2019年世界经济论坛对信息化的重视，我们更希望突出早些年间世界经济论坛对经济体发展阶段的研究，它向我们展示了对任何经济体而言，创新均非空中楼阁，创新能力的提高是经济体对不同要素的积累和发展的结果。“创新驱动发展战略”本质上并非对过去经济发展模式的转轨，而是提出更高的要求，营商环境优化不仅是创新驱动发展战略的阶段性目标，同时也是实现创新驱动发展的主要手段。

[1] 世界经济论坛在2019年《全球竞争力报告》中使用了4.0指标体系（The Global Competitiveness Index 4.0 framework），它包括四个次级指标和十二个支柱要素：有利环境（制度、基础设施、信息化运用、宏观经济环境）、市场（商品市场、劳动力市场、金融市场、市场规模）、人力（健康和初等教育、高等教育与技能培训）、创新要素（商务成熟度、创新能力）。详情可参见：SCHWAB K. The Global Competitiveness Report 2019 [EB/OL]. [2020-01-10]. http://www.weforum.org/docs/WEF_The Global Competitiveness Report 2019.

表 3-2 全球竞争力指数指标体系❶

次级指标	支柱	经济体发展阶段
基本要素	制度	要素驱动阶段
	基础设施	
	宏观经济环境	
效率增强因素	健康和初等教育	效率驱动阶段
	高等教育和培训	
	商品市场效率	
	劳动力市场效率	
	金融市场成熟度	
	技术设备	
	市场规模	
创新体系	商务成熟度	创新驱动阶段
	创新能力	

其次，知识产权行政执法的提振是优化营商环境、增强创新能力的不二法门。在政府对创新活动培育方面，纯粹补贴政策是否能够激励企业创新，已受到广泛怀疑。尽管政府对创新进行补贴，能够缓解企业融资渠道受限情形，❷ 但它也会反向激发企业“寻扶持”的策略性创新行为。❸脱离市场导向的创新活动，造成低实施率以及低经济产出，并印证补贴政策的失灵。❹ 换言之，政府补贴等经济诱因并没有在实质上改变产业的（创新）导向。这同时也激发研究者对企业决策行为的关注，“同群模仿”模型行为进入产业研究的视野。“同群模仿”是指企业倾向于模仿规模大、盈利能力强的企业决策行为。❺ 基于这一模型，有研究者分析政策补贴、营商环境优

---

❶ Global Competitiveness Report 2015—2016 [EB/OL]. [2020-01-10]. http://reports.weforum.org/global-competitiveness-report-2015-2016/country-highlights/.

❷ 张秀峰，陈光华，海本禄．融资约束、政府补贴与产学研合作创新绩效 [J]．科学学研究，2019 (8).

❸ 黎文靖，郑曼妮．实质性创新还是策略性创新？——宏观产业政策对微观企业创新的影响 [J]．经济研究，2016 (4).

❹ 谢海洋，曹少鹏，高敏．高科技资质认定政策有效性研究——基于双重差分 PSM 方法的检验 [J]．现代经济探讨，2017 (9).

❺ HOBERG G, PHILLIPS GM. Text-Based Network Industries and Endogenous Product Differentiation [J]. Journal of Political Economy, 2016, 124 (5): 1423-1456.

化、创新产出三者的关系，依据2008—2017年我国185个地级市的专利申请和授权量、财政科技支出、企业营业收入等数据，研究者发现尽管政策补贴与营商环境优化均与创新产出有显著相关性，但营商环境水平每提升1%，创新产出增加7.9%，创新投入的促进作用下降0.5%。换言之，对营商环境的提升，不仅能有效促进创新能力，也可以抑制地方政府的政策补贴偏好，优化地方财政结构。其中，知识产权行政执法强度构成核心变量“营商环境”的基础指标。[1]事实上，我们在第二章已明确指出，企业是否采取知识产权保护措施，与政府对知识产权保护的态度休戚相关。而这点，正是营商环境优化的关键。

二、知识产权行政执法合理性之反思

名不正则言不顺，言不顺则事不成。知识产权行政执法主体的合理性不仅仅取决于主体设置的合理性，最关键的是能够在实践中正常运作并得到人们的普遍接受和认可。[2]在第二章中，我们已从应然层面对该问题予以释明：有约束的知识产权行政执法，可有效治理知识产权司法保护的失灵情形，作为司法保护的重要补充。在实然层面，知识产权行政执法若要实现前述目的，应当满足以下条件：（1）低信息成本情形下，实现处理知识产权纠纷的高效能；（2）有效约束知识产权行政执法的自由裁量权。那么，目前我国知识产权行政执法是否满足以上两个条件，我们认为，这是知识产权行政执法合理性反思之关键。

（一）知识产权行政执法的效能

1. 知识产权行政执法体系的构成与变迁

2018年国家机构改革以前，对知识产权行政执法“多层执法”“多头执法”“缺乏协调”的讨论并不鲜见，自20世纪末便见诸笔端。[3]长久以来，多元分层的知识产权行政执法体系（其是我国快速发展历程的产物）为不少学者所诟病。

---

[1] 徐浩，祝志勇，李珂．营商环境优化、同群偏向性与技术创新［J］．经济评论，2019（6）．

[2] 苏力．送法下乡——中国基层司法制度研究［M］．北京：北京大学出版社，2011：64－65．

[3] 朱雪忠，戚昌文．我国知识产权制度运行中的不协调现象初探［J］．华中理工大学学报（社会科学版），1998（1）．

第一章的历史进程已经展现了我国知识产权制度的建立不是一蹴而就的，而是随着国内国际局势的变化以及自身发展的需求，以一种“非线性”的形态逐步建立起来的，可以将之形容为“摸着石头过河”。“摸着石头过河”的好处在于，通过减少对繁枝末节的讨论，快速且有效落实知识产权制度；弊端在于，未被仔细琢磨的枝节，会对制度运行造成实际负担。很显然，在改革开放初期，知识产权行政执法的权限配置问题，便是被忽略的枝节，同时也被视为管理部门的配套措施。

应当承认，分散管理的方式并非我国之独有，采取这一模式的国家还有阿拉伯联合酋长国、沙特阿拉伯、巴基斯坦、利比亚、希腊、埃塞俄比亚、埃及和文莱等国家。❶2018年国家机构改革前，涉及知识产权行政保护职能的实施主体有国家知识产权局、国家工商行政管理总局（含商标局）、商务部、国家版权局、文化部、农业林业行政管理部门、国家质量监督检验检疫总局、国家食品药品监督管理总局、海关总署等。❷我国知识产权行政管理机关的设置呈现出多元化和多层级的特点，一方面不同类别的知识产权分别由不同的行政主体保护，另一方面各行政管理机构又分为中央和地方若干个管理层次。

知识产权局系统以国家知识产权局为最高行政机关，各省、自治区、直辖市以及省、自治区下辖的许多地级市均设立了省级和市级知识产权局。个别县级行政区划也设立了或正在筹划设立专门的知识产权执法机关。❸根据我国《专利法》及其实施细则的规定，知识产权局系统除履行专利审查管理和专利行政服务的职责外，还有三项具体的行政执法职权：一是处理专利侵权纠纷，二是调解专利纠纷，三是查处假冒专利行为。

我国商标管理实行的是集中注册和分级管理相结合的管理体制。根据《商标法》的相关规定，国家工商总局下设的商标局主管全国的商标注册和管理工作，与商标局平行的商标评审委员会负责处理商标争议事宜。各地工商行政管理部门对商标使用行为进行监督管理，依职权或应权利人请求查处侵犯注册商标专用权行为。此外，工商管理部门还可以应当事人的请

---

❶ 单晓光，王珍愚．各国知识产权行政管理机构的设置及其启示［J］．同济大学学报（社会科学版），2007（3）．

❷ 董希凡．知识产权行政管理机关的中外比较研究［J］．知识产权，2006（3）．

❸ 国家保护知识产权工作组．行政执法和司法人员知识产权读本［M］．北京：人民出版社，2008：18．

求就侵害商标权引起的纠纷进行处理以及对商标侵权的民事赔偿问题进行调解。

同样地，我国著作权行政管理也分为中央和地方两级。中央层级的国家版权局，其主要职责除了贯彻实施著作权法律法规、拟订国家版权战略纲要和著作权保护管理使用的政策措施以及承担著作权涉外条约有关事宜之外，还负责查处或组织查处著作权领域重大及涉外违法违规行为。地方著作权行政管理部门是各省、自治区、直辖市的版权局，它们有权查处发生在本地区的著作权侵权案件，并可以根据实际情况依职权主动查处非法出版活动和非法出版物。可见，行政查处是版权局进行行政执法的主要手段。另外，《著作权法》第五十五条虽然规定了“著作权纠纷可以调解，也可以根据当事人达成的书面仲裁协议或者著作权合同中的仲裁条款，向仲裁机构申请仲裁”。但在现行法律框架下，对著作权纠纷进行调解并没有被纳入版权局系统的职权范围。同时，与专利权和商标权的行政执法明显不同的是，版权局也不具有对著作权侵权纠纷进行行政裁决的权力。

与著作权行政执法紧密相关的还有文化部系统，包括各级人民政府文化行政部门或者经法律法规授权的其他执法机构。根据我国《行政处罚法》及《文化市场行政执法管理办法》的相关规定，这些执法主体依法对其所辖区域内的文化经营活动进行监督检查，并对违法行为进行查处。由于文化市场与著作权及其相关权利联系密切，因此国家对文化市场的监管必然会涉及著作权的行政保护问题。与著作权有关的文化市场行政执法在打击盗版、维护文化市场秩序方面发挥了重要作用。文化部门行政执法的主要法律依据除了《著作权法》的相关规定外，还有《音像制品管理条例》《营业性演出管理条例》《娱乐场所管理条例》《电影管理条例》等数量繁多的行政法规。

以上是对各知识产权行政执法主体的非完全列举，它们都有一个共性，即每个知识产权行政执法主体仅负责某一项知识产权行政执法（知识产权局除外），且由不同的法律授予其执法主体的地位。并非所有的知识产权行政执法主体均只负责一项知识产权行政执法，海关就是一个例外，它是一个综合性的知识产权行政执法主体。此外，并不是所有类型的知识产权行政执法主体都达到了县一级，例如，植物新品种行政执法主体和专利行政执法主体只到省一级农林部门和知识产权局，专利亦是如此。

被忽略的枝节，渐渐增大知识产权行政执法的负担。“多层执法”“多头执法”的直接结果是产生相互推诿、逐利执法等怪相。2004年，国务院开出一剂药方，于当年设立“国家保护知识产权工作组”，由国务院副总理担任组长，工作组的成员由公安部、信息产业部、商务部、海关总署、国家工商行政管理总局、国家质量监督检验检疫总局、国家版权局、国家食品药品监督管理总局、国家知识产权局、国务院法制办等12个部门的负责人组成。[1]该工作组的主要任务是建立跨部门的知识产权行政执法协作机制，加强知识产权行政执法与知识产权司法保护的衔接机制，联合督办重大知识产权案件。各知识产权行政执法主体的协同作战并非停滞于此。2012年建立了由15个单位组成的“推进使用正版软件工作部际联席会议”，办公室设在新闻出版广电总局（版权局）；2013年建立了由30个单位组成的“全国打击侵犯知识产权和制造假冒伪劣商品工作领导小组”，办公室设在国家工商行政管理总局；2016年成立了由31个单位组成的“国务院知识产权战略实施工作部际联席会议”，办公室设在国家知识产权局。[2]

这种“终端分散+临时协调”的模式，构成了2018年国家机构改革前知识产权保护体系的基本面貌。尽管专项政策具有及时性、灵活性等优点，但同时也具有随意性、不稳定性等缺点。我国知识产权行政执法协调机制响应政策的号召成立快、数量多，但同样解散得也快。从过去已有的知识产权行政执法协调机制可以看出，它涉及的部门繁多，是各知识产权行政执法主体临时的简单相加。

从结果来看，机构改革前的知识产权行政执法体系，对知识产权行政执法的效能产生了以下几个不良影响。

第一，影响知识产权行政执法的资源配置效能。多个知识产权行政执法主体所需要的执法资源体量巨大，分散到每个执法主体的执法资源体量又不足，这导致各执法机关的人力、物力、财力难以得到充足的保障。在执法资源配置上，各知识产权行政执法机关除了配有相应的政务、党务、财务、后勤、人事等管理和服务部门外，还要配备大量的执法装备。以主管专利行政执法的重庆市知识产权局为例，重庆市知识产权局内设有办公室、机关党委、保护协调处、规划发展处、专利管理处、法律事务处和工

[1] 董希凡．知识产权行政管理机关的中外比较研究［J］．知识产权，2006（3）．

[2] 宋世明，张鹏，葛赋斌．中国知识产权体制演进与改革方向研究［J］．中国行政管理，2016（9）．

会委员会。其中保护协调处负责组织协调全市知识产权保护工作，推动知识产权保护工作体系建设，会同有关部门建立知识产权执法协作机制，开展相关行政执法工作以及知识产权保护宣传工作，会同有关部门组织实施《国家知识产权战略纲要》和重庆市人民政府关于创建知识产权保护模范城市的意见。[1]办公室主要负责处理知识产权局的日常事务。机关党委主要负责政治理论、思想、组织、制度和作风建设。如果整合知识产权行政执法机关，适当减少知识产权行政执法机关的数量，那么如同保护协调处、办公室、机关党委这样的内设机构就减少了，这样会大大减少知识产权行政执法的人力成本及内设机构的经费支出。而现在的情况是，知识产权行政执法主体多达28个，而这28个行政机关都设置相应的办公室、党委机关等内设机构。在执法资源固定不变的前提下，执法主体越多，其内设机构越多，消耗的资源就越多，相应地用于执法的资源就减少了。如果任由知识产权行政执法主体制度肆意发展，那么有限的财政将难以维系知识产权行政执法的人力成本、物力成本和经费支出。在此情况之下，又如何能保障知识产权行政执法的效能？除非增加财政在知识产权行政执法方面的投入。正如前文所揭示的，执法成本一旦超过处罚力度，其结果是监管弱化。

第二，影响知识产权行政执法的协调效能。由于各执法主体间缺乏有效稳定的协调机制，各执法主体执法标准不一、依据不同，从而弱化了执法的总体功能。各自为战的知识产权行政执法是我国计划经济时代部门行政的衍生物。部门行政的一个基本做法是，在横向上把行政权力分配给各个职能部门，在部门职责范围内决策与执行高度统一，自我封闭。在计划经济体制下，行政决策中枢具有计划资源配置的绝对权力，因此相对容易实现跨部门协调。但在市场经济体制下，如何实现跨部门协调是最大的难题。[2]长期以来我国知识产权工作缺乏统筹考虑和顶层设计。各执法机关习惯于各自为战，习惯于规则制定与规则执行高度统一。以著作权、商标、专利行政执法为例，其执法依据除了相应的《著作权法》《商标法》《专利法》及其实施条例、实施细则外，各执法主体还专门针对其具体的知识产

[1] 重庆市知识产权局官网［EB/OL］.［2017-05-05］. http://www.cqipo.gov.cn/html/zwxxgk/zzjg/Index.shtml.

[2] 宋世明，张鹏，葛赋斌. 中国知识产权体制演进与改革方向研究［J］. 中国行政管理，2016（9）：36.

权行政执法制定了内部执法规则。例如，1997 年国家工商行政管理总局就商标行政执法颁布了《工商行政管理机关查处商标违法案件监控规定》，1999 年又颁布了《国家工商行政管理局关于商标行政执法中若干问题的意见》（2004 年 6 月 30 日被《国家工商行政管理总局关于废止有关工商行政管理规章、规范性文件的决定》废止）。2009 年国家版权局就著作权行政执法颁布了《著作权行政处罚实施办法》。2010 年国家知识产权局就专利行政执法颁布了《专利行政执法办法》，并于 2015 年进行了修订。各知识产权行政执法机关分头立法分头执法，势必导致各知识产权行政执法在程序启动、执法程序、处罚措施和力度上有所差别。而这些差别的存在一部分是因为各知识产权本身的差异而造成的，但另一部分纯粹是因为执法标准和执法依据的不同而造成的。后者将从整体上影响知识产权行政执法的效能。

我们并不试图指出，以上问题的产生均源于行政执法体系设置的非理性。如果把现行知识产权法律体系视作一个紧密结合的整体，训斥行政执法体系的混乱并无谬误。但是，如果把林业、信息产业、出版业视为一个紧密结合的整体，把知识产权相关执法权限从主管部门手中抽离，何尝不是对产业监管体系的破坏。因此，我们认为，法律的体系化并不应该成为执法权限体系构建的唯一评判标准，甚至不应该成为主要标准。“多层执法”“多头执法”及其弊端，展现的并非行政执法体系设置的非理性，而是过去我们忽略了知识产权行政执法是一个超出单个部门或产业群的宏大命题，它不能通过简单叠加不同部门的执法职能加以解决，它需要我们拿出更加具有针对性的解决方案。同样的问题，不只发生在知识产权领域，根据生态环境部行政体制与人事司所统计，全国各省份涉及环境保护工作的职能部门少则 20 余个，多则 50 余个，而且普遍存在职责重叠、各自为政、难以形成执法合力的尴尬局面；[1] 自不待言，研究者也指出“此种‘统分结合’的执法模式往往会导致部门之间出现职责不清、沟通不畅、多头执法之困局，严重影响到我国生态环境保护执法工作的有效开展”[2]。作为“大问题”，知识产权与环境保护显然具有同质性，这种“同质性”体现为分散

[1] 生态环境部行政体制与人事司．生态环境保护综合执法的职责调整［N］．中国环境报，2019－03－14（3）．

[2] 李爱年，陈樱曼．生态环境保护综合行政执法的现实困境与完善路径［J］．吉首大学学报（社会科学版），2019（4）．

配置部门权限无法有效纾解整体问题面临的困境。换言之，“杀牛焉用鸡刀”？从这一层面展开，知识产权行政执法效能的提升，应为知识产权行政执法机构改革的主要目标。如何同时降低执法部门的执法成本和权利人的维权成本，是机构改革的关键之所在。

2. 市场监管管理体系下的知识产权行政执法

1）知识产权行政执法机构改革现状

过去被忽略的繁枝末节，面临重新修剪的时刻。2015 年，国务院公布《关于新形势下加快知识产权强国建设的若干意见》，提出“推进知识产权管理体制机制改革”，并要求基本形成“权界清晰、分工合理、责权一致、运转高效、法治保障的知识产权体制机制”。2016 年中央深改组审议通过《关于开展知识产权综合管理改革试点总体方案》，提出管理改革试点的总体要求、主要任务和组织实施方案，并确定深圳、长沙等 6 个地区作为第一批试点。2018 年 3 月 18 日，国家机构改革方案获表决通过，该方案提出“重新组建国家知识产权局，将国家知识产权局的职责、国家工商行政管理总局的商标管理职责、国家质量监督检验检疫总局的原产地地理标志管理职责整合，重新组建国家知识产权局，由国家市场监督管理总局管理”。

国家机构改革方案的通过，回应了伴随着知识产权管理机制改革的两大争论：其一，应适用集专利、商标、著作权于一体的“三合一”模式，抑或集专利、商标于一体的“二合一”模式；其二，行政执法机构改革，应以国家市场监督管理总局为主体。对于“三合一”模式或“二合一”模式的选择，国内已有较为优秀的研究成果，[1] 故不在此赘述。

重组后的国家知识产权局负有监管专利、集成电路布图设计、商标、地理标记之职责，并归口于国家市场监督管理总局，其实际监管的知识产权类型有五大类；依据《国务院关于机构设置的通知》，国家版权局（国家新闻出版署）在中央宣传部加挂牌子，由中央宣传部承担相关职责（见表 3-3）。

---

[1] 对“三合一”模式和“二合一”模式详细分析，参见：易继明．构建集中统一的知识产权行政管理体制［J］．清华法学，2015（6）；朱一飞．论知识产权行政执法权的配置模式［J］．法学杂志，2011（4）．

表 3－3　知识产权行政保护机制改革前后对照表

<table>
<tr><th colspan="2">行政保护机制改革前</th><th colspan="3">行政保护机制改革后</th></tr>
<tr><th>知识产权类型</th><th>行政管理机构</th><th>知识产权类型</th><th colspan="2">行政管理机构</th></tr>
<tr><td>专利、集成电路布图设计</td><td>国家知识产权局</td><td>专利、集成电路布图设计</td><td rowspan="5">国家市场监督管理总局</td><td rowspan="3">国家知识产权局</td></tr>
<tr><td>商标</td><td>国家工商行政管理总局</td><td>商标</td></tr>
<tr><td>地理标志</td><td>国家质量监督检验检疫总局</td><td>地理标志</td></tr>
<tr><td>不正当竞争（商业秘密）</td><td>国家工商行政管理总局公平交易局</td><td>不正当竞争（商业秘密）</td><td>公平交易局</td></tr>
<tr><td>技术标准与知识产权</td><td>国家标准化委员会</td><td>技术标准与知识产权</td><td>国家标准化委员会</td></tr>
<tr><td>著作权</td><td>国家新闻出版广电总局
国家版权局</td><td>著作权</td><td colspan="2">中央宣传部
国家版权局</td></tr>
<tr><td>草本植物新品种</td><td>农业部</td><td>草本植物新品种</td><td colspan="2">农业农村部</td></tr>
<tr><td>林本植物新品种</td><td>国家林业局</td><td>林本植物新品种</td><td colspan="2">国家林业和草原局</td></tr>
<tr><td>涉及国际贸易的知识产权</td><td>商务部</td><td>涉及国际贸易的知识产权</td><td colspan="2">商务部</td></tr>
<tr><td>知识产权边境保护</td><td>海关总署</td><td>知识产权边境保护</td><td colspan="2">海关总署</td></tr>
</table>

以知识产权局统筹专利、集成电路布图设计、商标、地理标志，并由国家市场监督管理总局领导构成的统一市场监管下的知识产权行政管理机制，具有以下制度效益：

第一，有效的行政执法机制。如前所述，各自独立的人事编制、组织架构、办公设施、物资调度，加大了各部门协同合作的成本，且不论对人员、物资等的调度使用，部门内部垂直的信息架构就阻绝了形成跨部门联合保护机制的可能，只能实施突击式、运动式的执法。故必须通过组织架构的重新安排，方可建立有效的知识产权行政保护机制。在知识产权管理改革试点中，深圳采用了“二合一”模式，长沙、成都市郫都区采用了“三合一”模式，尽管统筹模式不同，但各地通过统一登记信息、整合数据库后，皆成立知识产权保护中心，推动行政服务改革。深圳市成立了“创荟网”知识产权互联网综合服务平台，开展《应对 NPE 恶意诉讼指引》制订工作以应对恶意专利诉讼，并建立深圳公证处知识产权服务中心减轻诉讼成本；长沙市建立了创新驱动发展评价制度，将知识产权产品逐步纳入国民经济核算，并建立知识产权诚信公开系统。与部门间协作形成的运动式、突击式执法不同，统一市场监督下知识产权行政管理机制的建立，扫清了完善知识产权行政执法机制的组织障碍。

第二，健全的知识产权行政执法队伍。统一市场监管下知识产权行政管理机制改革，从纵向和横向两方面健全了知识产权行政执法队伍。在机制改革前，除工商行政管理总局设置有垂直的统一管理体系外，其他部门的管理体系皆较为分散。以重组前的知识产权局为例，省级机关中，有4个正厅级行政单位/事业单位，其余26个大多数为副厅级事业单位，少部分为正处级行政单位/事业单位，大多数隶属于科技厅，没有独立机构和编制，少数属省政府直属单位。[1] 在重庆地区，市知识产权局属副局级事业单位，但在重庆市下属39个区县中，仅有21个设置了知识产权局，其中17个为与科委一个机构两块牌子，4个为科委下属二级局，有18个区县在科委内设立了知识产权科室；其中仅重庆市知识产权局设置了执法队伍，各区县均无执法人员。而原重庆市工商行政管理局内设商标监督管理处负责商标的管理工作，下设直属行政单位经济检查执法局负责包括商标执法在内的有关执法工作；在区县层面，工商系统机构设置较为健全。

依据2019年2月国家市场监督管理总局发布的《市场监管总局关于贯彻落实〈关于深化市场监管综合行政执法改革的指导意见〉的通知》(国市监稽〔2019〕47号)，知识产权行政执法的队伍结构将产生根本性改变：(1) 压缩执法层级。知识产权行政执法机构改革后，设区的市与市辖区原则上只设一个执法层级，对于市辖区管理，“可实行由市局向市辖区派驻分局的体制，也可以实行以市辖区市场监管局执法为主的体制”。(2) 实行“局队合一”的管理体制。“局队合一”的要旨是改变过去“执法部门服务于管理部门”的多层级监管体制，[2] 改革思路大体两类，一是“局队分开”，农业、交通运输、城市管理、文化旅游4个领域成立独立建制的综合执法队

[1] 徐波，刘辉．知识产权综合管理改革背景下知识产权行政执法探析［J］．电子知识产权，2018（1）．

[2] 通常认为，“局队合一”中的“局”指的是行政主管部门；“队”指的是具体从事行政处罚及相关的行政检查、行政强制活动的机构，从机构属性上可分为直属（内设）行政机构和事业单位两种类型。在以往的行政管理中，无论是作为直属（内设）行政机构还是事业单位设置的“队”建制的执法机构，都隶属于行政主管部门的“局”，“队”都是“局”的下设机构，接受“局”的领导和管理。参见：李强．“局队合一”：综合行政执法改革方向和实现路径——基于J省R市综合行政执法体制改革试点实践的思考［J］．中国行政管理，2019（8）．

伍，作为事业单位参公管理；二是“局队合一”，把不同部门、不同层级的执法力量直接下移至基层，市局不再承担执法职能，市场监督和环境保护领域采取此类改革，压实县（市、区）市场监管局对综合行政执法工作和队伍建设的责任。在“局队合一”框架下，组建统一的市场监管所，作为县（市、区）市场监管局在乡镇（街道）的派出机构，负责基础性监管工作，聚焦执法业务，依法行使行政处罚权。（3）合理设置省级综合执法体制。根据文件精神，省、自治区市场监管局（厅、委）原则上不设执法队伍，如确有必要，由省、自治区按程序另行报批。即使法律法规明确要求由省级机关开展的执法活动，也由省级市场监督部门内设机构负责，并以市场监督部门名义对外开展执法活动。

2）知识产权行政执法机构改革评价

不同于知识产权行政执法通过行政机构改革实现执法权限相对集中，我国最早是通过“行政指令＋法律授权”的方式，实现跨部门的行政执法权限集中。[1]可以看到，在我国，行政执法权限的相对集中，事实上是对行政执法效能的升级。相对集中的行政执法体系是从专门化监管中走向综合监管体系，它改变了行政执法在专门化监管中的角色——辅助管理部门落实监管工作，综合监管体系对标的并非单个部门的职责，而是社会运作的实际秩序。例如，城市管理职能由卫生、规划、绿化、市政、工商、环保、交通等不同部门合力完成，在实际管理过程中，不同主体对城市空间的利用是否符合应有之秩序、居民之合意，对此的评判涉及不同部门的审批、规章及同意；如果发现某一主体对城市空间的利用行为违法违规，那么，对其行为的调整是否应由不同部门分别作出，以上分析已指出，“多头执法”的结果是增大监管体系运作的内生成本。然而，行政执法权限的相对集中同样存在边际收益递减的问题，如果把关联度低的执法事项集中到一个综合执法部门，其结果必然是行政执法权限的无序扩张。因此，有学者指出，“在集中处罚权的过程中，不能脱离核心职能，必须在核心职能的基

---

[1] 此类改革从20世纪90年代开始，1996年《行政处罚法》第十六条规定，“国务院或者经国务院授权的省、自治区、直辖市人民政府可以决定一个行政机关行使有关行政机关的行政处罚权”；同年11月，国务院批准北京市宣武区成为全国第一个城市管理领域相对集中行政处罚权的试点地区。自此，全国有3个直辖市（北京、天津、重庆）和23个省、自治区的79个市进行了集中（城管）行政处罚权的试点。2002年，国务院发布《国务院关于进一步推进相对集中行政处罚权工作的决定》（国发〔2002〕17号），明确“国务院授权省、自治区、直辖市人民政府可以决定在本行政区域内有计划、有步骤地开展相对集中行政处罚权工作”。

础上，根据职能间关联度高低依次整合相关职能。”[1]

知识产权基于市场交易而生，市场交易秩序与知识产权法具有高度关联性，因此，把知识产权行政执法纳入市场监督管理的经济监管板块，是一个提升执法效能的合理化方案，这一方案意图构建针对市场主体准入、生产、经营、交易的综合执法体。中央层面，国家市场监督管理总局执法稽查局负责：（1）指导查处市场主体准入、生产、经营、交易中的有关违法行为和案件查办工作；（2）承担组织查办、督查督办有全国性影响或跨省（自治区、直辖市）的大案要案和典型案件工作；（3）负责市场监管执法办案信息系统建设和管理工作，指导地方市场监管综合执法工作；（4）组织协调全国打击侵犯知识产权和制售假冒伪劣商品工作。地方层面，以深圳市市场稽查局为例，它集中监管“农业、畜牧业、食品、药品（含中药、民族药）、医疗器械、化妆品、知识产权（含商标、专利、版权、原产地地理标志）”等领域的市场活动。

令人疑虑的，并非是各级各地市场稽查局能否有效开展工作，而是在多领域综合的执法权限中，能否有效约束市场稽查局执法活动的合法性和正当性。这不仅关乎行政执法法律依据是否完善的问题，更为重要的是，诸此法律依据能否形成有效约束，而不是随着执法机关权力诉求的扩大而无限制扩张。过去曾敲响此类警钟。仍以城市管理综合执法为例，2002 年颁布的《国务院关于进一步推进相对集中行政处罚权工作的决定》（国发〔2002〕17 号）曾将城市管理综合执法权限约束为七类：“（1）市容环境卫生管理方面法律、法规、规章规定的行政处罚权，强制拆除不符合城市容貌标准、环境卫生标准的建筑物或者设施；（2）城市规划管理方面法律、法规、规章规定的全部或者部分行政处罚权；（3）城市绿化管理方面法律、法规、规章规定的行政处罚权；（4）市政管理方面法律、法规、规章规定的行政处罚权；（5）环境保护管理方面法律、法规、规章规定的部分行政处罚权；（6）工商行政管理方面法律、法规、规章规定的对无照商贩的行政处罚权；（7）公安交通管理方面法律、法规、规章规定的对侵占城市道路行为的行政处罚权；省、自治区、直辖市人民政府决定调整的城市管理领域的其他行政处罚权。”然而，据学者统计，对于全国直辖市、较大城市（共 20 个市级政府）的城管执法权限，包括“市容环境卫生、市政管理、

[1] 王敬波．相对集中行政处罚权改革研究［J］．中国法学，2015（4）．

公用事业、城市节水、园林绿化、环境保护、城市河湖、施工现场、城市停车、公安交通（运输）、工商行政、城市规划、城市道路、旅游管理、建设、房地产、救助、养犬、户外广告、建筑市场、民政殡葬、人防工程、人民防空、煤炭市场、气象、汽车清洗、城市广场、土地”等共计 28 项，[1]是前述文件的 4 倍之多。

这是我们应当关注的问题。目前，知识产权行政执法机构改革正处于落实阶段，自 2018 年 3 月改革方案颁布以来，截至 2019 年 12 月底，仍属于省、市、县各级机构合并调整的阶段，各级各地市场稽查局仍处于工作开展的适应阶段，尚未产生相关实证数据用以验证，市场监督管理体系下的知识产权行政执法是否存在无序扩张之危险。但我们仍应指出，执法依据是纠正行政执法的关键之处，它是权利人维权的基础、被执法人员控诉的支撑、机构内部协调的凭据、机构外部监察的来源。因此，知识产权行政执法能否受到合理约束，是我们接下来意图澄清的问题。

（二）知识产权行政执法的约束

因私权受到侵害而引起的民事纠纷应当以协商、调解、仲裁、诉讼的方式予以解决，这是现今法学界及社会各界的主流观点。故知识产权行政执法的内容，即知识产权执法部门可以介入哪些知识产权纠纷，亟待解决。

目前，《商标法》第六十条至第六十二条、《专利法》第六十条至第六十四条、《著作权法》第四十八条等法律法规，是知识产权行政执法的主要依据。对于不同法律条款的解读，学界已积累了不少成果，重复前人的工作并非我们的期待。尽管前文已指出，在应然层面，能否依据常识进行标准化处理，应为知识产权行政执法权限的基础。然而，我们仍试图检视的是：在实然层面，知识产权行政执法的范围是如何发生变化的，这一变化是否具有方向性，它能否受到合理的约束。

1. 知识产权行政执法权限的构造机理

2019 年 4 月，国家市场监督管理总局、国家知识产权局发布《2019 年知识产权执法“铁拳”行动方案》；2019 年 6 月，全国打击侵权假冒工作领导小组发布《2019 年全国打击侵犯知识产权和制售假冒伪劣商品工作要点》。两份文件是 2019 年度开展知识产权行政执法的重要指导，《2019 年知

[1] 王敬波．相对集中行政处罚权改革研究［J］．中国法学，2015（4）．

识产权执法“铁拳”行动方案》的主要任务有五项：严厉查处商标侵权（主要关注驰名商标、老字号商标、涉外商标）、严厉查处假冒专利（主要关注商场、科技企业孵化器、创业园区、网络交易平台）、严厉查处专利侵权（主要关注展会）、严厉查处地理标志侵权（主要关注生产集中地、销售集散地）、严厉查处特殊标志侵权（主要关注国际性、全国性活动）；该行动方案的重点领域有三个：电子商务领域执法、重点商品交易市场执法、外商投资领域执法。同时，《2019 年全国打击侵犯知识产权和制售假冒伪劣商品工作要点》要求重点治理的领域包括：互联网领域侵权假冒、农村和城乡结合部市场治理、进出口环节侵权假冒治理、完善外资投资企业知识产权保护。

事实上，以上两份文件关注的治理领域基本相同。当我们继续关注国家层面知识产权行政执法指导政策时，展现更多的是政策的趋同性，而非肆意性。例如，2018 年 8 月国家知识产权局发布《关于深化电子商务领域知识产权保护专项整治工作的通知》（国知办发管字〔2018〕25 号）；2016—2019 年国家市场监督管理总局持续发布《网络市场监管专项行动（网剑行动）方案》；而《2017 年全国工商和市场监管部门打击侵犯知识产权和制售假冒伪劣商品工作要点》重点整治领域仍为：互联网领域侵权假冒治理、农村和城乡结合部市场治理、中国制造海外形象维护“清风”行动。结合其他相关执法政策文件，不难发现，近五年来知识产权行政执法的重点关注领域并未发生变化，再考虑到早前“蓝天”“山鹰”“雷雨”“天网”等专项执法活动，[1] 知识产权行政执法对同类重点整治领域的关注，可以延续至近二十年。可以认为，这种“运动式执法”持续聚焦于特定领域，是由于知识产权行政执法不力造成的（知识产权行政执法机构改革前），因为问题无法得到有效解决；但我们认为，更具有说服力的解释是，对互联网交易、展会、农村及城乡结合部市场、对外保护等领域的持续保护，除去宏观政策的持续关注外，更为重要的是，诸此领域容易引发知识产权群体性侵权，行政执法是有效纾解群体性侵权的重要手段。

如前所述，知识产权司法保护可有效应对一般侵权，但却非群体侵权的有效应对手段；一旦群体性侵权不受约束，侵权范围扩张，将不断减少一般侵权的有效处理范围，侵蚀知识产权司法保护的效能（如图 3 - 1 所

---

[1] 吴汉东．中国知识产权法制建设的评价与反思［J］．中国法学，2009（1）：51 - 68.

示），故需以知识产权行政执法作补充，有效控制群体性侵权。尽管群体性侵权是知识产权行政执法必须予以回应的现实诉求，但是，群体性侵权却不能成为知识产权行政执法权限构造的逻辑前提。

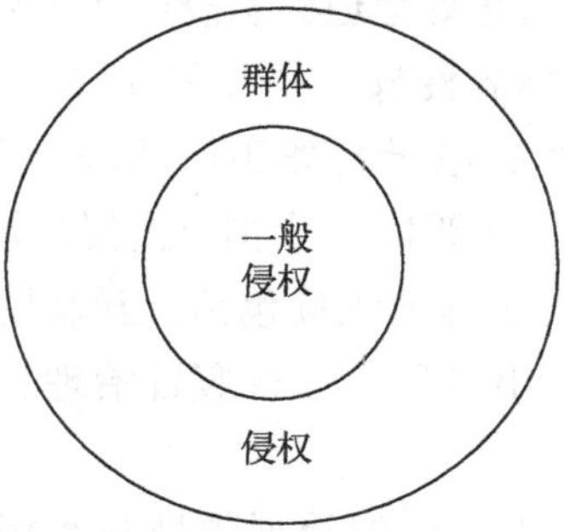

图 3-1　知识产权侵权环

基于模仿成本考虑，利润越大、成本越低的知识产权客体，越容易诱发不特定多数个体在相同时空范围内开展侵权活动。换言之，知识产权领域的群体性侵权，并非有组织或互有关联的不特定主体共同实施侵权行为，尽管最后呈现结果是群体性侵权发生，但它却是“去中心化”的，共同侵权人之间虽具备相同侵权行为，相互却无实际联系。因此，以群体性侵权作为知识产权行政执法介入的逻辑前提，是不恰当的：如果不同侵权人并无实际关联，却因为需要为知识产权行政执法提供介入空间，将之视为群体，是对概念的恣意使用，其结果是褪去“依法”的约束力；如果严格依照“群体性侵权”的概念构成，以不特定多数侵权人存在实际联系，且共同实施侵权行为，作为知识产权行政执法介入之前提，将难以有效解决实际困境。群体性侵权是知识产权行政执法需解决之困境，却不能为知识产权行政执法提供良好的介入动机，群体性侵权需与一个更为上位的概念紧密结合，生成知识产权行政执法的正当逻辑前提。

公共利益的保护，可构成知识产权行政执法介入的逻辑前提。这一观点并不鲜见，例如，有学者认为，知识产权的权利体系虽以权利人为核心，但是，知识产权制度的出发点在于产出更多的智力成果由人类共享，知识产权制度只是实现这一目的的手段，它以知识产品的人为稀缺为代价，换取鼓励创新、促进文化繁荣、经济发展，因此，“知识产权不仅是私权，还涉及公共利益”。[1]侵权行为阻碍了知识产权制度激励创新、促进文化繁荣和经济发展的实现路径，这不仅损害了知识产权人的私益，在某种意义上，也侵犯了公共利益。所以，知识产权行政部门对知识产权侵权行为的制止及处罚不仅仅是对个人利益的保护，更重要的是维护了公共利益。[2]这里的论证困难在于，过于一般性的讨论，容易产生以下误区：公共利益构成知识产权的基本属性之一，知识产权行政部门对任何知识产权侵权行为的干涉都具有合理性。这一结论不仅容易造成知识产权行政执法权限过于宽泛，使知识产权行政执法难以发挥自身的制度效用；而且在逻辑上也难站稳脚跟，因为把公共利益与私人利益在知识产权法域中对等，是对两者划分效用最大的破坏。

正如知识产权侵权环（图3－1）所示，知识产权行政执法意图解决的，是知识产权领域的部分侵权问题，而非全部。如果知识产权侵权行为所导致的只是私益在不同主体之间的转移，法律之所以禁止乃是因为受益者获得利益的方法为法律所禁止。那么，侵权行为本身并不会导致私益的总量发生变化，更不会导致公益总量的减少。因此，由知识产权侵权行为引发的利益之争，应当由当事人自行解决，主权国家只需要提供一套定纷止争的标准和实现途径即可，而无须提供外部强制力，介入知识产权侵权纠纷。但是，并非所有的知识产权侵权行为都只造成了私益转移这一种后果，一个侵权行为造成多种后果的现象时有发生。例如，商标假冒既侵犯了商标权人的利益，又欺骗、误导了广大的消费者。前者被视为对商标权人私益的侵犯，后者被视为对公共利益的损害。因此，各国都严厉打击商标假冒产品，这并未有何不妥。因为商标假冒不仅切断了商标与商标权人之间的联系，而且还阻碍了商标制度功能的实现。由于部分知识产权侵权行为除侵害私益外，还产生负的外部性，造成公共利益的损害，故需要知识产权行政执法之介入。群体性侵权是典型情形之一，除此之外，如何通过“公共利益”这一上位概念，锻造出具有实际约束意义的严密逻辑体系，而非想当然认为一般且宽泛的“公共利益”即可作为知识产权行政执法的逻辑前提，是接下来本文意图论述的主要内容。

此外，还应指出，以公共利益作为知识产权行政执法介入的逻辑前提，

---

[1] 曲三强，张洪波．知识产权行政保护研究［J］．政法论丛，2011（3）：59．

[2] 邓仪友，韩秀成．私法自治与专利行政执法［J］．知识产权，2016（6）：113．

存在些许技术障碍。私人利益与公共利益的划分，最早可追溯至罗马法，罗马法学家乌尔比安在《学说汇纂》中指出，“它们有的造福于公共利益，有的造福于私人。公法见之于宗教事务、宗教机构和国家管理机构之中”。❶泾渭分明的划分标准一直存在于罗马法的教义中，它形成了公法/私法的法学分类体系。尽管这种对立的分类体系已被学者诟病，例如德国法学家拉伦茨指出，“在公法与私法之间，并不能用刀子把它们准确无误地切割开，就像我们用刀子把一只苹果切成两半一样。”❷但它并没有破除以私人利益/公共利益为基础的私权/公权体系，这后来在我国引发了“知识产权私权公权化命题”（第二章有论述），同时，也在美国引发了对《知识产权实施法案》（*Prioritizing Resources and Organization for Intellectual Property Act of* 2008）的讨论，美国司法部办公室拒绝参议院加强知识产权保护的提议，因为“在财政责任（fiscal responsibility）时代，司法部的资源应当用于公共利益，而不是去代表可诉诸现有民事救济措施的特定产业利益”。❸对私人利益/公共利益讨论的进展，发生于20世纪中期。美国政治学家罗尔斯发表了《正义论》，除了著名的“无知之幕”以及“正义原则”外，他对诸多政治命题进行了延伸讨论，其中包括私人利益/公共利益的划分。罗尔斯指出，“利益，无论是个人的或集体的，最后都必须像饥饿或发痒那样，落实到个人，为个人所感觉到。换句话说，不存在不能落实为个人利益的国家利益或社会的集体利益。”❹按照这一标准，对特定事务的管理是否应纳入公共管理范畴，不仅在于它是否属于卫生、国防安全、基础设施建设等传统公共管理领域，还应当关注公权力介入的结果：它是否切实维护不特定多数人的利益，并经由监管活动产生正的外部效益，促进公共福祉的提升。

2. 公共利益之释明

公共利益作为知识产权行政执法逻辑前提的讨论，事实上在学界由来

---

❶ 彼得罗·彭梵得．罗马法教材［M］．黄风，译．北京：中国政法大学出版社，2005：9.

❷ 卡尔·拉伦茨．德国民法通论（上册）［M］．王晓晔，等，译．北京：法律出版社，2013：175.

❸ U. S. Department of Justice Office of Legislative Affairs. A letter to Patrick Leahy and Arlen Specter Re：S. 3325 – Enforcement of Intellectual Property Rights Act［EB/OL］.［2019 – 12 – 07］. http：//www. wired. com/images_blogs/threatlevel/files/doj – letter – 20080923. pdf. 转引自：刘银良．论专利侵权纠纷行政处理的弊端：历史的选择与再选择［J］．知识产权，2016（3）.

❹ 约翰·罗尔斯．正义论［M］．何怀宏，译．北京：中国社会科学出版社，1998：257.

已久。例如，公权力对私权的介入，以损害公共利益为前提；[1] 专利权是私权但不绝对排斥公权力的介入，因为在专利制度中公益与私益是相互依存的共同的善；[2] 知识产权属于私权的法律原则在知识产权行政执法中应当得到尊重，知识产权侵权纠纷属于纯民事纠纷，行政权力不应该随意干涉，除非已经导致公共利益损害和市场秩序的破坏；[3] 行政权力介入知识产权的前提是损害了社会公共利益。[4]以上学者都认为知识产权侵权纠纷属于民事纠纷，行政机关不得随意介入，除非公共利益受到损害。但是，他们都没有阐释何谓知识产权行政执法合理性语境下的公共利益。

早在1884年，洛厚德就将公共利益分为公共和利益两个方面来讨论。他对公共利益的理解，主要在于对公共利益的受益对象“公共”这一概念的理解。他认为公共利益是任何人但不是全部人的利益。为了界定任何人之利益，而不是全体人的利益，他提出以地域作为界定人群的标准。他认为，公益是一个相关空间内大多数人的利益，这个地域常以国家为单位。所以，一国之内大多数人的利益，足以形成公共利益。在该地域内，居于少数人的利益，则称之为个别利益，且必须屈服于大多数人利益之下。该观点忽略了一种情形，即其他国的人亦可跨越地域的限制而获得利益。因此，某一地域之内大多数人的利益不足以界定公共利益，因为该地域之内的人具有流变性。两年之后，纽曼对“公共”这一概念作出较为精辟的阐释，他认为“公共”这一概念应当满足“公共性原则”，也就是开放性，任何人可以接近它，不封闭也不专为某些人保留。所以他笔下的“公共”系一个开放的“不特定多数人”。

明确“利益”的概念并不容易，学界围绕其主观性和客观性进行了长久的讨论。庞德认为利益是一种主观愿望，是“人们个别地或通过集团、联合或亲属关系，谋求满足的一种需求或愿望”。人们的欲望和需求之间会发生冲突，为了解决这些冲突，法律必须对某些主张进行限制，决定其中哪些应被承认与保护，应在什么范围内加以承认和保护，以及在最小限度

---

[1] 曲三强，张洪波．知识产权行政保护研究［J］．政法论丛，2011（3）．

[2] 王亚利．专利侵权行政执法的边界——兼论《专利法》第四次修改［J］．知识产权，2016（5）．

[3] 李永明，郑淑云，洪俊杰．论知识产权行政执法的限制——以知识产权最新修法为背景［J］．浙江大学学报，2013，43（5）：165．

[4] 张大成．行政权力主动介入商标权领域的正当性研究——一起商标行政执法案件引发的思考［J］．重庆科技学院学报，2013（3）：31．

的摩擦和浪费的条件下给予满足。[1]但也有观点认为利益并非纯主观的，而是主观与客观的结合，是主体对客体作出评判后所得到的价值。如德国公法学界对利益的通常理解是指一个主体对一个客体的，或是主体及客体间的关系，或是在主体及客体关系中，存有价值判断或价值评估等。[2]法国学者霍尔巴赫也认为利益本身并不是主体的观念、需求或愿望。更进一步地，他将利益具体指向了能给人带来幸福感的事物，利益是“每个人按照他的气质和特有的观念把自己的安乐寄托在那上面的那个对象”。[3]上述三种观点分别从主体的需要、客体对主体的意义和客体的特性三个不同的角度对“利益”进行解释，尽管各家观点不同，但都离不开对主客体的认识。综合而论，利益应当兼具主观和客观双重属性，尽管其外在表现为对客体的需要，而这种判断标准是主观的，但承载这种需要的对象是客观的。德国学者纽曼将利益分为主观利益及客观利益，主观利益是指团体内各个成员之直接的利益；而客观利益则相反，不再是各成员的利益，而是超乎个人利益所具有之重大意义的事务、目的及目标。[4]根据纽曼的分类，这种客观利益实际上已经具备了公共的属性，已经非常接近“公共利益”的概念。

“公共”一词强调了利益主体的特殊性。在德国法上，关于公共的标准有三种观点：一是地域基础标准，认为公共利益是一个相关空间内大多数人的利益，这一地域空间以地区划分，且多以国家之（政治、行政）组织为单位。二是不确定多数人标准，纽曼将公共利益分为主观公益和客观公益，主观公益是一种基于文化关系的不确定多数人所涉及的利益，而不是基于地域关系或是其他属于阶级利益的阶级关系；客观公益即基于国家社会所需要的重要之目的及目标的公益。三是间接判断标准，提出一个“某圈子之人”作为“公共”的相对概念，两个概念之间成矛盾关系，在明确“某圈子之人”的判断标准是隔离性和少数的前提下，认为“公共”的判断标准是非隔离性和一定程度的多数。[5]

三种判断标准各有侧重也各有不足，值得注意的是，三者均是将“公

---

[1] 庞德．通过法律的社会控制：法律的任务［M］．沈宗灵，译．北京：商务印书馆，1984：35，37，81，82．

[2] 陈新民．德国公法学基础理论［M］．济南：山东人民出版社，2001：182－183．

[3] 霍尔巴赫．自然的体系［M］．管士滨，译．北京：商务印书馆，1999：259－260．

[4] 陈新民．德国公法学基础理论［M］．济南：山东人民出版社，2001：185．

[5] 城仲模．行政法之一般法律原则（二）［M］．台北：三民书局，1997：158－159．

共”理解为某一限定条件下的相对多数人，可以说相对多数是三种标准的共同要求。只不过在限定条件上，应当依据地域还是文化，抑或非隔离性，三者有所出入。无论是“地域基础标准”，还是“不确定多数标准”，抑或“间接判断标准”，最终都离不开人数上的相对多数标准。

3. 公共利益的规范构造

主权国家的所有行为，包括立法、行政、司法，都以公益作为其合理性的理由及行为动机。公共利益是一个争议颇丰的概念，具有“模糊性、变动性、阐释性、适用性”等特征，❶ 在法学界长期研究及注释之下，呈现出水火不相容之态。作为一个抽象的集合，公共利益受到高度重视，它是“政府与利益相关者在利益和利益分配问题上所达成的共识”，❷ 且为构建公共政策的逻辑起点，因为它符合“抽象、简单、细胞的元素的形式、起点和终点的辩证统一、历史起点和逻辑起点相一致”五项特征，具有较强的解释力和包容度。❸但作为法律适用的工具，它受到广泛的诟病，“在公法领域类似‘公共利益’表述就多达20种，涉及上百部法律，‘含义随时空而变’；在民法学界，主流学者视其为多余概念，可退出民法领域。”❹争议的背后潜藏着公共利益的概念张力：它把与公共或准公共事务、公共职务、公共能力相关的范畴囊括其中，并将派生的义务分配给相对方，但由于其无法在概念中嵌入具体的分配方案，故难以生成稳定的内涵及外延。所以，公共利益常常被人们喻为“一个罗生门式的概念”。❺

相对于公法领域的讨论，对知识产权法上的公共利益的认识可能更具体一些。知识产权本质上属于私权，行政权介入私权纠纷，在一定程度上有利于私权的救济，但行政权的介入通常也会对侵权人课以更重的法律责任，因为它要求侵权人在承担民事责任之外承担行政责任。行政执法的本质是监管，监管发生在社会生活的全过程，其应当以维护和管理社会秩序为限度。❻用纽曼的理论来解释，鼓励创造作为一种制度目的和目标，其在

---

❶ 梁上上. 公共利益与利益衡量［J］. 政法论坛，2016（6）.

❷ 张成福，李丹婷. 公共利益与公共治理［J］. 中国人民大学学报，2012（2）.

❸ 李玲玲，梁疏影. 公共利益：公共政策的逻辑起点［J］. 行政论坛，2018（4）.

❹ 郑永流. 中国公法中公共利益条款的文本描述和解释；朱育庆. 公共利益的民法意义——以《民法通则》第7条为中心［M］//郑永流，等. 中国法律中的公共利益. 北京：北京大学出版社，2014.

❺ 陈新民. 德国公法学基础理论［M］. 济南：山东人民出版社，2001：181－182.

❻ 孙笑侠. 司法权的本质是判断权——司法权与行政权的十大区别［J］. 法学，1998（8）.

本质上是一种客观公益。能否寻找到客观公益的合理化边界，是知识产权行政执法可否有效约束的关键。

学界从理论上对知识产权法中的公共利益概念进行了抽象提炼。有学者从公共利益的特点出发，认为公共利益是一个特定社会群体存在和发展所必需的、该社会群体中不确定的个人都可以享有的权利，它面向的是社会上所有人。[1]也有学者从公共利益的主体出发，认为知识产权法上的公共利益是与知识产权人的权利和利益相对应的、不特定的、众多的、潜在的各种知识产品使用者（公众）对知识产权客体加以获取与使用的权利和利益。[2]前者对公共利益的界定与公法学者们如出一辙，而后者则偏重于与知识垄断相对立的公众对知识产品的利用。

在知识产权领域，公共利益的外延非常丰富，甚至在不同语境下，公共利益与知识产权会站在截然相反的立场。从制度目的的角度看，公共利益与知识产权是基本一致的；从公众对知识产品的获取和使用角度看，公共利益与知识产权又是此消彼长、相互对立的；再从社会管理秩序的角度看，公共利益与私权保护并行不悖，甚至公共利益的实现需要依靠国家对私权的有效保护。公共利益还可以指向超出知识产权领域的其他利益，如他人的生命权、健康权、受教育权等基本人权。

有学者根据利益与市场经济的关系将公共利益分为两类，一类是基于市场逻辑的公共利益，另一类是补充市场逻辑之不足的公共利益。[3]承认知识产权为私权，充分有效地保护知识产权，属于第一种公共利益，以市场逻辑为基础；保护知识产权制度的基本公共政策目标，包括发展目标和技术目标等可归类为第二种公共利益，属于市场逻辑公共利益的补充。[4]这种分类研究的方法颇具启发意义，既然公共利益的内涵模糊、外延宽泛，且不同语境下各公共利益的个性又十分突出，通过与行政权的关系对公共利益进行分类未尝不是一种有效的方式。

知识产权行政执法客观上是国家动用行政权力保护私人的知识产权。因此，在知识产权行政执法中，行政执法指涉的公共利益与权利人的知识

---

[1] 冯晓青．知识产权法与公共利益探微［J］．行政法学研究，2005（1）．

[2] 严永和，甘雪玲．知识产权法公共利益原则的历史传统与当代命运［J］．知识产权，2012（9）．

[3][4] 严永和．知识产权法的公共利益理念阐释——基于市场逻辑的公共利益与补充市场逻辑之不足的公共利益［J］．暨南学报，2016（5）．

产权（私权利益）应当具有一致性。根据公共利益与知识产权是否具有对立关系可以将公共利益分为两类：一类是与私权一致的公共利益，包括制度目的、社会管理秩序等；另一类是与私权相对立的公共利益，包括公共领域、基本人权等。知识产权行政执法中所要求的损害公共利益应当是指前者，执法的目的是通过保护私权来保护公共利益。原则上，任何知识产权侵权行为都有可能破坏知识产权推动技术进步和社会发展的目标，并因此侵犯公共利益，但如果将此种意义的公共利益作为行政执法的条件，则会使得行政执法的范围太大，以至于包括所有的知识产权侵权行为，这显然不符合立法本意。我国行政改革的目标是有限政府，要求把国家权力限制在最小的范围内，国家权力只在为维护公共利益必不可少的范围内才是正当的。❶ 将一切知识产权侵权都看作对公共利益的损害并纳入行政执法的范围，不仅违背了知识产权的私权属性，也与现代行政法制的要求相悖。

因此，知识产权行政执法语境下的公共利益是指市场运作秩序，原则上不包括知识产权的制度目的和长远目标。与此同时，结合第二章分析，知识产权行政执法的权能设置，应以具体侵权类型为前提，以扰乱市场秩序作为知识产权行政执法介入的兜底条款。具体侵权类型的特征为发现、识别成本更低的侵权行为，具体包括：假冒专利；假冒、仿冒商标；未经许可，复制、发行、表演、放映、广播、汇编或通过信息网络向公众传播作品等。因为，解决群体性侵权的发力点，不在于群体性侵权概念本身，而是赋予知识产权行政执法对于特定低成本侵权行为的有效制约。

这也是立法机关与执法部门试图努力的方向，但从我国立法现状看来，尚未有较为成熟的运用。2010 年《著作权法》对此作了积极的尝试。其中第四十八条规定，侵犯著作权同时损害公共利益的，可以由著作权行政管理部门责令停止侵权行为，没收违法所得，没收、销毁侵权复制品，并可处以罚款；情节严重的，著作权行政管理部门还可以没收主要用于制作侵权复制品的材料、工具、设备等。但是《著作权法第三次修改草案》直接将“同时损害公共利益”删掉了，其理由是，公共利益太抽象了，放在第四十八条形同虚设。这一点为一些学者所诟病。因为删掉公共利益这一词，著作权行政执法连形式上的限制条件都没有了。其正确的做法应当是将公

---

❶ 罗豪才．现代行政法制的发展趋势［M］．北京：法律出版社，2004：263．

共利益以立法的形式具体化，似乎《著作权法第三次修改草案》并没有这么做。与《著作权法第三次修改草案》的做法不同的是，《专利法送审稿》对公共利益予以具体化了。其中第六十条第二款规定，“对群体侵权、重复侵权等扰乱市场秩序的故意侵犯专利权行为，专利行政部门可以依法查处，责令侵权人立即停止侵权行为，并可以没收侵权产品、专门用于制造侵权产品或者使用侵权方法的零部件、工具、模具、设备等，对重复侵犯专利权的行为，专利行政部门可以处以罚款。”因此，在专利法中，故意的重复侵权等扰乱市场秩序的专利侵权行为属于损害公共利益的行为，专利行政机关可以介入。

4. 树立服务型执法观念

作为知识产权行政执法逻辑前提的公共利益，关注点在于与市场运作休戚相关的社会管理秩序，知识产权行政执法希冀通过行政责任的落实，在特定市场流通领域内保障知识产权法秩序的实现。因为在特定市场流通领域内，一旦知识产权行政执法无法有效加强知识产权的保障力度，那么，知识产权法秩序、以此为基础的经济格局将难以建立并维系。有学者曾担忧，“对一方当事人的过分眷顾就可能同时损害另一方当事人的利益，从而可能使制度偏离理性轨道，继而发生政府过度侵入市场的现象。”[1]事实上，这也是我们所担忧的问题。构造逻辑严密的立法体例，仅能解决问题的一部分：良好的制度动机，并不能断然转化为执法人员的行为动机，后者需要除法律依据外的约束观念。为有效实现这一目标，知识产权行政执法应树立服务型执法观念。

在过去的几个世纪中，国家主权观念根深蒂固，与此相对的是个人权利观念。前者认为，国家主权的原初主体就是作为一个人格享有者的国家，后者认为个人享有与国家主权相抗衡的不可让渡、不可侵犯的天赋权利。因此立法者企图以个人权利限制国家权力。在经济生活较为单一的时代，这种国家观念尚能勉强维持社会的正常运转。但是当社会经济生活变得复杂时，国家守夜人的角色往往不能满足社会的发展，因此需要拓展其职能。国防、治安和司法不足以概括国家的功能，国家必须监督整个社会组织的正常运转，它必须防止这一系统发生哪怕是一瞬间的停滞。因此，公共服

[1] 刘银良．论专利侵权纠纷行政处理的弊端：历史的选择与再选择［J］．知识产权，2016(3)．

务观念取代了国家主权观念。政府的职能不再是被动的，而是被要求提供各种服务以满足公众的需求。所以，服务型政府是现代国家观念的基础，公共服务变成了国家的职能。

我国服务型政府理念兴起于21世纪初，由于当时我国刚加入WTO，迫切需要转变政府职能，提升政府服务市场的能力，消除市场发展的障碍。[1] 2003年党的十六届三中全会发布《中共中央关于完善社会主义市场经济体制若干问题的决定》，明确指出政府职能要从“全能型”转向“服务型”。2004年2月，温家宝总理在省部级主要领导干部“树立和落实科学发展观”高级研究班上首次提出“建设服务型政府”。2006年党的十六届六中全会《中共中央关于构建社会主义和谐社会若干重大问题的决定》明确了建设服务型政府的内涵、重点、基本内容。2007年党的十七大进一步将建设服务型政府作为我国行政体制改革的目标，推动了服务型政府向深度和广度发展。2013年十八届三中全会把服务型政府建设作为国家治理体系和国家治理能力现代化的重要内容，促进了我国服务型政府的建设。

2000年张康之首次提出服务型政府的概念，他认为，服务型政府就是为人民服务的政府，服务是一种基本理念和价值追求，政府定位于服务者的角色上，把为社会、为公众服务作为政府存在、运行和发展的基本宗旨。[2] 还有学者认为，服务型政府就是指政府遵从民意的要求，在政府工作目的、工作内容、工作程序和工作方法上用公开的方式给公民、社会组织等提供方便、周到和有效的帮助，为民兴利，促进社会稳定发展。[3] 当然，对服务型政府的阐述并不限于此，但其本质都大同小异。主要体现在以下三个方面：其一，民本位，即政府存在的理由和基础是为民服务，服务型政府要体现以民为本、以人为本、主权在民的特征；其二，民主法治，即法治理论是服务型政府建设的制度基础，只有法治才可以确保服务型政府理念落到实处；其三，有限有效，即政府要有选择地在一些不宜干涉的领域放权，从全能政府走向有限政府，但这并不等同于弱政府，政府应当将

[1] 姜晓萍，苏楠．我国服务型政府研究的知识谱图［J］．四川大学学报（哲学社会科学版），2014（2）．

[2] 张康之．限制政府规模的理念［J］．行政论坛，2000（4）．

[3] 吴玉宗．服务型政府：概念、内涵与特点［J］．西南民族大学学报（人文社科版），2004（2）．

其有限的精力集中投入到重点领域，以提升治理的效率和效益。[1]因此服务型政府要处理好两个关系：其一，规制与服务的关系；其二，政府与其他社会主体的关系。

我们认为，公共服务是知识产权行政执法的努力方向。“行政法实施的唯一令人满意的方式，绝不是强制或处罚，而是自愿、合作、民主。”[2] 这是树立服务型执法观点的深刻内涵。满足社会公众的需求是公共服务的宗旨，它试图建立“公众—执法机构—侵权者”的信息反馈回路，把政府角色从干预行政、管制行政转向给付行政和服务行政，这也是目前市场监督综合执法改革的努力方向。2019 年 2 月，市场监督管理总局发布《市场监管总局关于整合建设 12315 行政执法体系更好服务市场监管执法的意见》（国市监网监〔2019〕46 号），要求在 2020 年底建立“一号对外、多线并号、集中接听、各级承办、部门依责办理”的执法体系，由“12315 举报平台”统筹知识产权互联网、微信、手机 APP 的举报投诉渠道，配套知识产权行政执法队伍改革，具体执法活动下沉至县、区市场监督管理部门及分局，地级市、省级市场监督管理部门及总局负责管理、指挥和数据分析工作。为与之相配套，国家市场监督管理总局于 2019 年 11 月发布《市场监督管理投诉举报处理暂行办法》（国家市场监督管理总局令第 20 号），第九条规定投诉应提供之材料，第十二条规定直接负责的基层机构（被投诉人实际经营地或住所地），第十五条规定不予受理的事项，第十六条至第二十二条规定市场监督管理部门的调解职能，第二十三条规定违法行为线索的核查及处理。

---

[1] 姜晓萍，苏楠．我国服务型政府研究的知识谱图［J］．四川大学学报（哲学社会科学版），2014（2）．

[2] 余凌云．行政法讲义［M］．北京：清华大学出版社，2010：302．

第四章 知识产权行政执法范围研究

一、知识产权行政执法范围的相关概念

（一）知识产权的行政保护与行政执法

作为一个法学用语和法律术语，知识产权行政保护的概念内涵并不明确，其存在狭义与广义两种解读。狭义的知识产权行政保护，是指知识产权被侵犯后，行政机关依据权利人的申请或依职权主动保护权利人的合法权益，以维护社会正常的秩序，主要涉及行政执法。广义的知识产权行政保护，是指国家行政管理机关依据有关法律的规定，运用法定行政权力，通过法定的行政程序，用行政手段对知识产权实施全面的法律保护，其包括但不限于知识产权行政授权、行政确权、行政调解、行政执法等。知识产权行政保护内涵的两种解读并不相互包容，但各自具有其理论意义及适用范围：当提及知识产权行政保护与司法保护的关系，知识产权行政保护的效率、必要性，以及知识产权行政保护的“存废”之争时，主要涉及狭义上的行政保护；而当知识产权行政保护作为一个整体考量时，它将涉及更多的范畴，体现为一种全面保护。尽管学界对行政保护的界定有狭义与广义之分，但行政执法活动是知识产权行政保护的重要内容，这一观点已经为绝大多数学者所接受。

对于知识产权行政执法的外延，学界仍然存在不同的认识。有观点认为知识产权行政执法指的是行政机关查处知识产权侵权纠纷的行为，不包括行政调解。[1] 也有观点认为常态的知识产权行政执法包括行政查处、行政裁决和行政调解，另外实践中还存在一些知识产权执法机关的临时执法。[2]

---

[1] 李顺德．健全知识产权执法和管理体制［J］．中国发明与专利，2008（8）．

[2] 朱淑娣．中美知识产权行政法律保护制度比较［M］．北京：知识产权出版社，2012：30－31；李芬莲．中国知识产权行政执法的困境与出路［J］．广东社会科学，2014（3）．

也有观点认为知识产权行政执法包括行政机关对知识产权在确认、管理、争议解决以及侵权纠纷查处等方面实施的全面法律保护。[1]立法上并没有明确行政执法所指向的具体行政行为，但通过几个专门针对行政执法活动所制定的部门规章来看，在执法机关的眼中，行政执法主要指的是行政裁决、行政调解和行政查处。[2]

如果将“知识产权”的限定去掉，从行政法学的角度来研究行政执法概念，则会发现分歧更大。有的学者认为行政执法专指行政处罚，有的则将行政监督检查和行政处罚都划入其内，也有的认为行政执法包括行政监督检查、行政处罚以及行政执行，甚至还有观点认为行政审批亦属行政执法范畴。[3] 可见“行政执法”并非一个确定的概念，它在生活实践和学术研究中的使用范围太大，以至于其能指范畴极为宽广，人们很难对它的内涵和外延作出完全一致的界定。即使特定到知识产权的行政保护中，行政执法究竟指的是哪些具体行政行为，各家观点也是众说纷纭，在不同的语境中所指向的具体内容也不尽相同。

因此，我们无意为“知识产权行政执法”界定一个统一而准确的外延，而仅是为研究的实际需要，根据行政权力对私权的介入程度以及知识产权行政保护的准司法性特点，将几种典型的具体行政行为作为知识产权行政执法活动列出并分析，具体包括行政检查、行政处罚、行政强制和行政裁决。

（二）知识产权行政执法范围

知识产权行政执法范围是知识产权行政保护制度中必不可少的核心内容之一。所谓知识产权行政执法范围，也称知识产权行政执法机关的职权范围，是指国家知识产权行政主管部门及相关管理机关在遵循法定程序和运用法定行政方法的前提下，对知识产权违法行为进行查处和处理的范围。

知识产权行政执法机构改革的直接结果，是知识产权行政执法效能的增强，对其合理性的反思，要求我们严肃看待对知识产权行政执法的有效约束。对此，我们在第三章展开了较为宏观的论述，但不容忽略的是，落实到每一个具体的执法案例，是具体的行政执法方式（行政检查、行政处

---

[1] 赫然．关于我国知识产权执法问题的调查与分析［J］．当代法学，2011（5）．

[2] 参见《专利行政执法办法》《集成电路布图设计行政执法办法》。

[3] 姜明安．行政执法研究［M］．北京：北京大学出版社，2005（6）．

罚、行政强制、行政裁决）作用于与知识产权相关的市场经济活动。不同行政执法方式的实施及其结果，构成知识产权行政执法的实际范围，也是本章希望探讨的主要内容。

毋庸赘言，知识产权行政执法的范围应当由法律明确规定，这是行政合法性原则的具体体现。从知识产权行政执法的历史上看，法是优先于行政而存在的，实施执法活动的行政主体根据法律设置，并被法律赋予权限。行政合法性原则包含三方面内容：法律优先原则、法律保留原则、行政应变性原则。[1]法律优先原则要求知识产权行政执法机关应严格以行政法规范为依据实施执法行为，不得采取任何违反行政法规范的措施。也就是说，行政执法范围止于法律规范所明确的界限，法无授权即禁止。法律保留原则在知识产权行政执法领域体现为法无禁止即自由，在执法层面，“法律”包括法律、法规和规章。法律优先原则和法律保留原则对行政执法的范围进行了严格限定，但立法者无法考虑到现实发生的每一种情况，在法律规范无法适用时，就不能要求执法机关按法律规范进行行政执法，而应当要求执法机关按公共利益原则直接表达意志，这就是行政应变性原则。[2]

此三项原则为行政检查、行政处罚、行政强制、行政裁决等措施的施行提供了基本框架。依法执法是前提，不同行政执法方式的范围由法律、行政法规所明确，这点我们并无疑问；问题在于，（立法之）应然向（执法之）实然转化的过程中，存在扭曲的可能，扭曲并非断然意味着以权谋私或执法不公，执法资源配置的结构以及现实因素的多样化，同样会导致知识产权行政执法落地后的变形。片面要求行政执法的形式合法，最终观察的结果或与出发点南辕北辙，这也是行政应变性原则所强调的。于是，我们试图探析，知识产权行政执法的不同方式，是否为行政执法机关留有足够空间，以应对世情流变，有效制止扰乱与知识产权相关的市场经济秩序的行为；与此同时，能否为当事人提供足够的救济手段，通过外部（司法审查）和内部（举报、申诉）的监督措施，有效防止行政执法权限的僭越。

此外，我们仍不能忽略，知识产权行政执法与民事救济、刑事司法息息相关，同一侵权行为可能存在行政责任、民事责任、刑事责任并举的情

---

[1] 叶必丰．行政法与行政诉讼法［M］．北京：中国人民大学出版社，2015：14－18.

[2] 叶必丰．行政法与行政诉讼法［M］．北京：中国人民大学出版社，2015：19.

形，且不在少数。知识产权行政执法应如何与刑事司法、民事救济相协调、运作，将对知识产权行政执法的范围有实质性影响。

二、知识产权行政执法的方式

如前所述，我国的知识产权行政执法主要是指知识产权行政主管机关的行政查处和行政裁决行为。具体来说，行政查处包括“查”和“处”两方面内容，“查”是指行政检查；“处”是指行政制裁，主要包括行政处罚、行政强制。行政裁决则具体指的是行政机关运用行政权力解决知识产权侵权纠纷的活动。

（一）行政检查

行政检查是指行政主体在行使行政管理职权时对行政相对人是否遵守法律和履行相关法律义务进行单方面的强制了解。[1]一般认为，行政检查是一种行政事实行为，并不直接创设、变更或消灭相对人的权利和义务，因而并不属于具体行政行为。[2]但行政检查与行政处罚、行政强制一样都具有强制性，且往往在知识产权行政执法过程中，作为前置手段发挥关键作用，因此也是一种非常重要的行政执法方式。

在主要的知识产权法律中，《商标法》最早规定了对涉嫌侵权行为的行政检查。2001 年《商标法》第二次修改时增加了关于行政检查的规定，县级以上工商行政管理部门根据已经取得的违法嫌疑证据或者举报对涉嫌侵犯他人注册商标专用权的行为进行查处时，可以询问有关当事人；查阅、复制当事人与侵权活动有关的合同、发票、账簿以及其他有关资料；对涉嫌从事侵权活动的场所实施现场检查；检查与侵权活动有关的物品。同时规定，工商行政管理部门依法行使这些职权时，当事人应当予以协助、配合，不得拒绝阻挠。2013 年《商标法》第三次修改时保留了该规定，同时增加一款，在查处商标侵权案件过程中，对商标权属存在争议或者权利人同时向人民法院提起商标侵权诉讼的，工商行政管理部门可以中止案件的查处。中止原因消除后，应当恢复或者终结案件查处程序。2008 年《专利法》修改时同样规定了对涉嫌假冒专利行为的行政检查，内容基本与《商标法》的规定一致，包括询问权、现场检查权、查阅复制权、物

---

[1] 叶必丰．行政法与行政诉讼法［M］．北京：中国人民大学出版社，2015：152.

[2] 叶必丰．行政法与行政诉讼法［M］．北京：中国人民大学出版社，2015：109.

品检查权。但从法条上看二者存在不一致的地方，如在启动条件上，工商行政管理部门可以根据已经取得的违法嫌疑证据或者举报启动，而《专利法》则只是将已取得的证据作为行政检查的前提条件。《专利行政执法办法》（2015年7月1日起施行）与《专利法》的规定也有所不同，前者提到管理专利工作的部门发现或者接受举报、投诉发现涉嫌假冒专利行为的可以进行调查，同时也规定了在专利侵权纠纷处理过程中，当事人因客观原因不能自行收集部分证据的，可以书面请求管理专利工作的部门调查取证。实际上《专利行政执法办法》扩大了专利管理部门行使行政检查权的范围。

我国《著作权法》虽然没有明确规定对涉嫌著作权侵权行为的行政检查，但其在第四十八条中规定了行政处罚、行政强制等执法方式。行政机关采取行政处罚、行政强制措施，逻辑上都要以行政检查为前提和基础，因此可以认为《著作权法》对著作权行政管理部门的授权中包含了行政检查。另外，国家版权局在《著作权行政处罚实施办法》（2009年6月15日起施行）中规定了行政检查的具体内容。著作权行政管理部门可以依职权或依申请进行行政检查，行政检查的手段包括查阅、复制与涉嫌违法行为有关的文件档案、账簿和其他书面材料；对涉嫌侵权制品进行抽样取证；对涉嫌侵权制品、安装存储涉嫌侵权制品的设备、涉嫌侵权的网站网页、涉嫌侵权的网站服务器和主要用于违法行为的材料、工具、设备等依法先行登记保存。《植物新品种保护条例》第四十一条规定，省级以上人民政府农业、林业行政部门依据各自的职权在查处品种权侵权案件和县级以上人民政府农业、林业行政部门依据各自的职权在查处假冒授权品种案件时，根据需要，可以封存或者扣押与案件有关的植物品种的繁殖材料，查阅、复制或者封存与案件有关的合同、账册及有关文件。

在检查范围上，商标行政检查范围最大，《商标法》授权工商行政管理部门可以对一切涉嫌侵犯他人注册商标专用权的行为进行检查。《专利法》仅规定了对涉嫌假冒专利行为的行政检查，《著作权法》及相关部门规章将著作权行政查处的范围限定为损害公共利益的侵权行为。从《专利法》第六十三条、第六十四条可以看出，现行《专利法》对专利行政执法部门的授权采取了审慎的态度，仅允许对假冒专利行为进行行政检查、行政强制和行政处罚。假冒专利行为与专利侵权行为二者有所交叉但差别巨大。假冒专利行为有可能，但并不一定是侵犯专利权的行为，同样，侵犯专利权的行为也并非都同时构成假冒专利行为。如此，才能比较清晰地划定侵犯私权利的民事侵权行为与损害公共利益的违法行为之间的界限。尽管在商标法领域也存在商标侵权和商标假冒两个不同的概念，❶ 但由于商标的主要功能是识别商品和服务来源，如果破坏了商标的识别功能则不仅会损害商标权人的利益，同时也会损害到消费者的利益，因此侵犯注册商标专用权的行为一般都具有欺骗公众的性质。正因为如此，有观点认为侵犯注册商标专用权的行为人与假冒商标行为人一样，都损害了社会公共利益，应当承担行政责任。❷专利权与之不同，一般情况下，侵犯专利权的行为不会产生欺骗消费者的结果，也不会损害公共利益。因此，将专利行政执法的范围限定在对假冒专利行为的执法上，是公共利益标准的体现。但值得注意的是，在2015年12月国务院法制办公布的《专利法送审稿》中，专利行政执法权的范围得到扩大，尤其是行政检查权的范围包括了涉嫌侵犯专利权行为和假冒专利行为。❸

（二）行政处罚

行政处罚是指行政主体为达到对违法者予以惩戒，促使其以后不再犯，有效实施行政管理，维护公共利益和社会秩序，保护公民、法人或其他组织的合法权益的目的，依法对行政相对人违反行政法律规范尚未构成犯罪的行为（违反行政管理秩序的行为），给予人身的、财产的、名誉的及其他形式的法律制裁的行政行为。❹ 从定义上看，行政处罚的目的既是维护公共利益和社会秩序，同时也是保护公民、法人或其他组织的私权。行政处罚是一种最易影响行政相对人的执法行为，因此对其适用条件应当进行严格限制，防止行政权的滥用。随着《行政处罚法》的出台，关于行政处罚的一些基本问题已经得以明确，特别是行政处罚的设定和行政处罚程序的规定促使行政处罚逐渐走上了规范化的道路。❺

知识产权行政处罚除了要遵守《行政处罚法》的规定外，还应当遵循知识产权单行法律法规的规定。作为一种高效的行政制裁手段，行政处罚在我国的知识产权行政保护中发挥着重要的威慑和保障作用，几乎所有的

---

❶ 黄晖．商标法［M］．北京：法律出版社，2016：16.
❷ 尹新天．专利法详解［M］．北京：知识产权出版社，2012：559.
❸ 参见《中华人民共和国专利法修订草案（送审稿）》第六十七条。
❹ 张正钊，胡锦光．行政法与行政诉讼法［M］．北京：中国人民大学出版社，2015：15.
❺ 叶必丰．行政法与行政诉讼法［M］．北京：中国人民大学出版社，2015：153.

知识产权法律、法规都有关于行政处罚的规定。根据这些法律法规的规定，知识产权行政处罚的内容主要包括：责令停止侵权行为、责令改正、罚款、没收等。《海关法》《技术进出口管理条例》《信息网络传播权保护条例》等法律法规还规定有警告、暂停或撤销对外贸易经营许可、吊销技术进出口许可证或者技术及出口合同登记证等处罚行为。

责令停止侵权行为、责令改正等责令类执法方式最为常见，在我国《著作权法》《商标法》《专利法》《植物新品种保护条例》《集成电路布图设计保护条例》等知识产权法律法规中均有规定。依据《著作权法》第四十八条、《商标法》第六十条、《植物新品种保护条例》第三十九条、《集成电路布图设计保护条例》第三十一条等规定，行政执法部门认定侵权行为成立的，责令立即停止侵权行为。《专利法》第六十三条，《植物新品种保护条例》第四十条，《商标法》第四十九条、第五十二条、第五十三条等均规定，行政执法部门有权责令当事人改正或限期改正违法行为。值得注意的是，责令停止侵权行为、责令改正等责令类的行政执法方式并非严格意义上的行政处罚，而只是一种行政命令。行政命令与行政处罚存在较大不同，行政命令是行政机关对违法行为人发出的，要求其履行法定义务，纠正违法行为，恢复原状的作为命令，其本身并不具有制裁性。[1]知识产权法上的这些责令类的执法方式同样没有对当事人课以新的义务，也没有对行为人的人身权利或财产权利进行限制或剥夺。不过责令停止侵权行为、责令改正等与行政处罚有着密切的联系，它们都是由当事人的违法行为所引起的，而且在实践中往往是同步进行。除了知识产权领域相关立法将二者同时规定外，《行政处罚法》也规定，行政机关实施行政处罚时，应当责令当事人改正或者限期改正违法行为。因此，责令类的执法方式与其他行政处罚方式一样，都是知识产权行政执法的重要手段。

罚款在知识产权领域的相关法律、行政法规和部门规章中也都有明确规定。根据《商标法》及其实施条例的规定，工商行政管理部门有权进行罚款的事项有五种：一是国家规定必须使用注册商标的商品，未经核准注册在市场上销售的；二是将未注册商标冒充注册商标使用，或者使用了国家禁止作为商标使用的标志的；三是将“驰名商标”字样用于商品、商品

[1] 张正钊，胡锦光．行政法与行政诉讼法［M］．北京：中国人民大学出版社，2015：143.

包装或容器上，或者用于广告宣传、展览以及其他商业活动中的；四是经许可使用他人商标，但在使用时未标明被许可人的名称和商品产地的；五是侵犯商标专用权的。[1]可见商标领域行政罚款的适用范围不仅包括一般的商标侵权行为，同时也包含商标违法行为。专利领域，专利执法部门可以对冒充专利的处违法所得4倍以下的罚款，没有违法所得的可以处20万元以下的罚款。著作权行政执法部门对一些特定的侵犯著作权行为，同时损害公共利益的，也可根据情节轻重处以罚款。[2] 省级以上人民政府农业、林业行政部门为维护社会公共利益，可对品种权侵权人处以罚款，也可对假冒授权品种的行为人处以罚款。销售授权品种未使用其注册登记的名称的，县级以上人民政府农业、林业可依职权处1000元以下的罚款。[3]从现行立法来看，著作权、植物新品种权领域的行政罚款范围被限定在损害公共利益之内。专利领域的行政罚款虽然没有在立法上明确以损害公共利益为条件，但其范围仅限于被认为是典型的损害公共利益行为的冒充专利行为，而不包括一般的专利侵权行为。但商标权的行政罚款范围不仅包括破坏商标管理秩序、损害社会公共利益的商标违法行为，同时也包含了全部的侵犯商标专用权的行为，可以说商标权的行政罚款范围要远大于其他知识产权领域。

没收与罚款一样，同属于财产罚。具体指有处罚权的行政主体依法将违法行为人的违法所得和非法财物收归国有的处罚形式。[4] 知识产权行政执法中，没收类的行政处罚包括没收违法所得，没收、销毁侵权物品，没收、销毁侵权工具等。没收在知识产权各个领域的法律法规中都有所体现。商标领域，行政执法部门行使没收权的情形有两种：一是工商行政管理部门在处理侵犯商标专用权纠纷时，可以没收、销毁侵权商品和主要用于制造侵权商品、伪造注册商标标识的工具；二是在驰名商标保护过程中，对违反《商标法》第十三条规定使用商标的行为，工商行政管理部门可以收缴、销毁违法使用的商标标识；商标标识与商品难以分离的，一并收缴、销毁。[5]《著作权法》第四十八条列举的八种应当承担行政责任的行为，同时

---

[1] 参见《商标法》第四十三条、第五十一条、第五十二条、第五十三条、第六十条，《商标法实施条例》第七十一条。

[2] 参见《著作权法》第四十八条，《著作权法实施条例》第三十六条，《计算机软件保护条例》第二十四条，《信息网络传播权保护条例》第十八条、第十九条。

[3] 参见《植物新品种保护条例》第三十九条、第四十条、第四十二条。

[4] 张正钊，胡锦光．行政法与行政诉讼法［M］．北京：中国人民大学出版社，2015：142.

[5] 参见《商标法》第六十条、《商标法实施条例》第七十二条。

损害公共利益的，著作权行政管理部门可以没收违法所得，没收、销毁侵权复制品，情节严重的可以没收主要用于制作侵权复制品的材料、工具、设备等。《计算机软件保护条例》《信息网络传播权保护条例》也有类似规定。《专利法》则仅规定了假冒专利的，可以没收违法所得。但在国家知识产权局发布的《专利行政执法办法》中，将销毁制造侵权产品，实施专利方法的专用设备、模具，销毁侵权产品、包装及宣传材料作为责令停止侵权行为和假冒行为的手段规定其中。❶

除了上述主要的行政处罚方式外，各知识产权单行法中也有规定其他种类的行政处罚权。例如，《商标法》第四十九条规定的撤销注册商标，第五十一条规定的责令限期申请注册，第五十二条规定的通报；《专利法》第六十三条规定的公告；《商标法》和《专利代理条例》规定的对商标和专利代理机构的警告等行政处罚❷等。

（三）行政强制

行政强制是知识产权行政执法的重要内容，在实施过程中，行政强制也通常与行政检查和行政处罚产生关联、交错，从而保障行政检查和行政处罚的效果得到充分实现。伴随《行政强制法》的制定，有关行政强制概念及内容的争议逐渐得以平息。该法第二条规定，行政强制包括行政强制措施和行政强制执行，这也是紧密反映行政法学界理论研究的结果。❸根据《行政强制法》的规定，行政强制措施，是指行政机关在行政管理过程中，为制止违法行为、防止证据损毁、避免危害发生、控制危险扩大等情形，依法对公民的人身自由实施暂时性限制，或者对公民、法人或者其他组织的财物实施暂时性控制的行为。行政强制执行，是指行政机关或者行政机关申请人民法院，对不履行行政决定的公民、法人或者其他组织依法强制履行义务的行为。

行政强制措施与行政强制执行除了在实施主体、实施程序上有很大不同之外，二者的差别还体现在适用前提和目的上。行政强制措施不以相对人存在法定义务为前提，而行政强制执行则是对因行政决定而负有义务的相对人采取的行为，以相对人不履行义务为前提。行政强制措施的目的在

---

❶ 参见《专利行政执法办法》第四十三条、第四十五条。

❷ 参见《商标法》第六十八条，《专利代理条例》第二十四条、第二十五条。

❸ 胡建淼．“行政强制措施”与“行政强制执行”的分界［J］．中国法学，2012（2）．

于制止违法行为、防止证据毁损或者防止危害的发生或发展等情形，而行政强制执行的目的则是实现已生效行政决定的内容。由此可见，行政强制措施的范围由法律对行政机关的授权范围所决定，而行政强制执行的范围除了要由法律明确规定外，还受到作为其前提的行政决定的限制。在《行政强制法》出台之前，我国各知识产权单行法中曾规定大量行政强制执行的内容，随着《行政强制法》的落实，这些规定也失去了意义。从知识产权行政执法的角度看，行政强制执行的范围实际上等同于作为其前提的其他行政执法措施的范围。

知识产权领域的行政强制措施散见于各单行的知识产权法律、法规和规章中。纵观这些规定可以发现，知识产权行政强制措施中不包含针对人身的强制行为，而仅指对财产的强制措施，主要表现形式为对涉嫌侵权物品的查封和扣押。例如《商标法》第六十二条规定，县级以上工商行政管理部门可以对有证据证明是侵犯他人注册商标专用权的物品进行查封或者扣押。《专利法》和《专利行政执法办法》也规定，管理专利工作的部门可以依法查封、扣押涉嫌假冒专利产品。另外，海关也有权对涉嫌侵犯知识产权的货物进行扣留。[1]

（四）行政裁决

行政裁决是指知识产权行政管理部门依当事人的请求，依据法律的授权，对特定的民事纠纷进行审查并作出裁决，从而解决知识产权民事争议和保护知识产权权利人合法权利的活动。一般认为，行政裁决和行政调解是知识产权行政处理的两大基本方式，二者都是行政机关根据当事人的申请解决相关纠纷的行为。虽然行政调解与行政裁决都属于行政处理解决纠纷的方式，行政机关也都处于居中的位置，是纠纷主体之外的第三方，但二者还存在较大差别。首先，在启动程序上，行政调解需要双方当事人一致同意才能启动，但行政裁决只需要一方当事人向行政机关提出裁决申请即可。其次，在处理范围上，行政裁决的处理范围需要法律的明确规定，只有部分知识产权纠纷可以通过行政裁决进行处理，但行政调解则没有这些限制，其处理范围非常广泛。最后，也是最重要的差别是，二者的权力来源不同。在行政调解中，行政机关并未行使行政权力，仅仅是促使当事人友好协商，互谅互让，最终达成调解协议，过程中对当事人权利义务的

[1] 参见《知识产权海关保护条例》第十六条、第二十七条。

分配权力来源于当事人的委托，因此调解协议本身不具有强制执行力。行政裁决的权力来源于法律授权，裁决作出后即在行政机关和当事人之间形成了新的行政法律关系，当事人对裁决不服，可以向法院提起诉讼；但当事人如果对行政裁决既不提起诉讼，也不主动执行，则作出行政裁决的行政机关可以申请人民法院强制执行。

行政处理行为长期以来都是知识产权行政保护的主要内容，通过行政权处理知识产权纠纷是我国改革开放之初设立知识产权行政保护制度之后很长一段时间的客观法律事实。正如前文所言，我国知识产权制度建立初期即面临法律文本落后、司法资源匮乏的紧张局面，司法裁决不足以应对知识产权保护的现实需求，因此国家投入行政力量以弥补司法保护的不足。进入21世纪之前，行政机关对知识产权纠纷的行政处理几乎构成了我国知识产权行政保护制度的绝大部分内容。进入21世纪之后，随着知识产权领域各单行法的修改以及相关行政法律的出台，我国知识产权行政保护制度的基本路径开始由以行政处理为核心转变为以行政查处为核心，行政机关的行政检查权、行政处罚权、行政强制权等执法权得到加强，行政裁决在行政执法中的地位相对弱化。

就我国现行的知识产权各单行法而言，有关行政裁决的规定仍然广泛存在。除《著作权法》外，《商标法》《专利法》均授权行政管理部门可以依据当事人申请对侵权纠纷进行裁决。例如《专利法》第六十条规定，专利侵权引起纠纷的，专利权人或者利害关系人可以请求管理专利工作的部门处理。当事人对管理专利工作的部门处理不服的，可以在十五日内向人民法院起诉，侵权人期满不起诉又不停止侵权行为的，管理专利工作的部门可以申请人民法院强制执行。《专利行政执法办法》第二章也专章细化规定了管理专利工作的部门对专利侵权纠纷的处理。另外，《专利法》第五十七条、第五十八条还规定了国务院专利行政部门对专利强制许可费用的裁决权。《商标法》第六十条也规定，针对侵犯商标专用权的行为，商标注册人或者利害关系人可以向人民法院起诉，也可以请求工商行政管理部门处理。我国现行《著作权法》对行政机关执法的授权是比较克制的，仅规定了在损害公共利益的情况下行政机关可以行使行政查处权，并未授予其行政裁决权。但《著作权法》最新修法的态度似有所转变，《著作权法第三次修改草案》（第三稿）第三十八条规定，由著作权行政管理部门主持制作的调解协议具有法律拘束力，一方当事人不履行调解协议的，另一方当事人可以申请人民法院司法确认和强制执行。❶ 若行政调解协议具备法律约束力可以强制执行，则其效力与行政裁决几无差别。该修订草案的规定赋予了行政调解协议过高的法律效力，不符合行政调解的性质，其正当性仍有待商榷。

三、知识产权行政执法的限制

（一）知识产权行政检查的性质认定

如果超越知识产权法视域观察行政检查，最引人注目的，无疑是行政检查的性质，因为行政检查如果可以认定为一种独立的行政行为，当事人可就行政检查本身向法院提起诉讼。有趣的是，对行政检查的性质认识，是从行政检查与行政调查之间的区别开始谈起的。乍一看，对两者（行政检查、行政调查）的讨论似乎是一种引经据典的辞藻游戏，行政法学研究对两者关系形成“同一说”“检查涵盖调查说”“调查涵盖检查说”，❷ 从逻辑上而言，任何两个相似的概念都可以归纳出以上三种关系，并且，“登记、检查、传唤询问、现场勘查、检查、鉴定、盘查”等手段均可见于行政检查与行政调查。❸但在对两者讨论的过程中，学者们试图通过区分行政检查与行政调查，构建一个部分可诉、部分不可诉的二元结构，例如，有学者认为，行政检查权须经法律特别授权，行政调查权则必然包含于行政管理权中；行政检查属于行政处理行为，直接产生法律后果，而行政调查属于准行政行为，并不直接产生法律后果。❹二元结构的构建，是为了解决行政检查的性质认定困难，这点以下将详细描述；然而，区分两者的理论困难，无疑会冲淡区分两者的预期效果，故接下来，我们仍将行政检查与行政调查视作一个整体加以讨论。

目前，对行政检查性质认定，主要有三种学说：“事实行为说”认为，

---

❶ 《著作权法第三次修改草案》（第三稿）第三十八条规定：著作权行政管理部门设立著作权纠纷调解委员会，负责著作权和相关权纠纷的调解。调解协议具有法律拘束力，一方当事人不履行调解协议的，另一方当事人可以申请人民法院司法确认和强制执行。

❷ 行政检查与行政调查的“同一说”，可参见：应松年．行政行为法［M］．北京：人民出版社，1993；“检查涵盖调查说”，可参见：杨解军．行政法学［M］．北京：中国方正出版社，2002；“调查涵盖检查说”，可参见：杨海坤，郝益山．关于行政调查的讨论［J］．行政法学研究，2000（2）．

❸ 王麟．行政调查中权力的可能边界［J］．法律科学（西北政法大学学报），2008（6）．

❹ 杨海坤，郝益山．关于行政调查的讨论［J］．行政法学研究，2000（2）；于立深．论政府的信息形成权及当事人义务［J］．法制与社会发展，2009（2）．

行政机关在管理活动中作出的检查行为仅以影响和改变事实状态为目的，只涉及程序权利和义务，而与实体权利和义务无关；“中间行政行为说”认为，行政检查是行政主体的某一行政行为的中间阶段，一般情况下不作为独立的行政行为出现；“程序行政行为说”则认为，行政检查本身是一种独立的行使行政职权的程序行政行为，它直接产生行政程序法律关系，引起该行政程序的运行，并对行政实体法律关系产生间接作用或影响。[1]从以上三种学说可以直观看到，如果认定行政检查是纯粹的事实行为，行政检查便不具有可诉性；但“事实行为说”的困境在于，作为事实调查手段的行政检查，是行政决定、行政处罚的必然前提，行政检查与特定法律后果紧密相连，并且，行政检查至少会直接产生以下几方面法律效果：第一，行政调查机构拥有调查职权，被调查人有配合的义务，如果不配合则会引起不利的后果；第二，有些特定的行政调查方法直接关系到相对人的人身自由权、住所控制、信息保密、隐私权或商业秘密等。[2]因此，更为广泛的认识是，行政检查是“实现某种行政目的的程序性活动”，[3] 例如，韩国《行政调查基本法》第二条便规定：“所谓‘行政调查’，是指行政机关为了收集决定政策或者履行职务所必要的信息或资料，进行现场调查、阅览文书、抽样等或者责令被调查对象提交报告或要求提交资料以及责令出席、进行陈述等的活动。”[4]

结合知识产权法，我们认为，作为程序性活动的行政检查，不应认定为具有独立意义的行政行为，原因有二：其一，“调查—决定—执行”构成一个行政过程的链条，行政检查是首要的程序环节，对行政执法约束的目的绝非阻却行政执法的有效运行，对行政检查的横加干涉，最有可能造成的后果是，被检查人蓄意阻扰行政执法的进程；其二，行政检查总与特定行政行为相关联，如行政决定、行政处罚、行政强制的作出，需以行政检查知悉事实作为前提，对行政检查可能出现的程序性瑕疵，可在事后对特定行政行为的司法审查一并解决。这一思路也应用于不少国家的立法例中，例如《德国联邦行政程序法》第十条规定，“如果没有关于程序形式的特别

---

[1] 应松年，庄汉．行政调查的现状与未来发展方向［J］．江苏社会科学，2008（5）．

[2] 胡建淼．行政法学［M］．北京：法律出版社，2010（349）．

[3] 黄学贤．行政调查及其程序原则［J］．政治与法律，2015（6）．

[4] 韩国行政调查基本法［J］．金玄默，译．行政法学研究，2009（2）；韩国行政调查基本法施行令［J］．金玄默，译．行政法学研究，2009（2）．

法律规定，行政程序不受确定形式的拘束。行政程序应当简单、合乎目的和迅速地进行。”❶“在《日本国宪法》下，作为对行政行为的统制，当程序不完备成为撤销诉讼中的指控目标时，作为被告行政厅的抗辩，或者有时作为法院对行政厅的支持逻辑，则称行政厅对采取何种程序具有一定的裁量权。”❷然而，我们还应当指出，如果行政检查不应认定为具有独立意义的行政行为，可能造成的后果是：行政程序法体系的不协调。正如我们后文将要提及的，行政强制同样属于行政程序的一类，但由于该行为对当事人权益影响较大，《行政强制法》第八条第二款规定，“公民、法人或者其他组织因人民法院在强制执行中有违法行为或者扩大强制执行范围受到损害的，有权依法要求赔偿。”那么，同样作为程序性活动，行政检查为何不视为单独行政行为？在这点上，做到逻辑贯通是困难的，也正因如此，行政法学界试图区分行政检查与行政调查，试图把产生强制性法律后果的检查行为在行政检查内部进行分离，形成二元的责任认定结构。对此，我们并无更高明的解释，在我国尚未制定《行政程序法》的前提下，行政检查不视为独立行政行为，存在较高可行性。在知识产权领域中，强调这点尤为重要：是否进入市场流通以及具体流通环节，是知识产权行政执法重点关注之对象。这一过程必然涉及对被检查人经营场所、账目的调取或询问，如果在此设置程序障碍，行政执法可能实现之效果将大打折扣。

（二）知识产权行政处罚裁量基准的完善

行政处罚是典型的行政行为，随着行政诉讼制度的完善，对行政处罚的司法审查控制，无论是从制度研究还是从公民意识培养方面，已呈现出羽翼渐丰之态势。或因于此，对行政处罚的限制方式已逐步从事后救济转向事前规范，“行政裁量权基准，已成为行政机关对裁量权的行使进行自我约束、自我规制的一种重要的制度创新，并引起了中国行政法理论界与实务界的共同关注”。❸自2004年浙江省金华市发布《关于推行行政处罚自由裁量基准制度的意见》，全国各地纷纷出台行政处罚裁量基准的规范文件，❹

---

❶ 应松年．外国行政程序法汇编［M］．北京：中国法制出版社，1999：165.

❷ 盐野宏．行政法总论［M］．杨建顺，译．北京大学出版社，2008：87.

❸ 周佑勇，钱卿．裁量基准在中国的本土实践——浙江金华行政处罚裁量基准调查研究［J］．东南大学学报（哲学社会科学版），2010（4）.

❹ 如《北京市关于规范行政处罚自由裁量权的若干规定》《广东省规范行政处罚自由裁量权规定》《湖南省规范行政裁量权办法》《山东省规范行政处罚裁量权办法》《重庆市规范行政处罚裁量权办法》。

大多数规范文件颁布于2008—2010年，这并非巧合，而是一系列中央决议[1]的政策推行结果。

行政裁量基准，是对行政裁量权力的调整，有学者指出，“只要公职人员权力的真实界限准许其在可能的作为或不作为方案中任意地作出选择，那么他就有裁量权。”[2]这种真实界限准许的自由选择空间，既存在于事实查明部分，也存在于把确定的标准运用到事实上的过程，故制定行政裁量基准，既应是程序的，也应是实体的。但在一般语境中，行政处罚裁量基准的制定者与研究者更为关注实体层面的标准生成；从各地实际制定的裁量标准来看，对“（严重、非常严重）情节”的细化以及对术语内涵的厘定，是执行标准制定的主要目标。故有学者提出，（行政处罚）裁量基准的技术构造主要包含“情节细化”和“效果格化”两个层面，呈现出一种“事实-效果”的完整结构。[3]

此外，德国理论界素将裁量基准视作行政规则的一种。行政规则是指上级行政机关向下级行政机关、领导对下属行政工作人员发布的“一般—抽象”的命令，[4] 而制定行政规则的主要目的，是控制下级机关或执法人员对不确定法律概念的解释，判断余地的运用以及裁量权的行使。[5]配套规范文件的公示，行政处罚裁量基准的制定使行政相对人可感知行政处罚的具体运作过程，裁量基准在规范行政处罚权力的同时，也丰富了行政处罚的可诉性，符合法治政府的形式要件。与此同时，裁量基准的制定也纾解了行政诉讼的部分困难。有学者指出，不少法官认为“法律法规不健全，标准不好掌握”是行政审判难的原因。[6]

目前，各省出台的行政处罚裁量基准的规范文件，是省级各地级市（或省厅级主管部门）制定各市（或各部门）行政裁量基准的主要依据。这

---

[1] 中共十八届四中全会的《中共中央关于全面推进依法治国若干重大问题的决定》以及国务院2008年发布的《关于加强市县政府依法行政的决定》、2010年发布的《关于加强法治政府建设的意见》。

[2] DAVIS K C. Discretionary Justice [M]. Champaign: University of Illionis Press, 1971: 4.

[3] 周佑勇. 裁量基准的技术构造 [J]. 中外法学, 2014 (5).

[4] 哈特穆特·毛雷尔. 行政法学总论 [M]. 高家伟, 译. 北京: 法律出版社, 2000: 591.

[5] 汉斯·J. 沃尔夫, 奥托·巴霍夫, 罗尔夫·施托贝尔. 行政法（第一卷）[M]. 高家伟, 译. 北京: 商务印书馆, 2002: 246.

[6] 林莉红, 宋国涛. 中国行政审判法官的知与行——《行政诉讼法》实施状况调查报告·法官卷 [J]. 行政法学研究, 2013 (2).

一立法现状导致的结果是，各地执法部门制定执行标准时，或依据地级市制定的行政裁量基准规范文件，或引用省厅部门制定的自由裁量权适用规则，或兼具之。以广东为例，2017 年广东省知识产权局发布《广东省知识产权局关于行政处罚自由裁量权适用规则》（粤知〔2017〕259 号），2018 年广州市知识产权局又发布《广州市知识产权局规范行政处罚自由裁量权规定》，而后者主要依据 2011 年《广州市规范行政执法自由裁量权规定》作出。为避免琳琅满目的各类文件滋生规范的内在冲突，省级机关及市级政府制定的行政处罚裁量基准文件，多以较为抽象的指导意见为主；市级主管机构或基层执法机构依据实际执法需要，制定具体、可适用的执法标准。有学者将之分类为“指导性行政裁量规范”和“裁量性行政规范”，并建议为避免规范之间的隐性冲突，应对行政裁量基本规范文件进行备案审查。[1]同时，应当注意的是，这种分类并未实际应用于规范文件的制作过程，尽管有学者提出制定《行政裁量权基准制定程序暂行条例》的建议，[2] 要求以国家战略的高度规范行政裁量权问题，但截至今日，行政处罚裁量基准的制定仍由省级政府主导，故各省市差别较大。例如，《河北省知识产权局专利行政处罚裁量权规定（试行）》便于省级主管机关层面，直接明确假冒专利违法行为的处罚标准。[3]

回归知识产权领域，我们对比《清远市知识产权局关于行政处罚自由裁量权的适用规则（试行）》《北京市知识产权局行政处罚裁量权规定（试行）》《浙江省科技和专利行政处罚裁量基准》，并对比《安庆市知识产权局行政处罚自由裁量权实施办法》《长沙市专利行政处罚裁量权基准》《河北省知识产权局专利行政处罚裁量权规定（试行）》，制作知识产权行政处罚裁量基准一览表（即表 4－1）。梳理省、市、区（县）各级主管机构制定的知识产权行政处罚裁量权规定，我们发现以下几个特点：（1）制定规范文件的层级与行政处罚裁量权规定的详尽程度并无必然关联，规范文件制作质量取决于能否与当地知识产权行政执法的规制需求良好结合；（2）针

---

[1] 黄学贤，杨红．行政裁量权基准有效实施的保障机制研究［J］．法学论坛，2015（6）．

[2] 周佑勇．建立健全行政裁量权基准制度论纲——以制定《行政裁量权基准制定程序暂行条例》为中心［J］．法学论坛，2015（6）．

[3] 《河北省知识产权局专利行政处罚裁量权规定（试行）》以《专利法实施细则》第八十四条为基础，认定假冒专利的违法行为，以违法所得作为主要量刑情节：违法所得在 1 万元以下为轻微违法行为，违法所得在 1 万元以上 5 万元以下为一般违法行为，违法所得在 5 万元以上 10 万元以下为严重违法行为，违法所得在 10 万元以上为特别严重违法行为。按照不同档次，处以不同罚款。

对“假冒行为”等由《专利法实施细则》直接规定的侵权行为类型，各地裁量标准几乎一致，但裁量情节各有不同，以伪造、变造专利文书为例，广东地区多以违法所得作为情节裁量依据，北京、浙江地区多以案发数量（几起）作为情节裁量依据；（3）对于滥用专利权的行为，尚无明确的情节裁量标准，多以“较多”“较大”等程度词替代。

表4-1　知识产权行政处罚裁量基准一览表

知识产权行政处罚裁量基准一览表				
假冒专利类				
违法行为	法律、法规、规章规定	违法程度	裁量情节	裁量标准
假冒专利行为	《专利法实施细则》第八十四条：下列行为属于《专利法》第六十三条规定的假冒专利的行为： （一）在未被授予专利权的产品或者其包装上标注专利标识，专利权被宣告无效后或者终止后继续在产品或者其包装上标注专利标识，或者未经许可在产品或者产品包装上标注他人的专利号； （二）销售第（一）项所述产品	较轻	在未被授予专利权的产品或者其包装上标注专利标识，专利权终止或无效一年内后继续在产品或者其包装上标注专利标识，生产、销售的违法产品价值在5万元以下；违法所得在5万元以下或者造成他人经济损失5万元以下；合同标的在5万元以下。 销售不知道是假冒专利的产品，并且能够证明该产品合法来源的	没收违法所得，可处违法所得1倍以下罚款；没有违法所得的，处以5万元以下罚款。 责令停止销售，免除罚款
		较重	专利权被宣告无效后继续在产品或者其包装上标注专利标识，或者未经许可在产品或者产品包装上标注他人的专利号；生产、销售的违法产品价值5万元以上10万元以下；违法所得在5万元以上10万元以下，或者造成他人经济损失5万元以上10万元以下；合同标的在5万元以上10万元以下	没收违法所得，处以违法所得1倍以上3倍以下罚款；没有违法所得的，处以5万元以上10万元以下罚款
		严重	专利权被宣告无效后继续在产品或者其包装上标注专利标识，或者未经许可在产品或者产品包装上标注他人的专利号；生产、销售的违法产品价值10万元以上；违法所得在10万元以上或者造成他人经济损失10万元以上，尚未构成犯罪的。合同标的在10万元以上，尚未构成犯罪的	没收违法所得，处以违法所得3倍以上4倍以下罚款；没有违法所得的，处以10万元以上20万元以下罚款

续表

违法行为	法律、法规、规章规定	违法程度	裁量情节	裁量标准
假冒专利行为	《专利法实施细则》第八十四条：下列行为属于《专利法》第六十三条规定的假冒专利的行为： （三）在产品说明书等材料中将未被授予专利权的技术或者设计称为专利技术或者专利设计，将专利申请称为专利，或者未经许可使用他人的专利号，使公众将所涉及的技术或者设计误认为是专利技术或者专利设计	较轻	在产品说明书等材料中将未被授予专利权的技术或者设计称为专利技术或者专利设计，将专利申请称为专利，违法所得在5万元以下或者造成他人经济损失5万元以下	没收违法所得，可处违法所得1倍以下罚款；没有违法所得的，处以5万元以下罚款
		较重	未经许可使用他人的专利号，使公众将所涉及的技术或者设计误认为是专利技术或者专利设计违法所得在5万元以上10万元以下，或者造成他人经济损失5万元以上10万元以下	没收违法所得，处以违法所得1倍以上3倍以下罚款；没有违法所得的，处以5万元以上10万元以下罚款
		严重	未经许可使用他人的专利号，使公众将所涉及的技术或者设计误认为是专利技术或者专利设计违法所得在10万元以上或者造成他人经济损失10万元以上，尚未构成犯罪的	没收违法所得，处以违法所得3倍以上4倍以下罚款；没有违法所得的，处以10万元以上20万元以下罚款
假冒专利行为	《专利法实施细则》第八十四条：下列行为属于《专利法》第六十三条规定的假冒专利的行为： （四）伪造或者变造专利证书、专利文件或者专利申请文件	较轻	违法所得5万元以下或者造成他人经济损失5万元以下	没收违法所得，可处违法所得1倍以下罚款；没有违法所得的，处以5万元以下罚款
		较重	违法所得在5万元以上10万元以下或者造成他人经济损失5万元以上10万元以下	没收违法所得，处以违法所得1倍以上3倍以下罚款；没有违法所得的，处以5万元以上10万元以下罚款
		严重	违法所得在10万元以上或者造成他人经济损失10万元以上，尚未构成犯罪的	没收违法所得，处以违法所得3倍以上4倍以下罚款；没有违法所得的，处以10万元以上20万元以下罚款

续表

违法行为	法律、法规、规章规定	违法程度	裁量情节	裁量标准
假冒专利行为	《专利法实施细则》第八十四条：下列行为属于《专利法》第六十三条规定的假冒专利的行为： （五）其他使公众混淆，将未被授予专利权的技术或者设计误认为是专利技术或者专利设计的行为	较轻	违法所得5万元以下或者造成他人经济损失5万元以下	没收违法所得，可处违法所得1倍以下罚款；没有违法所得的，处以5万元以下罚款
		较重	违法所得在5万元以上10万元以下或者造成他人经济损失5万元以上10万元以下	没收违法所得，处以违法所得1倍以上3倍以下罚款；没有违法所得的，处以5万元以上10万元以下罚款
		严重	违法所得在10万元以上或者造成他人经济损失10万元以上，尚未构成犯罪的	没收违法所得，处以违法所得3倍以上4倍以下罚款；没有违法所得的，处以10万元以上20万元以下罚款
违反专利标识规定类				
违法行为	法律、法规、规章规定	违法程度	裁量情节	裁量标准
违反专利标识规定	《专利法实施细则》第八十三条：专利权人依照《专利法》第十七条的规定，在其专利产品或者该产品的包装上标明专利标识的，应当按照国务院专利行政部门规定的方式予以标明。专利标识不符合前款规定的，由管理专利工作的部门责令改正	—	专利权人在其专利产品或者该产品的包装上标明专利标识的，没有按照国务院专利行政部门规定的方式予以标明	责令改正
为侵犯专利权提供便利条件类				
违法行为	法律、法规、规章规定	违法程度	裁量情节	裁量标准
为侵犯专利权提供便利条件	《广东省专利条例》第二十五条：任何单位和个人不得为第二十三条、第二十四条所列侵权行为提供制造、许诺销售、销售、进口、运输、仓储等便利条件	—	为《广东省专利条例》第二十三条、第二十四条所列侵权行为提供制造、许诺销售、销售、进口、运输、仓储等便利条件	责令停止违法行为

续表

重复侵权类				
违法行为	法律、法规、规章规定	违法程度	裁量情节	裁量标准
认定专利侵权的行政处理决定、民事判决或者仲裁裁决生效后，侵权人再次侵犯同一专利权，扰乱市场秩序的	《广东省专利条例》第三十七条第一款：专利行政部门处理专利侵权纠纷时，认定侵权行为成立的，责令侵权人立即停止制造、使用、销售、许诺销售、进口等侵权行为，责令销毁侵权产品或者使用侵权方法直接获得的产品，销毁制造侵权产品或者使用侵权方法的专用零部件、工具、模具、设备等物品。 《广东省专利条例》第五十四条：认定专利侵权的行政处理决定、民事判决或者仲裁裁决生效后，侵权人再次侵犯同一专利权，扰乱市场秩序的，由专利行政部门按照本条例第三十七条第一款的规定处理	较轻	再次销售、进口侵权产品，违法所得在3万元以下或者造成他人直接经济损失3万元以下，对市场秩序影响较小的	没收违法所得，可处违法所得1倍以下罚款；没有违法所得的，处以1万元以下罚款
		较重	再次生产侵权产品，违法所得在3万元以下或者造成他人直接经济损失3万元以下；再次销售、进口侵权产品，违法所得在3万元以上5万元以下或者造成他人直接经济损失3万元以上5万元以下，对市场秩序影响较大的	没收违法所得，处以违法所得1倍以上3倍以下罚款；没有违法所得的，处以1万元以上5万元以下罚款
		严重	再次生产侵权产品，违法所得在3万元以上或者造成他人直接经济损失3万元以上；再次销售、进口侵权产品，违法所得在5万元以上或者造成他人直接经济损失5万元以上，对市场秩序影响严重的	没收违法所得，处以违法所得3倍以上5倍以下罚款；没有违法所得的，处以5万元以上10万元以下罚款
滥用专利权类				
违法行为	法律、法规、规章规定	违法程度	裁量情节	裁量标准
以现有技术或者现有设计申请专利并获得专利授权后，向专利行政部门提出专利侵权的处理请求的	《广东省专利条例》第三十九条第一项： 专利权人及利害关系人应当依法行使其权利，不得有下列行为： （一）以现有技术或者现有设计申请专利并获得专利授权后，向专利行政部门提出专利侵权的处理请求	较轻	对被请求人的正常生产、经营秩序造成影响较小的	可处1万元以下罚款
		较重	对被请求人的正常生产、经营秩序造成不良影响较大的	可处1万元以上5万元以下罚款
		严重	对被请求人的正常生产、经营秩序造成严重不良影响的	可处5万元以上10万元以下罚款

续表

违法行为	法律、法规、规章规定	违法程度	裁量情节	裁量标准
强制专利实施被许可人购买其他专利使用权的	《广东省专利条例》第三十九条第二项：（二）强制专利实施被许可人购买其他专利使用权	较轻	强制被许可人购买的其他专利使用权数量较少，使用许可费较低的	可处1万元以下罚款
		较重	强制被许可人购买的其他专利使用权数量较多，使用许可费较高的	可处1万元以上5万元以下罚款
		严重	强制被许可人购买的其他专利使用权数量很多，使用许可费很高的	可处5万元以上10万元以下罚款
禁止专利实施被许可人对该专利的有效性提出异议的	《广东省专利条例》第三十九条第四项：（四）禁止专利实施被许可人对该专利的有效性提出异议	较轻	禁止提出有效性异议的专利权数量较少，使用许可费较低	可处1万元以下罚款
		较重	禁止提出有效性异议的专利权数量较多，使用许可费较高	可处1万元以上5万元以下罚款
		严重	禁止提出有效性异议的专利权数量很多，使用许可费很高	可处5万元以上10万元以下罚款

展会期间主办方不履行职责行为

违法行为	法律、法规、规章规定	违法程度	裁量情节	裁量标准
展会期间主办方不履行职责	《北京市展会知识产权保护办法》第十八条：主办方在展会举办期间应当履行下列职责：（一）接受知识产权侵权投诉，协调解决侵权纠纷；（二）提供知识产权保护法律和相关专业技术方面的宣传咨询服务；（三）在显著位置公示知识产权行政管理部门的受案范围和联系方式，并公布主办方或者投诉机构的服务事项、投诉地点和联系方式；（四）应知识产权权利人或者利害关系人的合理要求，出具相关事实证明；（五）主办方应当履行的其他职责。《北京市展会知识产权保护办法》第二十一条：主办方应当妥善保存展会期间的知识产权保护信息与资料，并在展会结束后报送市知识产权局	较轻	展会期间主办方不履行职责行为是初次发生，且没有对展会秩序造成影响的	责令改正
		较重	展会期间主办方不履行职责行为发生后，拒不改正的，并且在展会期间没有发生群体性侵权、反复性侵权或行政违法案件	可处1000元以上1万元以下罚款
		严重	展会期间主办方不履行职责行为，拒不改正的，并且在展会期间发生群体性侵权、反复性侵权或行政违法案件	可处1万元以上3万元以下罚款

续表

网络、电视等交易平台提供者不履行规定义务				
违法行为	法律、法规、规章规定	违法程度	裁量情节	裁量标准
网络、电视等交易平台提供者未履行规定义务的	《浙江省专利条例》第四十七条：违反本条例第三十三条、第三十四条规定，网络、电视等交易平台提供者未履行规定义务的，由专利行政部门责令改正，给予警告，可以并处5万元以上20万元以下的罚款。 《浙江省专利条例》第三十三条：网络、电视等交易平台提供者应当建立健全专利权保护和管理制度以及专利侵权、假冒专利的投诉处理机制，在经营者入网经营时明确其专利权保护责任；发现假冒专利或者专利侵权行为的，应当及时采取措施予以制止。 《浙江省专利条例》第三十四条：网络、电视等交易平台提供者接到投诉后，应当在3个工作日内告知被投诉人并要求其在指定期限内提交申辩材料，及时处理专利侵权投诉。被投诉人拒不提交申辩材料或者有证据证明是专利侵权、假冒专利的，网络、电视等交易平台提供者应当采取删除、屏蔽、断开链接、关闭网店等必要措施；未及时采取必要措施的，对损害的扩大部分与经营者承担连带责任	轻微	网络、电视等交易平台提供者接到三次以下正式投诉，未处理专利侵权投诉；或者发现三起以下假冒专利或者专利侵权行为的，未及时采取必要措施的；或者网络、电视等交易平台提供者三次以下未按要求将专利侵权、假冒专利的投诉处理情况报告专利行政部门	责令改正，给予警告，并对假冒专利或者专利侵权行为造成损害的扩大部分与经营者承担连带责任
		一般	网络、电视等交易平台提供者接到三次以上十次以下正式投诉，未处理专利侵权投诉；或者发现三起以上十起以下假冒专利或者专利侵权行为的，未及时采取必要措施的；或者网络、电视等交易平台提供者三次以上十次以下未按要求将专利侵权、假冒专利的投诉处理情况报告专利行政部门	责令改正，给予警告，并对假冒专利或者专利侵权行为造成损害的扩大部分与经营者承担连带责任，同时处5万元以上10万元以下罚款
		严重	网络、电视等交易平台提供者接到十次以上正式投诉，未处理专利侵权投诉；或者发现十起以上假冒专利或者专利侵权行为的，未及时采取必要措施的；或者网络、电视等交易平台提供者十次以上未按要求将专利侵权、假冒专利的投诉处理情况报告专利行政部门	责令改正，给予警告，并对假冒专利或者专利侵权行为造成损害的扩大部分与经营者承担连带责任，同时处10万元以上20万元以下罚款

续表

专利中介服务机构违法侵权				
违法行为	法律、法规、规章规定	违法程度	裁量情节	裁量标准
专利中介服务机构出具虚假报告、文件的	《浙江省专利条例》第四十八条：违反本条例第三十七条第二款规定，专利中介服务机构出具虚假报告、文件的，由所在地的专利行政部门给予警告、没收违法所得，可以并处违法所得1倍以上3倍以下的罚款；没有违法所得的，可以并处5万元以下的罚款。 《浙江省专利条例》第三十七条第二款：专利代理、信息咨询、检索、评估、运营等中介服务机构及其工作人员，应当依法开展中介服务，加强自律，不得出具虚假报告和以不正当手段招揽业务，不得与当事人串通牟取不正当利益，不得损害国家利益和公共利益，不得损害专利申请人、专利权人、利害关系人的合法权益	轻微	专利代理、信息咨询、检索、评估、运营等中介服务机构及其工作人员，出具虚假报告和以不正当手段招揽业务一次的，或者与当事人串通牟取不正当利益一次的	给予警告、没收违法所得，并处违法所得1倍的罚款；没有违法所得的，可以并处1万元以下的罚款
		一般	专利代理、信息咨询、检索、评估、运营等中介服务机构及其工作人员，出具虚假报告和以不正当手段招揽业务一次以上三次以下的，与当事人串通牟取不正当利益一次以上三次以下的	给予警告、没收违法所得，并处违法所得2倍的罚款；没有违法所得的，可以并处1万元以上3万元以下的罚款
		严重	专利代理、信息咨询、检索、评估、运营等中介服务机构及其工作人员，应当依法开展中介服务，加强自律，不得出具虚假报告和以不正当手段招揽业务三次以上的，不得与当事人串通牟取不正当利益三次以上的	给予警告、没收违法所得，并处违法所得3倍的罚款；没有违法所得的，可以并处3万元以上5万元以下的罚款
专利代理机构非法进行专利代理业务活动的	《专利代理条例》第二十五专利代理机构有下列行为之一的，由省、自治区、直辖市人民政府管理专利工作的部门责令限期改正，予以警告，可以处10万元以下的罚款；情节严重或者逾期未改正的，由国务院专利行政部门责令停止承接新的专利代理业务6个月至12个月，直至吊销专利代理机构执业许可证：（一）合伙人、股东或者法定代表人等事项发生变化未办理变更手续；（二）就同一专利申	一般	违反《专利代理条例》第二十五条中一种情形且为初犯的	警告

续表

违法行为	法律、法规、规章规定	违法程度	裁量情节	裁量标准
	请或者专利权的事务接受有利益冲突的其他当事人的委托；（三）指派专利代理师承办与其本人或者其近亲属有利益冲突的专利代理业务；（四）泄露委托人的发明创造内容，或者以自己的名义申请专利或请求宣告专利权无效；（五）疏于管理，造成严重后果	严重	违反《专利代理条例》第二十五条中两种以上情形或违反两次以上的	上报国家知识产权局处理
专利代理人侵害委托人利益的	《专利代理条例》第二十六条　专利代理师有下列行为之一的，由省、自治区、直辖市人民政府管理专利工作的部门责令限期改正，予以警告，可以处5万元以下的罚款；情节严重或者逾期未改正的，由国务院专利行政部门责令停止承办新的专利代理业务6个月至12个月，直至吊销专利代理师资格证：（一）未依照本条例规定进行备案；（二）自行接受委托办理专利代理业务；（三）同时在两个以上专利代理机构从事专利代理业务；（四）违反本条例规定对其审查、审理或者处理过的专利申请或专利案件进行代理；（五）泄露委托人的发明创造内容，或者以自己的名义申请专利或请求宣告专利权无效	一般	违反《专利代理条例》第二十六条中一种情形且为初犯的	通报所在专利代理机构处理
		严重	违反《专利代理条例》第二十六条中两种以上情形或违反两次以上的	警告或上报国家知识产权局处理

总体看来，知识产权行政处罚裁量基准的制定是具备可适用性的，这一点将在知识产权行政执法机构改革后愈发彰显。虽然不少执行标准存在纰漏，但我们并不打算事无巨细地讨论3万元比1万元更适合作为假冒专利"情节较重"的裁量标准，以及"较轻"或"较重"的情形应当如何细化。

现实方有千钧之力，待知识产权行政处罚裁量基准频繁适用后，行政主体与行政相对人之间的有效博弈，会提高裁量基准的理性化程度，并积极寻求各方利益的平衡点。我们关注的是，一旦裁量基准获得普遍适用，知识产权行政处罚将陷入形式化之网，存在处罚僵化之可能。先从一个简单的案例开始谈起。2015 年 6 月，8 名大学生到山东泰安旅游，酒后在旅馆以 1 元价码的赌资进行“炸金花”，由于过分吵闹引起隔壁房客不满并报警，民警赶到后收缴赌资 920 元，并将 8 名大学生带至派出所，当地公安机关决定对 8 名大学生行政拘留 15 日，罚款 3000 元。处罚依据有两层：一是《治安管理处罚法》第七十条之规定，“……参与赌博赌资较大……情节严重的，处十日以上十五日以下拘留，并处五百元以上三千元以下罚款。”二是《山东省公安机关行政裁量权基准》第五十六条规定，“‘参与赌博赌资较大的’是指人均参赌金额在 200 元以上或者当场赌资在 600 元以上。有下列情形之一的，构成情节严重：……参与赌博人数 8 人以上的……”这一案例引发不少学者对裁量基准的讨论，提出要为行政裁量权基准的有效实施建立保障机制。[1]这是治本之道，但我们希望谈谈治标之方，把问题落实于个案。如果认为前述案例处罚过重，有效的应对措施，应是准许执法人员在特定情况下不依照行政裁量权基准执行。有学者将之称为“裁量基准的逸脱条款”。[2]

由于各级机关制定的行政处罚裁量权基准文件不属于国家或地方立法，仅可视为地方行政机关的内部法规，故对裁量基准的逃逸，本身便属于一种行政裁量行为，由行政执法部门作出，便可发生效力。因此，讨论裁量基准逃逸的意义不在于可否逃逸裁量基准，而是如何逃逸裁量基准。以行政执法机关内部集体讨论的方式作出决议，在个案中逃逸裁量基准，是目前各地的现行做法。例如，《深圳市市场和质量监督管理委员会行政处罚裁量权适用规则》第二十条规定，“情节复杂的重大、疑难行政处罚案件及案情特殊可能需要在《实施标准》之外确定处罚档次的……以及法定监督机关依法予以监督的案件等其他需要集体讨论的案件，市场和质量监管委各级办案单位应当根据有关规定，依照权限集体讨论后作出决定。”又例如，《广州市工商局规范行政处罚裁量权实施办法（试行）》第十四条规定，“各级工商行政管理机关在实施行政处罚时，一般应当按照《若干经济违法行

---

[1] 黄学贤，杨红．行政裁量权基准有效实施的保障机制研究［J］．法学论坛，2015（6）．

[2] 熊樟林．裁量基准中的逸脱条款［J］．法商研究，2019（3）．

为罚款参照执行标准》执行。如办案部门作出低于或高于《若干经济违法行为罚款参照执行标准》的罚款处罚，必须在案件调查终结报告中专项说明，经分管局长批准后，报请局长决定或提交案件审批委员会讨论决定。”

我们承认，在方兴未艾之际，提倡对知识产权行政处罚裁量基准的逃逸，多少有些不合时宜。行政处罚裁量基准的适用，必然是一个规则习惯化的过程，即执行标准在反复适用的过程中，在执法人员的脑海里，转化为有效知识，指导执法活动的展开；如果在适用期间，“逃逸”成为常态，裁量基准的适用将产生困难，因为执法人员更习惯于提交变更执行的报告，而非依据裁量基准开展行政执法活动。因此，“以适用为原则，以逃逸为例外”应当是知识产权行政执法处罚裁量基准适用的前提。在此前提之下，我们对裁量基准逃逸的关注，源起于行政裁量权规范的功能理解。“约束裁量权”无疑是制定行政处罚裁量基准的原生动力，但是，约束“裁量权”的智识资源是什么？换言之，由谁以何种方式制定执法标准，可使之更贴合现实之需求，有效缓解裁量基准可能造成的僵化。我们认为，裁量基准不同于法律、法规的制定，它的有效性并非依靠抽象的规则意识、严密的逻辑体系，以及对宏观命题的充分考量；相反，裁量基准的有效性只源于经验知识，这种经验知识又来源于制定者对世情的理解，以及洞悉被处罚者对执行标准可能作出的反应、心理。无须赘言，这种经验知识的产生与积累只能来源于执法活动本身。这是我们看重裁量基准逃逸的原因。通过报请局长决定或委员会（通常为党委）讨论，裁量基准与现实之间的冲突将呈现至执法部门决策者的手中，而不仅停留在执法人员的口头抱怨；相同问题的频繁出现，会促使行政执法部门的决策者形成有效关注，促进裁量基准的修正。结合知识产权行政执法机构改革，“局队统一”后，执法力量已下移至基层，市级监管机关有能力、有条件对诸如裁量基准等规范问题进行调研，进而调整。这也表现了我们对知识产权行政处罚裁量权规范制定主体的意见：由省级主管部门直接作出，而执法主体在区（县）级层级差别过大，妨碍有效信息的传递；直接由区（县）执法部门制定裁量基准，难以约束执法机关自我扩权、自我保存的天然诉求；由地级市主管部门统一制定，是可欲的解决方案。

（三）行政强制的程序性控制

相较于行政处罚，行政强制要更为微妙。一方面，行政强制措施存在与行政处罚相似的强制措施（查封、冻结财产、扣押），两者区别在于，行政强制是“暂时性控制的行为”；另一方面，行政强制措施却是行政执法的程序，而非行政执法的结果，正如学者所言，“决定过程中的程序，是在有关裁量的传统理论中不曾意识到的领域。”[1]这意味着，对于行政处罚的控制措施并未因结果相似而自动作用于行政强制。目前，对行政强制的约束体现为两方面：首先，行政强制已明确赋予行政行为之性质，《行政强制法》第八条规定，“公民、法人或者其他组织对行政机关实施行政强制，享有陈述权、申辩权；有权依法申请行政复议或者提起行政诉讼；因行政机关违法实施行政强制受到损害的，有权依法要求赔偿。”其次，行政强制措施还存在程序性控制，例如《行政强制法》第十八条规定了审批、身份明示、通知到场、告知理由、制作笔录等程序性要求。

与行政处罚相似，部分执法机构试图制定行政强制裁量基准规范文件。如2014年四川省农业厅发布《四川省农业行政强制裁量标准》，我们试举其中三例。从表4－2中不难看出，“适用情形”“裁量标准”实际上是对法律法规的重复。行政强制裁量标准既未实现情节细化，也没有做到效果优化，尽管与行政处罚挂的是同一“羊头”，但内容和效果上相去甚远。

表4－2　四川省农业行政强制裁量标准

强制依据	适用情形	裁量标准
《农产品质量安全法》第三十九条：县级以上人民政府农业行政主管部门在农产品质量安全监督检查中，可以对生产、销售的农产品进行现场检查，调查了解农产品质量安全的有关情况，查阅、复制与农产品质量安全有关的记录和其他资料；对经检测不符合农产品质量安全标准的农产品，有权查封、扣押	农产品经检测不符合农产品质量安全标准，为制止违法行为、防止证据损毁、避免危害发生、控制危险扩大等情形	有权查封、扣押不符合农产品质量安全标准的农产品
《四川省蚕种管理条例》第三十六条：违反本条例第二十条的规定，允许无证的蚕种入库或者对无证单位发放蚕种的，封存或者销毁无证的蚕种，没收违法发放的蚕种和违法所得，并处相当于违法所得3至6倍的罚款	蚕种冷库允许无证的蚕种入库的	封存或者销毁无证的蚕种
《四川省植物检疫条例》第三十五条第二款：违反本条例规定调运应施检疫的植物、植物产品，植物检疫机构有权予以查封、没收、销毁或者责令改变用途。销毁所需费用由责任人承担	违法调运应施检疫的植物、植物产品，为制止违法行为、防止证据损毁、避免危害发生、控制危险扩大等情形	有权予以查封

[1] 盐野宏．行政法总论［M］．杨建顺，译．北京：北京大学出版社，2008：87．

我们认为，《四川省农业行政强制裁量标准》并非个例，如果裁量基准仅仅指出应考虑法律要件，而未对其进一步解释或规范，正如一位照本宣科的教师，对适用与理解内容并无明显的实际效果。因此，《海事行政许可裁量基准》《鄂州市市林业局行政征收自由裁量权执行标准》与《四川省农业行政强制裁量标准》呈现出同样的问题。为此，连大力支持裁量基准的学者也坦诚，“增加规则制定活动具有一定的好处，但是，不可能推而广之取消通过逐案裁决发展法律与政策的所有活动。”❶然而，我们也并非认为，对法律要件的细化是不可实现的，例如《专利法》第六十四条规定，“……检查与涉嫌违法行为有关的产品，对有证据证明是假冒专利的产品，可以查封或者扣押……”完全可以参照行政处罚裁量权的规范，以《专利法实施细则》第八十四条为基础，对每一个情形进行量化。行政强制裁量基准的障碍，不在于理论实现的难度，而是立法授权的障碍。《行政强制法》第十一条规定，“法律对行政强制措施的对象、条件、种类作了规定的，行政法规、地方性法规不得作出扩大规定。”反观《行政处罚法》第十条，“……法律对违法行为已经作出行政处罚规定，行政法规需要作出具体规定的，必须在法律规定的给予行政处罚的行为、种类和幅度的范围内规定。”对比两者，可以很直观地认识到，参照行政处罚裁量基准规范，制定行政强制裁量权规范是存在规范障碍的。

于是，对知识产权行政强制的关注便落脚于程序裁量方面。有学者指出，“所谓的程序裁量，即在法律法规没有特别规定的情况下，行政机关及其他承担行政任务的主体有权选择作出行政行为的程序种类与形式，自主确定行政过程的内容。”❷换言之，与裁量权基准相近似，程序裁量的核心便是行政执法部门自我施加“额外程序”，❸在《行政强制法》第十八条基础上，设置更高级或严苛的程序义务。有学者指出，这种程序义务的设置主要体现在三个方面：首先是程序的创制，即在法律、法规、规章均未制定特别程序的情形下，利用行政规则设立程序规则；其次是程序的细化，从执行时间、告知义务、笔录制作等角度进行程序的基准化；最后是程序的分割，把行政强制分割为不同的具体区段（如调查、决定、公示等），对不

---

❶ 肯尼斯·卡尔普·戴维斯．裁量正义［M］．毕洪海，译．北京：商务印书馆，2009：73.

❷ 郑春燕．服务理论下的程序裁量及其规制［J］．法学研究，2009（3）.

❸ MAGILL E. Agency Self－Regulation［J］．George Washington Law Review，2009（77）：861.

同区段的施行时间加以规定。❶需要强调，对行政强制程序裁量的讨论，并非停留在理论层面的概念命题，而是通行于国内外的执法事实。例如，美国联邦食品与药品管理局（FDA）就曾在美国联邦《行政程序法》（APA）未作程序设定的情况下，要求其制定“指导性规则（Guidance documents）”，增设履行通告与评论程序等；❷ 再例如，武汉市农业委员会制定的《农业行政强制自由裁量权细化标准》，便在《行政强制法》第十八条基础上，作出更为详细的程序规定。

回归知识产权行政强制，增加程序裁量的做法早已在实践中施行。2012年广州市知识产权局业已公布《广州市知识产权局规范专利行政执法自由裁量权规定》，其中第二章第二节的“行政强制”，便是对行政强制的程序量化。但是，该规定的“行政强制”部分，除第二十条规定补充“当事人配合查处，逃逸或转移假冒专利产品可能性较小的，可以对假冒专利产品进行查封；当事人不配合查处工作，可能转移假冒专利产品的，应当对假冒专利产品进行扣押”外，“行政强制”的其余内容，多数参照《行政强制法》之规定，甚少将之细化或补充。我们认为，具体原因或是过去知识产权行政执法效能不强，作为内设机构的执法稽查部门编制、人力有限，行政强制实施次数有限。正如前文所强调，知识产权行政机构改革后，行政执法效能的提升已然是一个确定事件，在此前提下，制定行政强制的程序裁量规则，或是控制行政强制权限的有效手段。

细化程序，无疑是知识产权行政强制应完善之方向。以《行政强制法》第十八条为基础，可细化行政强制的程序适用情境。❸然而，相比起特定程序的细化，我们更为关注行政强制的适用范围。知识产权客体具有无形性，只要是同一主体生产的，产品的流通范围即有可能成为行政执法部门查封、

---

❶ 熊樟林．非行政处罚类裁量基准制度的反思与重建［J］．法学评论，2019（6）．

❷ NOAH L. The FDA's new policy on guidelines：having your cake and eating it too［J］．Catholic University Law Review，1997（47）：113．

❸ 例如，可作以下规定：“1. 实施前向农业行政主管部门负责人报告并经批准，如现场需要采取强制措施，需电话进行请示，经批准后实施；2. 制作《查封扣押决定书》；3. 送达《查封扣押决定书》，并由当事人签收，当事人拒绝，依据民事诉讼法送达相关规定进行送达；4. 由2名以上执法人员实施，执法人员为执法机关工作人员并持有有效执法证件；5. 现场出示执法证件；6. 通知当事人到场，当事人不到场的，邀请见证人到场；7. 当场告知当事人采取行政强制措施理由、依据以及当事人依法享有的权利、救济途径；8. 根据现场情况制作现场笔录；9. 现场笔录由当事人和行政执法人员签名或者盖章，当事人拒绝的，在笔录中予以注明，当事人不到场的由见证人和行政执法人员在现场笔录上签名或者盖章。”

扣押的对象；由于行政强制措施的施行，不以侵权事实认定为前提，只要存在知识产权侵权之可能，当事人不配合查处或存在转移涉嫌专利的可能，即可查封或扣押。两者的有效结合，使知识产权行政强制，可能实现的强制性效果或许更甚于行政处罚。如果某一商家特定产品流通于各省，仅因存在知识产权侵权之虞（如商标侵权），由于拒绝向行政执法部门提供产品信息或商业账本，行政执法部门便认定其存在转移证据之风险，全面查封可能侵权之产品，关停各省门店或禁止商品流通，对于当事人而言，无疑是巨大的打击。毫无疑问，以上推测是建立在行政执法部门可能恣意使用行政强制的前提之下，包括特定竞争对手与行政执法部门串通，恶意打击竞争对手，本质上是对行政执法部门的不信任。考虑到行政强制受到约束之少、强制效果之强，我们认为，这种不信任并非源于单纯的恐惧。有效的预防手段，源于行政强制本身："局队合一"的执法体系，把行政强制之效力约束至区县一级，由单一行政执法部门实施省级规模的行政强制，既不具备相应的执法权限，资源配置也难以支持。

四、行政执法与刑事司法的协调衔接

前文提及，知识产权行政执法意图维护的公共利益，应属市场平稳运行之秩序，这与《刑法》分则第三章意图实现的规制目标不谋而合。具体到知识产权领域，则体现为《刑法》第二百一十三条至第二百二十条之规制，对比《商标法》第六十条至第六十二条、《专利法》第六十条至第六十四条、《著作权法》第四十八条之内容，不难发现其重合之处：假冒商标、假冒专利、复制作品、出版图书、发行录音录像、假冒美术作品以及相关销售行为。两者背后的判定机理，正如前文所述：知识产权侵权判定仅在知识产权客体相同时特别有效，同时，这也是假冒利润最高、危害最大之情形，应加强规制。然而，对相同行为的规制，意味着行政执法与刑事司法的"交叉""交错"，两法衔接的问题由此产生。

（一）行政执法与刑事司法之区别

行政执法与刑事司法的基本区别在于规制后果。与行政执法相比，刑事司法是一套富有历史的社会治理系统。仅"犯罪"本身，便富有宗教、伦理和道德含义。"罪"首先作为观念存在，"罪"是世俗的，是公权力予以严厉处罚之因；"罪"也是宗教的，是触犯禁忌的结果，以及履行宗教义务之因，据《新约·罗马书》记载，"因为世人都犯了罪，亏缺了神的荣耀”。以“罪”为前提，“世俗”和“宗教”发展出两套不同的义务体系，它们或有重叠、融合与冲突，冲突的部分构成人与神、实证法与自然法的争议，也是诸多法理学家对古希腊悲剧《安提戈涅》乐于进行的讨论。[1]我国古代黥刑[2]便是这种观念力量的现实体现，昭示罪行（无论具体犯罪类型）可在“犯罪者”与“良民”之间锻造出无形的墙，对“犯罪者”融入正常社会造成障碍，因为个体很容易意识到，有罪者是破坏现有安定生活的风险因素，对风险规避的意识为个体创造有意疏远的行为动机。虽然在我国法制史上，清末光绪三十二年修订的《大清律例》已将黥刑废止，但随着现代社会中个人档案的建立，刑事案底制度的建立，依然发挥着“罪”的观念力量，对犯罪者在社会中实现个人进步造成障碍。

相较于“犯罪”，行政处罚的含义要相对单调。行政处罚是行政机关实施行政管理附随的强制性力量，[3]它并未蕴含着某种道德观念，也甚少引起除直接后果外的广泛社会影响。而在直接后果方面，刑事司法的严厉程度无疑甚于行政执法：依据《刑法》第二百一十三条至第二百二十条，知识产权犯罪最高刑事处罚为“处三年以上七年以下”；反观《行政处罚法》，其处罚结果主要有警告、罚款、没收、责令停产停业、暂扣或者吊销许可证、行政拘留。

规制后果的不同，直接造成行政执法与刑事司法存在层级差别。针对同一种知识产权侵权行为处以行政处罚，抑或启动刑事司法程序，对当事人造成影响有云泥之别，后者无疑是更为严厉的规制手段。过去，刑法学界强调，区分“行政不法”与“犯罪”的依据，是侵害的法益以及立法目的的不同。[4]然而，由于刑事司法与行政执法对于知识产权侵权行为的规制极为相似，如果针对同一行为，行政执法与刑事司法均按照同一概念体系获得理解，仅要求在立法目的上作出区分，那么，某一主体受到刑罚而非

---

[1] 古希腊悲剧《安提戈涅》被法理学家喜闻乐道的部分源于安提戈涅对抗克瑞翁的一段台词，“我并不认为你的命令是如此强大，以至于你，一个凡人，竟敢僭越诸神不成文，且永恒不衰的法，不是今天，也非昨天，它们永远存在，没有人知道它们在时间上的起源。” See：WEIUREB L L. Nature Law and Justice［M］. Cambridge：Harvard University Press，1987：273。有关讨论可参见：博登海默．法理学［M］．邓正来，等，译．北京：华夏出版社，1987：2－3.

[2] 在犯罪人的脸上刺字，涂上墨碳，表示曾犯罪。

[3] 例如我国《行政处罚法》第三条规定，“公民、法人或者其他组织违反行政管理秩序的行为，应当给予行政处罚的……”

[4] 曹恒民．行政诉讼中证明标准的重构［J］．法学杂志，2012（8）.

行政处罚的合理解释，与其说是侵害法益的不同，还不如说是个体的不幸。因此，更具说服力的理解是，行政不法与犯罪存在相互“包容”之关系，[1]行为人构成特定行政不法行为是其构成犯罪的必经阶段和必要步骤。此时，一种持续而隐秘的动机贯穿于（知识产权领域）行政执法与刑事司法讨论的始末：试图区分知识产权行政执法与刑事司法的适用范围，以确定适用之层级。

例如，《刑法》第二百一十七条规定，侵犯著作权罪的情形之一为“未经著作权人许可，复制发行……”其中，对“复制发行”如何理解曾在学界引起广泛讨论，[2]不少学者提出《刑法》规定的“复制发行”不应沿用《著作权法》的相关规定，[3]《刑法》第二百一十七条规定的“发行”应指“批发”，与《刑法》第二百一十七条规定的“销售”（直接向个人销售）相区分。[4]这种对“复制发行”术语解读的刻意割裂，可以从试图区分行政执法与刑事司法的努力中获得理解；否则，它更像是对《著作权法》的误读，以及区分部门法造成的理解隔阂。为理论争议画上句号的，是法律解释文件的出台。2011 年“最高人民法院和最高人民检察院”出台《关于办理知识产权刑事案件适用法律若干问题的意见》第十二条规定，“‘发行’，包括总发行、批发、零售、通过信息网络传播以及出租、展销等活动。”

结合“最高人民法院和最高人民检察院”于 2004 年发布的《关于办理侵犯知识产权刑事案件具体应用法律若干问题的解释》、2007 年发布的《关于办理侵犯知识产权刑事案件具体应用法律若干问题的解释（二）》，知识产权刑事司法已初步建立起独立的规范体系。这一规范体系，受到国际层面的认可。TRIPS 第六十一条就规定：“各成员应规定至少将适用于具有商业规模的蓄意假冒商标或盗版案件的刑事程序和处罚……”[5]由该条可以看

---

[1] 张明楷．避免将行政违法认定为刑事犯罪：理念、方法与路径［J］．中国法学，2017（4）．

[2] 张绍谦．试论行政犯中行政法规与刑事法规的关系——从著作权犯罪的“复制发行”说起［J］．政治与法律，2011（8）．

[3] 左杰．从一起案例谈如何认定侵犯著作权罪中的“发行行为”——兼论我国侵犯著作权法律法规的完善［J］．金卡工程：经济与法，2010（10）．

[4] 于志刚，陈强．关于网络游戏中“外挂”行为的刑法思考［J］．山东警察学院学报，2009（1）．

[5] 中国人民大学知识产权教学与研究中心，中国人民大学知识产权学院．知识产权国际条约集成［M］．北京：清华大学出版社，2011：389．

出，“蓄意”是承担刑事的主观要件，“具有商业规模”是承担刑事责任的客观要件，其范围仅涉及商标和著作权。在对“商业规模”的界定中，罪与非罪的临界点构成了知识产权刑事责任的门槛。2001 年我国加入世界贸易组织（WTO），随之 TRIPS 对我国产生约束力。我国 1997 年《刑法》第二百一十七条规定了侵犯著作权犯罪的“刑事门槛”，即“以营利为目的，违法所得数额较大或者有其他严重情节的，处三年以下有期徒刑或者拘役，并处或者单处罚金”。由于该条对“刑事门槛”标准规定的模糊性，2004 年 11 月最高人民法院和最高人民检察院发布《关于办理侵犯知识产权刑事案件具体应用法律若干问题的解释》，对“刑事门槛”标准进行量化：所谓“违法所得数额较大”，系指违法所得数额在 3 万元以上；所谓“有其他严重情节”，系指非法经营数额在 5 万元以上，或者复制品数量合计在 1000 份以上。2007 年 4 月，最高人民法院和最高人民检察院联合发布《关于办理侵犯知识产权刑事案件具体应用法律若干问题的解释（二）》，进一步降低惩治盗版的“刑事门槛”：复制品数量合计在 500 份以上的，属于《刑法》第二百一十七条规定的“有其他严重情节”。

2007 年 4 月，美国就中国知识产权刑事保护机制问题提交 WTO 争端解决机构。针对中国规定的打击盗版“刑事门槛”美国提出两项指控：第一，中国惩治盗版的“刑事门槛”过高，不符合 TRIPS 第六十一条规定的应予刑罚惩治的“商业规模”，因而没有达到 TRIPS 规定的最低保护水平。第二，中国的“刑事门槛”指向有问题。2004 年 12 月的《关于办理侵犯知识产权刑事案件具体应用法律若干问题的解释》第十二条对如何计算“非法经营数额”进行了规定，对已销售的侵权产品的价值按照“实际销售的价格”或者“标价或者已经查清的侵权产品的实际销售平均价格计算”。美国认为，以侵权产品的价格，而不是以被侵权的相应合法产品的零售价格来确定“非法经营数额”就会出现侵权产品的实际销售价格或标价越低，侵权者就能销售或提供更多盗版产品，这样即使到达 TRIPS 规定的“商业规模”的盗版，却因不能达到《刑法》中根据“非法经营数额”定义的“刑事门槛”而免予刑事处罚。[1] 2009 年 1 月 26 日，WIPO 公布了该案的专家组报告。专家组认为“商业规模”应强调“量”“程度”等体现规模大小的

[1] 贺小勇．论 TRIPs 协定第 61 条“商业规模”的解释问题——评析中美知识产权贸易争端［J］．国际贸易，2008（7）：60.

因素，同时“商业规模”应具有商业性和规模性这两个基本特性，“商业性”要求该侵权行为是一种经营活动，且具有长期性和营业性的特点，“规模性”要求侵权行为必须达到一定的量，具体多大的量应由各国国内法规定。❶专家组对“商业规模”的解释给各国留有了较大的政策空间，此次争议以中国胜诉而告终。

因此，依据现有司法解释，知识产权刑事司法获得一个更窄于行政执法的适用范围（如图4－1所示），仅符合知识产权犯罪构成要件的侵权行为，方落入刑事司法的规制范围。有学者将之称为“行政不法事实与犯罪事实层次性理论”，❷该理论意图表明，对于形式上相同或相似的不法行为，依据其危害社会程度的区分，存在两种相互独立的“法律事实”：一是“行政不法事实”，二是“犯罪事实”。行政不法事实并不能直接、自动转化为“犯罪事实”，两者在证明对象、调查取证方式、事实认定标准方面均存在实质性差别。首先，在证明对象方面，依据《关于办理侵犯知识产权刑事案件具体应用法律若干问题的解释》，假冒商标的“非法经营数额在五万元以上或者违法所得数额在三万元以上的”或者“假冒两种以上注册商标，非法经营数额在三万元以上或者违法所得数额在二万元以上的”，方构成《刑法》第二百一十三条规定的“假冒商标罪”；而依据《商标法》第六十条之规定，只要认定侵权行为成立，即可处以行政处罚。其次，在调查取证方面，行政调查是行政人员对相对人的某一行为所进行的简便快速的调查活动，与刑事侦查活动相比，行政调查既不需要经过较为严格的内部审批或者上级审批，更不存在由检察机关主持的司法审查，而可以直接由行政人员自行进行调查取证；❸其次，规制后果的不同，使得法律对非法取证行为采取了不同处理态度，行政诉讼中的非法证据排除规则在适用上受到较为严格的限制，需要达到“严重侵害他人合法权益”，方排除适用；❹而刑事侦查中，侦查人员没有依法录音录像、没有在法定场所进行讯问等非

❶ 蒋琼．论国际条约视阈下知识产权刑事保护理念的嬗变及中国的应对［J］．知识产权，2015（6）．

❷ 陈瑞华．行政不法事实与犯罪事实的层次性理论——兼论行政不法行为向犯罪转化的事实认定问题［J］．中外法学，2019（1）．

❸ 汤俪瑾．论行政调查正当程序中的令状主义原则［J］．政法论坛，2012（1）．

❹ 王鲲．行政诉讼中非法证据排除规则的适用——兼谈新行政诉讼法第四十三条第三款之补阙［J］．山东审判，2015（4）．

法取证行为，法院都会无条件地适用排除规则。[1]最后，在证明标准方面，行政不法事实的认定与民事诉讼的证明标准相似，以“高度的盖然性或可能性”或“清晰和令人信服的证明”作为证明标准，[2]而犯罪事实的认定需要达到“排除合理怀疑”的程度。

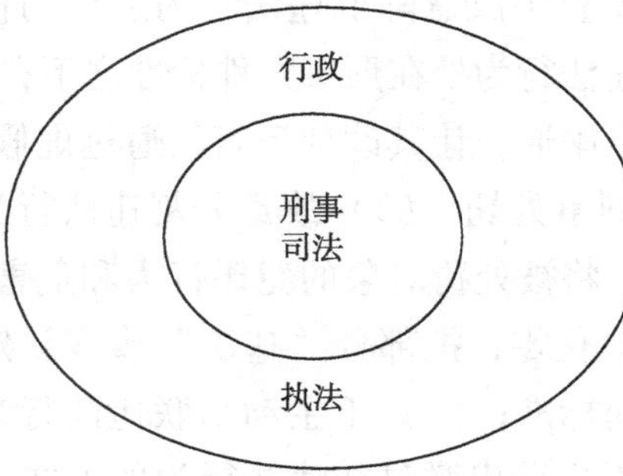

图4-1　行政不法事实与犯罪事实层次性理论

（二）我国知识产权行政执法与刑事司法的衔接

行政不法事实与犯罪事实层次性理论强调了一个基本事实：行政不法事实不能直接、自动转化为犯罪事实。这意味着知识产权行政执法与刑事司法的衔接至少存在以下两点障碍：以罚代刑的可能，以及行政执法移交刑事司法时的证据转化问题。

1. 以罚代刑的困境与纾解

行政执法和刑事司法规制后果的不同，使得行政执法移交刑事司法的过程存在较大的寻租空间。[3]受处罚者躲避刑事责任的主观诉求，以及执法人员对事实予以认定权限，是“以罚代刑”现象产生的直接动因。为抑制受处罚者与执法人员的“台底交易”，我国《刑法》第四百零二条规定了“徇私舞弊不移交刑事案件罪”。[4]从现有案例来看，“行刑衔接机制不完善”

---

[1] 陈瑞华. 刑事证据法的理论问题［M］. 北京：法律出版社，2015：103-123.

[2] 曹恒民. 行政诉讼中证明标准的重构［J］. 法学杂志，2012（8）.

[3] “政策层面高、法治层级较低，制度刚性不足、权威性还不够，尤其是可供具体操作和执行的法治层面的依据难寻踪迹，衔接机制的建立和运行事实上处于无序的状态，进而导致已有的衔接机制大多停留在文件上、纸面上，空转无效、运行乏力，实际成效大打折扣。”参见：四川省人民检察院“两法”衔接课题组. 促进行政执法与刑事司法有效衔接须由全国人大常委会立法解决［J］. 中国检察官，2011（21）.

[4] 如（2014）曲中刑终字第76号案例，云南曲靖某县工商所巡视组组长魏某在处理三起假冒注册商标标识犯罪中受贿8万元后，以罚代刑，未移送追究刑事责任。

并非造成徇私舞弊不移交刑事案件罪的主要动因，问题的产生更多源于内部监督的缺位或失效。有学者分析了我国2012—2014年共计214件触犯"徇私舞弊不移交刑事案件罪"的犯罪案件，另选取50件公开判决书进行分析，发现舞弊行为方式多为以下四种：（1）制作虚假的损害后果证据材料。执法人员在现场调查中故意降低违法行为造成的损失后果，制作虚假的危害后果证据，使违法行为处在刑事案件标准之下；（2）伪造言词证据。执法人员与被处罚对象串通，让其改变证言，通过虚假陈述虚构案件事实，制作虚假笔录，逃避刑事处罚；（3）故意分割违法行为及后果。执法人员利用事实认定之权力，将被处罚对象的犯罪行为和危害后果进行人为分割，把犯罪由大化小、由整化零，把部分"违法"事实认定为合法行为，使某个案件达不到刑事处罚标准；（4）不主动串联违法行为。执法人员故意隐藏部分的违法事实，不主动串联过往违法行为的方式，使以违法次数作为犯罪准入标准的行为达不到入罪标准。❶

以上几种行为均属于利用行政调查之职权，歪曲行政不法事实，使之低于刑事司法之门槛。由于《行政处罚法》要求行政处罚需由两名以上执法人员共同作出，如需歪曲事实并构成"徇私舞弊不移交刑事案件罪"，除个体的恣意妄为外，无疑也是行政执法部门内部监管失效的结果。这一点从原案暴露成因中不难发现：大量"徇私舞弊不移交刑事案件罪"的犯罪案件是经由刑事案件管辖机关、上级机关、同级别其他机关重新调查时查获。而内部监管失效之原因，则多源于行政级别提供的职务便利、地位优势，大量"徇私舞弊不移交刑事案件罪"的犯罪人员均为基层部门负责人，如正副所长或正副科长等，直接负责调查行政违法行为，并且对处理意见有主导决定权。❷这是有趣之处，如前所述，行政执法的层级架构不同于司法保护的对抗式诉讼，执法部门内部的上下级关系是指令性的，内部人员关系的不平等导致的结果之一，便是弱化下级对上级的监管；但同时，如果基于内部监管考虑，建立下级与上级之间的对抗关系，将会削弱行政秩序的效能，其结果是不可欲的。因此，《最高人民法院、最高人民检察院关于办理渎职刑事案件适用法律若干问题的解释（一）》第五条明确规定，"以'集体研究'形式实施的渎职犯罪，应当依照刑法分则第九章的规定追

❶❷ 彭艳霞，王爱平．行政处罚中渎职犯罪的解析与规制——以徇私舞弊不移交刑事案件的实证研究为视角［J］．北京社会科学，2015（11）．

究国家机关负有责任的人员的刑事责任。对于具体执行人员，应当在综合认定其行为性质、是否提出反对意见、危害结果大小等情节的基础上决定是否追究刑事责任和应当判处的刑罚。”换言之，“被命令”成为具体执行人员的减轻或免除刑罚之事由，尽管可预见这一规定会降低多名执法人员之间的相互制约，但它仍尊重行政秩序的指令性关系。

如果说有效抑制“以罚代刑”的合理化途径是增强行政执法的内部监督，那么，其难度在于，内部监督的增强如何在不打破行政执法固有的指令性关系的前提下进行。我们认为，解决的出路在于行政责任制度的完善。责任的产生与身份地位紧密相连，它是由社会客观环境与个体主观认知共同塑造，体现了社会体系中横向分工位置（群体）和纵向分工位置（等级）的共同作用。[1]帕森斯认为在社会结构中，“责任是一种政治和社会资源，它关联着其他社会行动资源的可得性和可控制性，塑造着社会行动的情境边界及其范围，影响着行动的强度和展开方式。”[2]帕森斯对责任的解读，展现一种更为立体的责任观。过去，我们很容易认为，行政执法活动的“责任”意味着对执法人员不法活动的控制及其不利后果的承担，故通常将之称为“追责制”。我国古代西周时期《尚书·吕刑》便有记载“五过之疵”，即“惟官、惟反、惟内、惟货、惟来，其罪惟均”，意思是说，法官审判案件，如因依仗权势、私报恩怨、暗中牵制、敲诈勒索、贪赃枉法，以致影响案件正确处理的，要处以与所断罪相同的刑罚。割裂责任与权力的关系，造成的结果是制度运行的低效，这一现象首先在司法领域被集中讨论，“审者不判、判者不审、判审分离”的“怪象”被频频提出。[3]在执法人员没有获得相应审判自主权的前提下，单凭行政意志或者政策而迫使其承担刑事责任，不仅有违法律运行规律，还会导致执法人员在行政执法过程中产生“隐形抵抗”。为此，2019年2月发布的《市场监管总局关于贯彻落实〈关于深化市场监管综合行政执法改革的指导意见〉的通知》（国市监稽〔2019〕47号）强调要“建立健全责任追究和尽职免责制度”“为想干事、

[1] 彼特·布劳．不平等和异质性［M］．王春光，等，译．北京：中国社会科学出版社，1991：62．

[2] 塔尔科特·帕森斯．社会行动的结构［M］．张明德，等，译．南京：译林出版社，2003：42．

[3] 王会清．从错案责任制到司法责任制——理念与机制上的嬗变考［J］．湘潭大学学报（哲学社会科学版），2019（2）．

敢干事、干成事创造条件”。

此外，2004年最高人民法院行政审判庭发布“枣庄某橡胶公司诉枣庄市国家税务局税务行政处罚案”作为指导案例，明确“行政机关在发现处罚对象违法行为涉嫌犯罪并移送司法机关追究刑事责任后，不能再针对同一违法行为作出罚款的行政处罚”❶。该案适用后，明确了刑事处罚在程序上和实体上优于行政处罚的原则。❷有学者认为，“刑事优先原则”的确立导致行政执法机关的考核利益与经济利益受到拖累，“行政执法部门因自身利益，常常将大量应移送的案件只作为一般的行政违法案件予以行政处罚结案，以罚款代替刑事制裁，使多数涉嫌犯罪案件在行政执法程序中消解。”❸我们并不否认该现象存在之可能性，但从避免该现象发生的意图来看，有效避免机关触犯“徇私舞弊不移交刑事案件罪”的方法，并非拒绝适用“刑事优先原则”，而是改变行政执法的考核指标，将移交刑事司法案件一并视为结案处理。

2. 完善行刑衔接的证据规则

2011年最高人民法院、最高人民检察院、公安部、司法部联合出台的《关于办理侵犯知识产权刑事案件适用法律若干问题的意见》，其第二条规定，“行政执法部门依法收集、调取、制作的物证、书证、视听资料、检验报告、鉴定结论、勘验笔录、现场笔录，经公安机关、人民检察院审查，人民法院庭审质证确认，可以作为刑事证据使用。”这开启了我国行刑衔接证据完善的先河。在此之前，行刑衔接仍停留在程序规范层面，❹在《关于办理侵犯知识产权刑事案件适用法律若干问题的意见》后，2012年《刑事诉讼法》修改，其新增第五十二条第二款规定，“行政机关在行政执法和查办案件过程中收集的物证、书证、视听资料、电子数据等证据材料，在刑

❶ 中华人民共和国最高人民法院行政审判庭．中国行政审判指导案例［M］．北京：中国法制出版社，2010：69－74．

❷ 该判决理由具体包括两个方面的内容：其一，在实体上，有关人身权和财产权的刑事处罚优于行政处罚，相关的行政处罚必须和刑事处罚进行折抵；其二，在程序上，有关人身权和财产权处罚的刑事程序优于行政程序。

❸ 王敏远．行政执法与刑事司法实证问题研究［J］．国家检察官学院学报，2009（2）．

❹ 例如，2001年4月国务院《关于整顿和规范市场经济秩序的决定》，2001年7月国务院《行政执法机关移送涉嫌犯罪案件的规定》，2001年最高人民检察院制定的《人民检察院办理行政执法机关移送涉嫌犯罪案件的规定》，2004年《关于加强行政执法机关与公安机关、人民检察院工作联系的意见》，2006年《关于在行政执法中及时移送涉嫌犯罪案件的意见》，2011年中共中央办公厅、国务院办公厅转发的《关于加强行政执法与刑事司法衔接工作的意见》。

事诉讼中可以作为证据使用。”

试图说明行刑衔接证据移交的正当性并不困难：侦查机关对同一案件作出刑事立案决定后，如果对行政执法部门在执法过程中搜集的实物证据弃之不用，无疑是一种浪费。然而，回到前文提及的行政不法事实与犯罪事实层级理论，两者在证明对象、调查取证、证明标准三个方面均存在实质性区别，如果把行政执法收集证据直接转化为刑事案件证据，是否会造成刑事司法的适用障碍，这在我国曾引起广泛讨论。[1]基本达成一致的认识是：实物证据稳定性较强，无论适用行政处罚程序还是刑事侦查程序，其外观、形态、数量、内容都不会发生实质性变化，并且两种程序对实物证据的提取程序基本一致（两名法定人员进行、调取原物、制作调查笔录、见证人签字），[2] 对实物证据没有必要再重新进行调查取证，也没有必要进行“证据转换”活动。[3]至于实物证据的范围，基本囊括了物证、书证、视听材料等，即《刑事诉讼法》第五十二条第二款明确列举的证据类型。考虑到《关于办理侵犯知识产权刑事案件适用法律若干问题的意见》第二条还列举“检验报告、鉴定结论、勘验笔录、现场笔录”等证据类型，需要进一步探讨行刑衔接的证据转化问题。

如果对行刑衔接的理解仅停留于文本，我们很容易认为，行刑衔接的证据规则问题，试图规范行政执法部门向刑事侦查机关移交证据的行为。但是，从实务的角度出发，一件知识产权侵权纠纷，如因达到刑事犯罪门槛而移交至刑事侦查部门，必定是整份案卷移交，将行政执法阶段的全部证据一并转移至刑事侦查部门。因此，行刑衔接证据规则重点关注的并非行政执法证据如何或何时移交，而是移交后的证据效力认定。

目前，我国刑诉学界对行刑衔接证据认定规则有相对统一的理解：可转化之证据应为实物证据而非言词证据。拒绝“言词证据”的原因大多数为，言词证据主观性较强且不具有稳定性；针对同一主体，由于调查程序、

---

[1] 黄世斌．行政执法与刑事司法衔接中的证据转化问题初探——基于修正后的《刑事诉讼法》第52条第2款的思考［J］．中国刑事法杂志，2012（5）：92－97；宋维彬．行政证据与刑事证据衔接机制研究——以新《刑事诉讼法》第52条第2款为分析重点［J］．法律适用，2014（9）．

[2] 陈瑞华．行政不法事实与犯罪事实的层次性理论——兼论行政不法行为向犯罪转化的事实认定问题［J］．中外法学，2019（1）．

[3] 张晗．行政执法与刑事司法衔接之证据转化制度研究——以《刑事诉讼法》第52条第2款为切入点［J］．法学杂志，2015（4）．

取证主体的不同，证人、被害人、侵权行为人（涉嫌犯罪行为人）心理预期会发生变化，取证主体与被询问人之间的博弈关系也随之改变，故很可能造成证据内容出现差别。❶由此，《关于办理侵犯知识产权刑事案件适用法律若干问题的意见》第二条同时也规定："行政执法部门制作的证人证言、当事人陈述等调查笔录，公安机关认为有必要作为刑事证据使用的，应当依法重新收集、制作。"然而，对于"言词证据"的范围，不少学者支持限缩性解释，即不接受除《刑事诉讼法》第五十二条第二款明文列举（物证、书证、视听资料、电子数据）外的证据类型，"检验报告、鉴定结论、勘验笔录、现场笔录"均被视为不应转化的言词证据。❷换言之，《刑事诉讼法》第五十二条第二款的"等"字属于煞尾使用，不应超过明确列举的四种证据类型。❸

我们认为，如果片面依据证据的稳定性与否，过分限缩行刑衔接的可转化证据类型，排斥"检验报告、鉴定结论、勘验笔录、现场笔录"等证据的适用，实有越俎代庖的嫌疑。证据是否稳定、可靠，最终影响的是事实认定之结果，如果刑事侦查人员严格遵循"排除合理怀疑"的标准进行证据认定，行政执法活动产生的言词证据，完全可由侦查人员判断是否采纳，以及是否需要重新制作言词证据。行刑衔接的证据规则需要解决的问题是，如果刑事侦查人员采纳行政执法阶段的言词证据，那么，该证据的采纳是否合法、是否可作为定罪量刑的直接依据？依据《关于办理侵犯知识产权刑事案件适用法律若干问题的意见》第二条之规定，似乎很难对知识产权行政执法采集的"检验报告、鉴定结论、勘验笔录、现场笔录"予以否定性评价；只是证据最终能否予以采用应当"经公安机关、人民检察院审查，人民法院庭审质证确认"。而依据2012年最高人民检察院修订的《人民检察院刑事诉讼规则（试行）》（高检发释字〔2012〕2号）第六十四条之规定，"行政机关在行政执法和查办案件过程中收集的鉴定意见、勘验、检查笔录，经人民检察院审查符合法定要求的，可以作为证据使用。"另外，公安部2012年修订的《公安机关办理刑事案件程序规定》第六十条

❶ 宋维彬．行政证据与刑事证据衔接机制研究——以新《刑事诉讼法》第52条第2款为分析重点［J］．法律适用，2014（9）．

❷ 张晗．行政执法与刑事司法衔接之证据转化制度研究——以《刑事诉讼法》第52条第2款为切入点［J］．法学杂志，2015（4）．

❸ 郎胜．中华人民共和国刑事诉讼法修改与适用［M］．北京：新华出版社，2012：120．

规定："公安机关接受或者依法调取的行政机关在行政执法和查办案件过程中收集的物证、书证、视听资料、电子数据、检验报告、鉴定意见、勘验笔录、检查笔录等证据材料，可以作为证据使用。"

对于公安部、最高人民检察院对"检验报告、鉴定结论、勘验笔录、现场笔录"等证据转化效力之认定，有学者认为，这是司法解释权限的越位，最高人民检察院无权扩大《刑事诉讼法》条文的内涵。[1]对此，依据《全国人民代表大会常务委员会关于加强法律解释工作的决议》，全国人大常委会的解释权限在于"法律、法令条文本身需要进一步明确界限或作补充规定的"；最高人民检察院的解释权限则集中于"检察工作中具体应用法律、法令的问题"。此时，理解司法解释权限的关键之处在于，如何解读《刑事诉讼法》第五十二条第二款的"等"字：如果"等"是立法机关的煞尾使用，行刑衔接的证据转化类型已明确限定，如需扩大解释，也应由全国人大常委会作出；如果"等"是立法机关有意留下的链接口，留待业务部门依据实际需要，对行刑衔接的证据转化类型进行解释，那么，最高人民检察院的解释文件便无僭越一说。如果仅仅因为最高人民检察院已修订相关解释，便说明立法机关采取第二种理解，是一种不具有说服力的循环论证；但如果仅仅贪图理解的清晰、便利，认为立法机关采取第一种理解，同样也是一种不负责任的行为，因为"立法机关意图"往往会随着立法机关人员构成的改变而改变。我们承认在缺乏权威材料的前提下，探明真意的努力会流于对辞藻的摆弄，我们认为最高人民检察院的解释并无越权之虞的理由是形而下的，因为立案、侦查、起诉均由检察院、公安机关承担，如何考虑证据选取的问题在业务开展范围之内，一线部门应有权在立法框架内自主安排。

我们不遗余力地论证"检验报告、鉴定结论、勘验笔录、现场笔录"在行刑衔接证据转化中的可适用性，是因为"检验报告、鉴定结论、勘验笔录、现场笔录"对知识产权"行政不法事实"或"犯罪事实"认定具有重要作用。在第二章，我们曾提及，"常识"之所以构成知识产权行政执法的理性基础，是因为专业知识对敲定知识产权权利边界具有重要作用，行政执法活动的有效性是建立在执法人员的知识结构与判断侵权的知识需要

---

[1] 韩旭．限制权利抑或扩张权力——对新《刑事诉讼法》"两高"司法解释若干规定之质疑［J］．法学论坛，2014（1）．

相匹配的情况上的。这种匹配发生效力，需满足两种前提之一：（1）明确的侵权认定标准。例如《关于办理侵犯知识产权刑事案件适用法律若干问题的意见》第六条规定，认定“与其注册商标相同的商标”的情形包括：改变注册商标的字体、字母大小写或者文字横竖排列，与注册商标之间仅有细微差别的；改变注册商标的文字、字母、数字等之间的间距，不影响体现注册商标显著特征的；改变注册商标颜色的；其他与注册商标在视觉上基本无差别、足以对公众产生误导的商标。依此标准，刑事审查活动方可有序进行。（2）内心确信的外部证明，即鉴定。第二章曾提及，知识产权侵权认定仅在完全相同的情况下特别有效，但即便侵权产品与权利人产品完全相同，亦难以通过想当然的方式得证，要求从行政执法、刑事侦查、检察院起诉、法院审判各个阶段均逐一对比侵权产品与权利人产品，重复投入过多，最有效率的办法是在调查阶段初期，对侵权产品与权利人产品进行鉴定。因此，鉴定结论通常是在知识产权行刑衔接过程中较为关键的证据。

有学者认为，行政执法部门作出的鉴定意见仅可作为行政不法事实成立的证据材料，不能被采纳为刑事证据使用，原因主要是：其一，《刑事诉讼法》对鉴定机构和鉴定人有明确的鉴定资格要求，行政执法活动通常委托行政主管部门下设的科研机构进行；其二，行政执法部门行政鉴定意见与刑事司法的证明目的有实质性差异，因为后者以“特定犯罪构成要件”为标准；其三，行政执法部门作出的鉴定意见与刑事司法刑事要件上存在差异。[1]我们并不认为以上观点是无的放矢，反对使用行政执法部门作出的鉴定意见的第一点理由，应该得到重视。如果行政执法部门选取的鉴定机构不具备相应的司法鉴定资质，那么，其产生的鉴定结论的确不能采纳为刑事证据使用；反之，如果行政执法部门选取的鉴定机构符合相关司法鉴定资质，问题仍有讨论的空间。第三点反对意见，事实上与第一点同源，如果鉴定机构具备司法鉴定资质，那么，由其作出的鉴定意见书，必然具备合乎法律的形式要件。针对第二点，我们认为应对鉴定结论不同部分区分对待：对于侵权产品的结构剖析、相似对比的事实调查部分，应可直接转化为刑事证据，或由司法鉴定报告直接采纳；对于侵权行为的认为，刑

[1] 陈瑞华．行政不法事实与犯罪事实的层次性理论——兼论行政不法行为向犯罪转化的事实认定问题［J］．中外法学，2019（1）．

事侦查部门应酌情认定或重新作出，因为行政执法活动对知识产权侵权行为的认定，是依据知识产权法的具体规定作出的，而刑事司法则依据刑法及有关司法解释作出。

五、知识产权行政执法的域外经验

（一）TRIPS

TRIPS 是 WTO 成立时所签订的一揽子协议中的重要组成部分，各国专门就知识产权保护问题达成一致，形成协议并纳入 WTO 法律体系。与WIPO管理的国际条约不同，TRIPS 协议凭借 WTO 框架下强有力的争端解决机制，将知识产权的国际保护提升到了前所未有的高度。同时 TRIPS 也吸纳了WIPO体系中几个重要国际条约的规定，形成了全面、统一的保护标准，成为知识产权国际保护体系中最重要的内容，也是包括中国在内的 WTO 各成员方必须遵守的国际公约。从 TRIPS 的内容来看，关于民事诉讼程序的条文占据多数，而在少数的对行政保护的规定中也并没有明确知识产权行政执法的范围。这可能与 TRIPS 的立法背景有关。

第一，发达国家在谈判中占据了主导地位，加强行政保护符合发达国家的利益需求。在乌拉圭回合谈判之前，WIPO 所管理的大量知识产权国际公约已经发挥了一定的作用，但以美国为代表的西方发达国家认为，这些公约保护力度不够、保护标准不高，而且缺乏强有力的争端解决机制，因此希望依托关贸总协定（WTO 的前身）的争端解决制度，通过贸易制裁来加强知识产权保护。这种意见在最开始遭到了印度、巴西、埃及等发展中国家的反对，它们认为在 WIPO 管理公约的基础上进行协调是顺理成章的事情，而且过高的保护标准，对于科学技术和经济发展都处于落后地位的发展中国家来说会是很重的负担。但是在整个谈判过程中，发达国家占据了主导地位。[1] 一方面，在其他谈判中作出让步，在农产品和纺织品贸易上给予发展中国家一定的补偿；另一方面，也不断对发展中国家施加压力。由于谈判采取一揽子的方式，要么全盘接受，要么全部放弃，为了追求利益的最大化，发展中国家也不得不接受了 TRIPS。

尽管知识产权的行政保护与大多数发达国家的法律制度并不吻合，但是发达国家的主要目的在于提高知识产权保护水平，而行政保护的方式恰

---

[1] 朱晓勤．发展中国家与 WTO 法律制度研究［M］．北京：北京大学出版社，2006：314．

好可以实现这一目的，同时又是发展中国家容易接受的，因此这种制度上的差异不会成为谈判的障碍，知识产权行政保护规定在 TRIPS 中也就水到渠成了。但毕竟大多数发达国家都是通过司法途径对知识产权进行保护的。行政保护方式对它们而言相对陌生，其中甚至也会有与发达国家法治理念不相符合的内容。因此 TRIPS 中只是允许了行政权力的介入，并作了原则性的规定，要求行政程序应当与民事司法程序基本相同，[1]并没有对行政执法尤其是行政执法的范围作出进一步的规定。

第二，加强知识产权执法是谈判的主要目标。TRIPS 对行政保护持肯定态度，主要是因为其符合加强知识产权执法的目标。根据前 TRIPS 谈判组主席 Lars Anell 的理解，TRIPS 的谈判主要有两大目标：一个是涉及已有知识产权公约中一些具体内容的修改，一个是涉及知识产权执法问题。加强知识产权执法，意味着相较于法律规定本身，协议更关注法律的实施效果。通常意义上，执法包括司法执法和行政执法。想要在短时间内加强对知识产权侵权、违法行为的打击力度，提升执法效果，行政权无疑比司法权更有优势。更何况，在司法保护欠发达的国家，行政保护已经成了保护知识产权的重要手段，将这种方式拒之门外反而不利于加强知识产权执法目标的实现。

TRIPS 强烈的实用主义倾向，回避了理论上对知识产权行政保护正当性的质疑。只要 TRIPS 内容得到有效的实施，各成员方采取何种保护方式，TRIPS 都在所不问。在这种理念支配下，行政保护因为其效率高、成本低的特点被协议接受是顺理成章的。同样，TRIPS 也不关心成员方究竟如何在境内法律制度中处理好行政保护与司法保护的关系，明确行政保护的边界。只要协议内容得到充分的实施，具体方式的选择是各成员方的自由。正如协议第一条最后一句所表明的，“成员有自由确定以其域内法律制度及实践实施本协议的恰当方式。”

第三，与贸易的结合是谈判的前提，深层目的是维护贸易秩序。TRIPS 中对知识产权保护的要求，都是以知识产权贸易为前提的。WTO 把知识产权贸易、货物贸易、服务贸易作为自己的三大支柱。TRIPS 能够顺利纳入 WTO 法律体系也体现了知识产权与贸易紧密结合的关系。尽管有学者认为

[1] 参见 TRIPS 第四十九条。

“与贸易有关的知识产权”这种表述名不副实[1]，似乎只是单纯的知识产权内容与贸易无关。但这种观点过于狭隘，充分考虑TRIPS的谈判背景和协议性质，可以发现与贸易紧密结合，尤其是与国际贸易紧密结合的知识产权才是TRIPS主要关注的对象。TRIPS序言中指出“本着减少国际贸易中的扭曲及障碍的愿望，考虑到有必要促进对知识产权有效和充分的保护，以及确保实施保护知识产权的措施及程序本身不致成为合法贸易的障碍”制定新规则及规范。可见，TRIPS的更深层次目的是通过保护知识产权进而保护贸易。

（二）美国知识产权行政执法：以贸易为媒介

1. 美国知识产权行政执法概述

谈到美国知识产权保护，在我国最受关注的无疑是“301”调查。“301”调查作为美国《1974年贸易法》第301条而闻名，从法律规范的角度看，“301”条款是2018年美国挑起中美贸易争端的直接依据，即2018年3月公布的《基于〈1974年贸易法〉第301条对中国实施的与技术转让、知识产权保护与革新有关的做法、政策和实践的调查结果》。纵观历史发展，“301”调查源于美国国会通过的《1962年贸易扩展法》，该法第252条规定，“当外国实施不公正的或不合理的进口限制、给美国的贸易造成了负担或歧视时，总统有权撤回对该国的减让，或者对该国的产品增加关税或其他进口限制。”这是“301”调查的前身，考虑到当时WTO尚未成立，在关贸总协定适用的背景下，单边谈判成为打开他国市场的主要手段。然而，贸易扩展法由于程序严格且在关贸总协定的框架内进行，并没有实现美国的期许；于是，1974年，美国国会修正贸易扩展法，形成《1974年贸易法》，其第301条的核心内容为：扩大总统权力，总统可以采取不符合关贸总协定的措施，加强实施贸易管制之权力，而且简化程序，利益团体向特别贸易代表申请后，可由总统自由裁量。1988年，美国国会通过《1988年综合贸易竞争法》对“301”条款进行修订，形成“特别301条款”，主要针对“未提供充分的（Adequate）、有效的（Effective）知识产权保护的国家”。

“301”调查（包括“特别301条款”）并非传统意义的行政执法措施。根据“特别301条款”规定，美国贸易代表办公室在年度特别301报告中，

---

[1] 孔祥俊. WTO知识产权协定及其国内适用［M］. 北京：法律出版社，2002：2.

将严重侵害美国知识产权保护的国家认定为“重点国家”。在提交报告的30天内，贸易代表应当对报告中认定的“重点国家”启动调查；调查启动当日，贸易代表应当要求与被认定为“重点国家”的国家发起磋商；调查启动之日起6个月内，特殊情况可延长至9个月，贸易代表应当确定该国家是否存在对美国的不公平贸易行为，并决定是否发动后续制裁程序。值得一提的是，2018年美国对华发起的“301”调查是依据一般301条款，而非特别301条款。由于“301”调查并非针对具体企业，而是利用贸易保护措施，建立有利于美国的贸易规则，将之称为“行政执法”，确有些失之偏颇。

事实上，美国是世界上最早实行知识产权制度的国家之一。经过二百余年的完善，美国已经建立起比较系统、健全的法律体系，也培育了国民良好的知识产权保护意识。知识产权司法保护制度成效显著，是美国保护知识产权的主要方式。但美国同样十分重视知识产权的行政保护，特别是21世纪以来，信息技术的发展改变了生产方式，知识产权信息扩散更快更广，侵权成本更低也更隐蔽，司法保护的弊端越发明显，美国开始不断加强知识产权行政执法力量。[1]相继于2008年、2010年、2013年通过和发布了《优化知识产权资源与组织法案》《美国知识产权执法2010联合战略计划》《美国知识产权执法2013联合战略计划》，目的在于强化行政执法力量，协调整合执法资源。[2]

美国采取知识产权“二合一”的集中化管理模式，即专利和商标相关事宜统一由国家专利与商标局管理，版权业务由美国国会图书馆的版权局管理。这些部门是美国知识产权的行政主管部门，地位相当于我国的国家知识产权局、商标局和版权局。但不同的是，美国知识产权行政主管部门的行政执法权非常有限，仅能对一些特定类型的行政纠纷进行行政处理，完全排除了当事人在专利与商标局提起任何侵权纠纷等纯民事纠纷的可能。并没有类似于我国的行政查处权力。与之形成鲜明对比的是，非知识产权行政主管机关的行政执法权非常广泛。可见美国的知识产权行政保护制度选择了管理与执法分离的路径，知识产权行政主管机关主要履行行政管理和行政服务职能，并处理有限的行政争议，而大量的行政执法工作交由非知识产权主管机关完成，如美国联邦贸易委员会（FTC）、国际贸易委员会

[1] 赵梅生．试析美国政府机构加强知识产权执法的态势与原因［J］．电子知识产权，2013（4）．

[2] 廖丽．美国知识产权执法战略及中国应对［J］．法学评论，2015（5）．

(ITC)、美国贸易代表办公室（USTR)、海关等。由这些非知识产权主管机关进行的行政执法，是美国知识产权行政执法的重要内容。

美国联邦贸易委员会的职责涉及竞争和消费者权益保护等多个领域，主要负责对不正当竞争行为和垄断行为的查处，经常也会涉及对知识产权的保护。联邦贸易委员会的行政职权包括调查权、执行权和提起诉讼权。其中，执行权包含两方面内容，一是行政执行，二是司法执行。联邦贸易委员会在进行调查后，如果有合理的理由让它相信被调查者确实有违法行为，可以通过行政裁决（如果是针对整个行业违法行为的规范，还可以制定贸易监管规则）的方式执行法律。如果利害关系人拒不执行行政裁决，那么联邦贸易委员会可以寻求法院的帮助，进行民事罚款或发布强制执行令。某些情况下联邦贸易委员会也可以将违法行为直接向法院起诉，请求法院用适当的形式制止已经发生或即将发生的违法行为。[1]

综上，美国非常重视知识产权执法，尤其在通过《美国知识产权执法2010联合战略计划》之后，形成了高效的协作机制和有力的执法机制。除了上述三个主要的执法机构外，美国农业部（USDA)、司法部（DOJ)、食品药物管理局（FDA)、海关及边境保护局（CBP）等都在知识产权执法联合战略中发挥着重要作用。纵观美国的知识产权执法机制，可以发现其具有两大特点：第一，区分国内执法和国外执法。在国外执法或者说国际贸易执法方面，主要采取行政执法的方式，执法机关拥有行政调查、行政处罚、行政强制、行政裁决等权力；在国内执法方面，则主要表现为司法执法，行政机关除了在刑事案件中行使一定的调查权之外，主要起到协调配合的作用。第二，重视知识产权与贸易的关系。知识产权行政主管机关主要履行行政管理和行政服务职能，几乎没有行政执法权。而行使执法权的机关则几乎都是美国的贸易保护机关，这些机关的基本职责在于保护美国的贸易秩序并扩大国外市场，当外国知识产权侵权已然成为危害美国贸易政策的主要障碍时，贸易保护机关开始在知识产权保护问题上发挥重要作用。这也从侧面体现出了美国知识产权保护的实用主义倾向。

2. “337”调查

“337”调查得名于1930年《美国关税法》第337条，根据该条款美国

---

[1] A Brief Overview of the Federal Trade Commussion's Investigative and Law Enforcement Authority Revised [EB/OL]. [2018－05－10]. https://www.ftc.gov/about－ftc/what－we－do/enforcement－authprity.

国际贸易委员会有权调查有关专利和注册商标侵权的控告，也可开展涉及盗用商业机密、商品包装侵权、仿制和虚假广告等内容的调查，而调查的核心是：针对他国对美国贸易不公平行为。依据《美国综合贸易竞争法案(1998)》，不公平贸易行为主要包括以下两种：（1）在进口贸易中，如果产品侵犯了国内已有记录的专利权、商标权、版权以及集成电路芯片布图设计专有权，且已经存在或有尚在建立中的国内产业，则此类行为被视为侵犯了权益的非法贸易行为，美国将采取适当措施予以处理；（2）在进口贸易中，他国使用不公平竞争方法和不公平行为，其已经造成或即将造成的影响严重威胁或实质损害了美国国内相关企业的利益，或妨碍了此类产业的发展，或垄断了本国某一行业，美国将采取适当措施予以处理。

"337"调查的执行机构为美国国际贸易委员会。美国国际贸易委员会主要负责处理进口贸易中发生的与知识产权侵权相关的违法行为，拥有行政调查、行政裁决和行政处罚等职权，总体可分为临时救济措施和永久救济措施两大类。其中，临时救济措施包括临时有限排除令、临时普通排除令以及临时停止令；永久救济措施则包括有限排除令、普遍排除令、停止令和禁止令、同意令、扣押和没收令、罚款六种形式。毫无疑问，"337"调查是典型的执法措施。由于美国国际贸易委员会主要负责与国际贸易有关的知识产权保护，因而通常与海关保护相互配合，对国外知识产权侵权产品的进口和销售进行审查，并采取有效的边境措施，其执法依据最早源于1930年《美国关税法》。[1]根据《美国联邦法典》第十九章关税部分(19U. S. C. 1337）的规定，国际贸易委员会有权进行行政执法的主要事项包括：在向美国进口或销售物品过程中，可能会威胁或损害到美国某种工业安全、妨碍该种工业的建立、限制或者垄断贸易与商业的不正当竞争方法和不正当行为；向美国进口、为进口而销售或者进口后在美国销售的物品，侵害了在美国有效的专利权或版权，或者是利用某项美国有效专利所保护的方法而制造、生产、加工或者开发的；向美国进口、为进口而销售或者进口后在美国销售的物品侵犯某项美国有效商标权；向美国进口、为进口而销售或者进口后在美国销售的半导体芯片产品构成对某项有效的掩膜作品权利的侵犯；向美国进口、为进口而销售或者进口后在美国销售的物品

[1] 张乃根．国际贸易的知识产权法［M］．上海：复旦大学出版社，2007：196－198.

构成对外观设计专有权的侵犯。[1]

“337”调查在我国引起广泛关注的原因在于，我国企业是“337”调查的常客。进入21世纪，中国大陆企业占“337”调查案件中的比例超过15%；1995—2017年由于专利侵权向涉华企业发起的“337”调查达646件，占所有涉华337案件的93.22%；由商标侵权案件提起的“337”调查有43件，占所有涉华337案件的6.20%；由著作权侵权案件提起的“337”调查有13件，占所有涉华337案件的1.88%。从侵权结果来看，“337”调查的作用趋向于鼓励企业间谈判，1995—2016年，针对发起的“337”调查，和解为73起，占比为36.3%；侵权不成立为41起，占比为20.4%；申诉方撤诉为37起，占比为18.4%；同意为40起，占比为20.3%；认定侵权为45起，占比为22.4%。[2]有学者指出，“337”调查与美国经济周期密切相关，当实体经济陷入衰退后，为促使脆弱的实体经济尽快恢复，严格的贸易保护主义政策便逐步抬头。[3]然而，从知识产权行政执法的研究视角看，引发我们关注的是“337”调查对公共利益的运用。

依照1930年《美国关税法》第337条（a）项，如果对美国公共健康和福利、美国经济的竞争条件、美国相同或直接竞争产品的生产和美国消费者存在影响，可以对国际贸易委员会的决定上诉，另依据第337条（f）（1）项，如存在上述不利影响，禁止美国国际贸易委员会发出进口排除令。第337条（a）项并非象征性条款，但适用仍存在难度。例如，特定基带处理案，[4]申诉者Broadcom拥有特定无限装备的3G芯片电池技术的专利组合，被诉者Qualcomm被指控侵犯Broadcom的节电专利，美国国际贸易委员会发出一个下游产品的排除令，禁止所有包含Qualcomm侵权芯片的产品进口。同时，这个排除令包含一个“祖父条款”，即允许公司销售已经进口至美国境内的侵权设备。Qualcomm认为排除包含侵权芯片的产品进口将会对公共健康和福利以及国家安全造成负面影响，因为许多包含侵权芯片的产品被用于公共安全的人员，比如紧急事件的处理者、便衣警察等。Qual-

---

[1] 19U. S. C. 1337（a）.

[2] 数据统计，可参见：袁红林，王诗烨．中国企业应对美国337调查的对策研究［J］．国际贸易，2018（8）．

[3] 佟家栋．金融危机的经济复苏、创新与贸易保护实施的时期［J］．国际贸易，2009（11）．

[4] See Certain Baseband Processors & Chipsets，Transmit ter & Receiver（Radio）Chips，Power Control Chips，& Prods. Containing the Same，Including Cellular Tel. Handsets，USITC，Pub. No 1231，Inv. No. 337－TA－543，（Jun. 2007）．

comm 还认为排除令将会对研究、开发、技术革新以及消费者的选择有负面影响。美国国际贸易委员会认为“祖父条款”已经减少了对消费者和公共安全人员的影响，而且即使排除令可能对减少技术革新和消费者有一些影响，但是对专利持有者给予救济的利益超过公共利益；联邦巡回法庭在该案的上诉案中，支持 Qualcomm 诉求，驳回对下游产品颁发进口排除令，仅保留节点专利的进口排除令。❶

对公共利益的进一步运用，源于美国国际贸易委员会 2011 年对“337”调查程序规则的修订。“337”调查的修订建议来源广泛，包括高智（Intellectual Ventures）、微软（Microsoft）和中国商务部。修订的结果是，在“19 CFR 210.8”条文中，明确规定“申诉方在提出申诉以发起 337 条款调查的同时必须单独提交一份关于法定公共利益的声明书，用以说明其所申请的救济措施将会如何影响法定公共利益”❷。这意味着对公共利益的考量，从“337”调查发起之时即可提出，而非作为救济措施颁布的抗辩。“337”调查程序规则修订的结果是，法定公共利益因素阻止救济措施发布的案例增多。例如，在“337-TA-60”案件中，美国国际贸易委员会认定侵犯专利（第 3118258 号）之事实，但却拒绝发布救济措施，因为“国内产业在一段合理的商业期限内无法满足对专利产品的需求”。❸

---

❶ 朱鹏飞．美国关税法 337 条款的国内产业要件研究及其应对［J］．南京社会科学，2011（7）．

❷ 于洋．论美国 337 条款调查中的法定公共利益与中国企业应对新思路［J］．国际商务（对外经济贸易大学学报），2015（2）．

❸ Ernest Grumbles，Ⅲ and Rachel C. Hughey and Susan Perera，The Three Year Anniversary of eBay v. MercExchange：A Statistical Analysis of Permanent Injunctions，INTELL. PROP. TODAY，Nov. 2009.

第五章　大数据时代知识产权行政执法新态势

一、信息认知的转变与共享模式的催生

（一）大数据思维：技术支撑下的认知转变

1. 信息垃圾证伪

人类在过去绝大部分历史时期（即使是印刷术、造纸术得以推广的时期），信息的生产能力相对落后，信息的接触路径相对闭塞。此时信息尤其是知识类、技术类信息为少数知识分子通过占有各类图书等纸质媒体的方式所垄断与掌握，知识多在家族或小范围的知识分子群体间承继。普通底层社会公众难以有充足的财力、能力参与到知识分子群体中，也难以购买、保存大量的图书，也就难以获取充足的信息。[1] 此阶段我们可以称之为信息占有即所有阶段，信息呈现绝对的稀缺与闭塞。

信息产生于个体认知以及个体间的交流，个体认知越多样、个体交流越频繁，所产生的信息也就越丰富。印刷术、造纸术以及“光与电的革命”极大地推动了信息的生产及传播，人类的信息生产能力得以飞速提升。而互联网的产生使得信息得以电子化和在线化，打破区域局限的互联网的产生突破了个体交流的时间空间限制，数据的保存成本、分享成本越来越低，下降到边际成本几乎为零的地步。[2] 人类所产生的数据信息类型更加多元、结构更加复杂、模式更加多样。[3] 进入信息社会后，信息总量呈现井喷式发展，信息富余成为客观事实。

---

[1] 这在一定程度上解释了为什么在古代书香世家、经学世家绵延不绝，另一有趣的现象是从事史实记事的兰台官员也往往都是父子相承、兄弟相继。

[2] 涂子沛．数据之巅［M］．北京：中信出版社，2014：216.

[3] 王元卓，靳小龙，程学旗．网络大数据现状与展望［J］．计算机学报，2013（6）：1127－1128.

信息的获取、保存与分析都需要耗费一定的成本。在信息相对匮乏的时代，信息获取成本成为信息生产、传播的主要阻碍。而在信息社会，这一问题呈现出双层样态，一方面，欠缺信息自动搜集工具的普通个体仍旧难以低成本、便捷地获取真正有价值的信息；另一方面，由于自身数据保存能力、使用能力的欠缺，纷繁复杂的信息超出了个体对于信息的分析、处理能力。这些个体难以通过对于时局的深度分析获取其中的价值，信息爆炸、信息垃圾成为现实。信息富余与信息匮乏成为网络时代信息的双重面相。对于绝大部分社会公众而言，相比于信息匮乏，信息富余、信息垃圾成为更为真实的困扰。

但信息处理、挖掘工具的不断演进，尤其是云计算技术的长足发展，为海量数据的自动搜集、整理、存储、利用提供了强有力的处理工具。繁杂数据背后的规律、海量数据背后的商业价值被发现，数据逐步演变为一种财富。人类累积的各类信息并非垃圾而是有待开采的丰富矿藏，这一认知已经获得了充分的认同。信息爆炸只是对信息快速生产累积的客观描述，而非贬义。

2. 全数据分析深化数据挖掘

近现代科学的发展与进步，改变了我们认知世界的方法论。我们业已习惯于把复杂真实的世界简单化，试图以鼓励、静止、小样本的手段将研究对象进行层级、还原、线性、因果的决定论分析。[1] 我们也习惯于认为小样本采样分析深入了解事物、现象的本质，量化后的数字呈现则体现了我们认知事物的精确性，我们通过数字获得了对于事物唯一客观真实的准确认知。[2]囿于数据搜集、统计、分析工具的欠缺，绝大部分时期，我们只能进行小样本的数据分析。但少量样本的选取不可避免地受到人类难以察觉的选取偏见的影响，小数量样本难以宏观呈现特定主体或事物的全流程信息足迹，难以洞察不同要素之间潜在的关联。其相应的分析处理结论往往并不能够反映真实的整体情况，甚至与真实情况大相径庭。

而在大数据时代数据类型更加多样化，商务过程的数据、环境状态的数据、社会行为的数据以及物理实体的数据都将成为大数据时代数据的重要来源。数据搜集分析工具的优化，使得我们能够获取特定个体在不同时间不同

---

[1] 王英．从后现代主义、后工业社会到大数据时代［J］．新疆师范大学（哲学社会科学版），2017（5）：129.

[2] 值得思考的是，我们对于量数字呈现一种迷信的认知，对其准确性往往深信不疑。例如，多数人可能认为 76.31% 要比 50% 更为准确，更能体现我们对于事物的准确把握。

空间留下的信息足迹，全景呈现特定主体的活动场景。通过对特定主体进行海量数据研究，获得更为翔实的个体化研究成果，全维度地呈现特定主体行为选择及个体偏好。在此意义上，全数据分析与小样本分析的优劣鲜明。基于小范围样本抽样调查发展而来的传统统计学必将为大数据分析所替代。[1]

在全数据分析的具体应用上，通过对电子商务平台产生前、产生后的对比可以明显发现上述区别。电子商务平台发展之前，实体门面只能通过对于自身经营活动的关注累积相应的客户信息。这些信息数量少、范围狭窄且呈现极大的不准确性。而以阿里巴巴、亚马逊为代表的大型网购平台能够通过对个体的搜索及网购痕迹的汇总分析获得对个体消费偏好、行为选择的多维认知及准确预测，进而针对个体进行针对性的产品推送。这极大地降低了个体的信息搜集以及需求匹配成本，提高了交易撮合成功概率，促进了电子商务的繁荣。

由上述论述可知，数据增值的关键在于各类相关数据的整合、分析，全数据分析的过程即是进行数据整合、分析的过程。通过全数据分析可以获得隐藏在表象背后的更多信息，洞察看似不相关要素间的隐蔽关联，预测事物未来的发展趋势。

3. 大数据催生数据文化及共享模式

1）数据文化的萌发

数据文化可以理解为一种侧重量化分析，尊重事实，强调精准、推崇性和逻辑的文化。[2] 在互联网时代来临之前，囿于数据搜集、整合、分析技术手段的有限性，无论是国家层面还是普通民众层面都相对地缺乏对于数据管理功能的认知，数据思维、数据文化相对欠缺。在上层建筑层面，这种欠缺体现为传统语境下统治政策的确定与实施依赖于统治阶层的意愿、采取的是小样本调查而非全数据分析；在个体层面，个体的行为选择更多依据的是个人经验、从众逐流而非对于事项的数据分析。

云计算、大数据的不断完善，无论是社会个体还是国家的数据搜集、获取能力都得以显著提升。系统的数据分析将成为国家治理、民众行为选择的重要引导。用数据说话，用数据管理，用数据决策，用数据创新的大数据思维、大数据文化将逐步成为大数据时代上至国家下至民众广为认可

---

[1] 俞立平．大数据与大数据经济学［J］．中国软科学，2013（7）：181.

[2] 涂子沛．数据之巅［M］．北京：中信出版社，2014：250.

的思维方式和方法论。

2）共享模式的普及

在互联网发展普及初期，信息仍旧存在严重的不对称，国家、个体仍保持着信息占有即所有、信息独占优于共享的心态。但数据的低成本保存、传播以及信息融合价值的凸显，逐步引发了公共领域的数据开放运动，其核心在于信息自由、数据公开、资源共享。从经济学的视角来看，信息的使用存在边际效应递增性，也即信息、数据只有在流动、共享中才能产生价值；流动范围越大，分享人群越多，价值越大。[1] 这使得人们逐步认识到信息共享资源的使用价值已经远大于资源形态本身，共享使用比私人占有具备更大的优势。[2] 信息的共享成为大数据时代的财富商机，分享越多也就能够获得更多的财富。

而数据的获取是进行大数据深度挖掘的前提，特定个体或事物在不同的发展阶段会在不同的空间留下不同的信息足迹，如何低成本最大范围地获取某一特定主体的信息足迹成为充分发挥信息价值的前提所在。而即使在信息社会，不同主体获取信息的能力也存在明显差异，所掌握的信息明显不同，信息共享业已成为一种必然趋势。现有的信息保存、传输技术使得信息共享具有了现实的可行性。

（二）知识产权的信息足迹

1. 著作权作品信息足迹

对于著作权而言，作品的生命周期可以大致划分为创作、获权、行权、进入公有领域等几大生命周期。具体而言，著作权依创作行为产生，创作者自作品创作完成之日即享有著作权。经过著作权登记的作品，著作权登记证书上将围绕作者及作品本身记载登记号、作品名称、作品类型、作者、著作权人、创作完成时间、首次发表时间、登记日期等信息。第三方可以通过登记证书获知特定信息是否属于作品、作品保护期、著作权人等基本信息。这将辅助第三人判断特定主体是否是真实权利人，特定作品是否仍受著作权保护，自身的使用行为等是否侵害著作权人的合法权益，进而在后续的生产经营活动中规避相应的风险。

---

[1] 腾讯研究院．互联网＋：从 IT 到 DT［M］．北京：机械工业出版社，2016：7．

[2] 雷切尔·博茨曼，路·罗杰斯．共享经济时代［M］．唐诗文，译．上海：上海交通大学出版社，2015：113．

按照《著作权法》的规定，在法定的权利期间内，著作权人针对创作的作品亲自行使包括人身权、财产权在内的广泛权能。此外，著作权人还可以通过许可方式许可他人使用，或者将财产性权利转让给他人使用，或者将作品信托给著作权集体管理性组织，由集体管理性组织进行作品的许可、转让、费用收取、利益分配、维权等事宜。著作权人发表作品即为普通社会公众提供了能够接触、利用作品的途径。作品由原来著作权人独占状态逐步进入公开领域，并逐步成为一种在市场中流通的著作权商品。这一过程即权利商品化的过程。具体而言：首先，凝聚在作品中的创造性劳动将通过一般等价物货币来予以衡量，每一部作品的价值都可以以一定价格的形式呈现出来，无论该价格是否符合或者偏离其劳动的实际价值；其次，作品被越来越多地购买以满足购买者在物质层面以及精神层面的需求；最后，伴随着作品交易的增加，作品的商业利用方式、交易架构不断多样化，作品著作权价值的二次开发已经成为重要的投资方向。

著作权价值实现的每一个环节都会留下相应的信息足迹。这些信息足迹产生于市场经济活动中，多为市场参与主体所掌握而不为外界所知悉。著作权的信息足迹包括著作权向商品转化的信息，著作权商品的生产、交易信息以及相关消费群体的信息。这些信息可以让我们充分了解特定著作权产品的产生以及后续交易，勾勒特定著作权产品的整个价值实现过程。对于试图参与著作权及著作权商品交易的市场主体而言，越为详尽的著作权信息越有利于其充分评估特定著作权商品权利的合法性、稳定性，交易对手的真实性，权利的完整性，著作权产品价格的公允性以及后续著作权价值实现的可能性及其可能面临的风险。而在著作权商品化过程中，难免遭遇侵权行为，有关著作权的维权则会在权利人、侵权行为人以及参与纠纷处理的行政机关、司法机关间留有信息足迹。

2. 商标权信息足迹

在商标发展早期，商标是商品所有权的表征，是商品所有权归属的对外公示方式。此后，商标逐步演变为表明商品与生产者之间关联的标志。商标的基本功能是识别来源，其彰显了特定商标与特定商品之间的特定联系。无论是注册商标还是未注册商标，其受法律保护的基础最终都体现在其所具有的识别性上。[1]

---

[1] 孔祥俊．商标法适用基本问题［M］．北京：中国法制出版社，2014：63.

从传播媒介来看，商标是一种由简单色彩、文字、图形构成的符号，本身属于一种冷媒介，❶ 本身所含的信息极少，消费者并不能够单纯地从商标本身解读出有关商品质量、产品生产者的信息。作为一个外部刺激，商标刺激消费者充分调用经验中形成的有关该商品、该商标的认知，决定是否选择该商品。商标权人通过广告宣传，花钱来创造一个疑似高品质的形象，使消费者从相同品质或者更高品质但价格较低的替代品上转向，从而获得垄断租。❷ 商标已演化为捕捉、黏合、固化消费者注意力的工具。正因为商标本身能够为商标持有人带来丰厚的收益，商标本身的财产化属性不断增强，商标本身也已演变为财产。

对于商标权而言，商标权的生命周期可以大致分为商标设计、申请、获权、使用、终止等几大模块。不同于著作权作品的创作与商品化过程存在较为明显的先后环节划分，商标的产生及其演变本身就来源于经济活动需求，商标附着于商品之上出现在商品经济活动中的各个环节中。

在商标申请注册环节，商标申请人向商标局提交注册申请书，商标局审查核准准予注册后下发商标注册证。商标注册证的内容涵盖了商标注册编号、商标本身、核定使用的商品及服务项目、注册人、注册人地址、注册地址、注册日期以及注册有效期等内容。商标申请人凭此获得对于特定商业标志的专有权，可以排除其他主体未经其许可的使用行为。其他公众可以通过对特定商标信息的查询来获知有关商标图样、权利人、有效期、使用范围以及商标后续流转等信息。

申请人申请注册成功后，就可以获得在核准注册的商品上使用核准注册商标的权利。商标权人将商标附着于商品之上时，商标区分商品来源、表彰生产者信息、传递产品质量的功能开始发挥。在商标商品的整个生产、流通环节会产生大量的信息，这些信息包括特定商标商品的生产信息（生产者、生产地域、生产时间）、物流信息（仓储信息、物流信息）、交易信息（交易对手方、交易地域、交易量、市场占有率、市场重叠情况、对其他商标品牌的影响、特定商标商品的受众群体、个性化需求）等。商标权人在行权过程中也会面临各式各样的侵权行为，打击各类市场竞争主体

---

❶ 马歇尔·麦克卢汉．理解媒介——论人的延伸［M］．何道宽，译．南京：译林出版社，2013：36.

❷ 威廉·M. 兰德斯，理查德·A. 波斯纳．知识产权的经济结构［M］．金海军，译．北京：北京大学出版社，2006：223.

“搭便车”行为即是不断强化和维护商标与特定商品之间的关联。侵权行为的核实、纠纷处理、司法救济、行政救济也都会留下丰富的信息。

3. 专利权的信息足迹

专利权可以理解为法律授予技术发明人（或设计方案设计人）在一定时期内对特定技术方案或设计方案享有的独占使用的权利。进而人为地创造市场稀缺，预设权利人通过市场先入优势制定高于同业竞争的价格获得充分激励。[1] 无论是发明专利、实用新型专利还是外观设计专利，专利权的生命周期可以大致划分为技术或设计方案的申请、审批、授权、行权以及进入公有领域等几大生命周期。

在专利申请审批阶段，发明和实用新型需要提交请求书、权利要求书、说明书、说明书附图、说明书摘要以及其他文件。外观设计专利则要提交请求书、图片或照片以及简要说明等。在专利权授予后，公众可以通过各类专利查询系统查询有关特定专利的信息，包括但不限于申请号、申请日、公开号、申请人、发明人、国际注册分类号、专利的实时法律状态以及相关的各类专利文件。专利产品自生产完成进入商品流通领域后，也会在各个流通环节留下丰富的信息足迹。如果涉及侵害专利权行为以及专利权的救济，无论是权利人还是行政执法机关、司法机关都会积累大量的有关纠纷细节及其处理的信息。

（三）信息累积的差异性明显

如前文所述，无论是著作权、商标权抑或专利权都会在其申请、获权、行权、维权以及知识产权商品的生产流通直至消费各个环节产生大量的信息。在知识产权生命周期内，出现的主体及其扮演的角色具有一定的差异，相应的接触知识产权的深度以及侧重也有所不同，所累积的知识产权信息具有明显的差异性。

1. 知识产权管理及执法机关的多样性

知识产权行政管理，是指知识产权行政管理机关和取得相应行政授权的组织，依据知识产权法律规范管理国家有关知识产权的事务，为公民和社会提供知识产权法律服务的行为，包括知识产权的行政确权及相关的管理，包括知识产权争议调解，不包括直接查处知识产权侵权纠纷。知识产权行政执法，是指专业行政执法机构和取得相应行政授权的专业执法组织，

---

[1] 宋颂．电子商务平台中专利救济成本的承担与转移［J］．科技与法律，2017（2）：49.

以及准司法行政机构和行政管理机关，依据知识产权法律规范查处知识产权侵权纠纷的行为。❶ 从知识产权公共政策视角来看，知识产权行政管理、执法是政府为实现与知识产权相关的经济社会目标而主动干预知识产权事务的“看得见的手”。❷ 从中央层面来看我国涉及知识产权行政管理、执法的机关较为多样，主要有国家知识产权局、国家工商行政管理总局、国家著作权局、文化部、农业部、林业局等多家单位，海关总署与公安部中也有一部分负责知识产权的综合执法职能。新闻出版总署（国家著作权局）对著作权的保护，著作权局与新闻出版总署属于一套班子、两块牌子，其负责有关著作权的行政管理及执法事宜。国家工商行政管理总局对商标权和类似权利的保护，其内设机构商标局负责办理商标的注册、变更、转让、续展、补证、注销以及对商标异议的裁定；制定或参与制定有关商标的规章制度及具体措施、办法；查处商标侵权案件，指导本系统的商标办案工作；协助办理商标侵权行政复议案件；负责商标使用许可合同和商标印制；管理商标代理组织、商标评估机构；认定驰名商标；负责商标信息的收集工作；组织商标国际条约、协定在中国实施及承办商标国际交流与合作的有关工作。商标评审委员会主要负责处理商标争议事宜。国家知识产权局对专利权的保护，依法受理、审批专利申请、审理复审、撤销以及其他国家知识产权局委托的行政管理。其内设机构专利复审委员会负责对知识产权局决定不服案件的复审，并受理请求宣告专利权无效案件的审理等工作。国家质量监督检验检疫总局对原产地名称的保护，具体负责原产地名称产品的申请受理、审核批准、原产地专用标志注册登记和监督管理等工作。农业部、国家林业局对植物新品种权的保护，两大机构负责新品种权申请的受理和审查，并对符合规定的植物新品种授予新品种权。工业和信息化部及其内设机构主要负责制定中国互联网络域名的设置、分配和管理的政策及办法；选择、授权或者撤销顶级和二级域名的管理单位；监督、检查各级域名注册服务情况。海关总署及其直属各级机关负责进出口环节的知识产权保护工作。❸

由上述论述可知，在中央层面并未形成一个单独的机构统筹负责知识

❶ 李顺德．健全知识产权执法和管理体制［J］．中国发明与专利，2008（8）：9.

❷ 刘华，孟奇勋．知识产权公共政策的模式选择与体系构建［J］．中国软科学，2009（7）：11.

❸ 董希凡．知识产权行政管理机关的中外比较研究［J］．知识产权，2006（3）：39－41.

产权申请、授权、行政管理等事宜。而是根据知识产权具体的权利内容，分门别类地将之归入与之较为相关的机构进行管理。在知识产权制度引入及保护的初期阶段，无论是国家机关还是普通民众对于知识产权的认知都相对欠缺，采取依靠现有行政管理机关，将知识产权内容分门别类纳入现有行政管理机制是根据当时具体情况所作出的必然选择。而在后续的发展过程中，基于制度惯性，分权管理模式得以承继并被不断加以强化。行政管理机关之间基于自身职能所掌握的知识产权具有极大的差异性。但就目前而言，实质性合并各知识产权分管机构职能，实际推动知识产权统一管理机构的筹建并不具有现实的可能性。

2. 主体参与度及所获信息的差异

知识产权行政管理、执法机关参与特定知识产权的生命周期环节、深度及所扮演的身份角色也有所不同。

在获权环节，著作权自作品完成之日即自动产生，著作权登记机关仅为备案机关。登记机关所掌握的信息主要是著作权人以及作品的基本信息、具体内容。商标专有权为行政赋权，商标局扮演的是授权机关，所掌握的信息主要是商标申请人基本情况以及有关商标整体外观、具体构成要素、申请使用领域以及与之近似商标的情况。专利与商标类似，均需要申请授权后才享有相应的专有权利。知识产权局作为专利授权机关，所掌握的信息主要是申请人基本情况以及专利权的类型、保护范围、现有技术和保护周期等。

在行权环节，对于知识产权的利用行为已经属于较为纯粹的商业活动。知识产权产品的生产、流通、销售、购买、使用等均可以由市场主体自主完成。因此，参与知识产权商业运作的主体主要是包括权利人、买受人、消费者、交易服务提供者在内的市场主体。知识行政管理、执法机关可能参与特定的管理类活动，但不会深入知识产权商业运作的具体环节。此时，参与知识产权商业运作的各类市场主体掌握了特定知识产权生产、交易的具体信息，并多将之作为商业秘密予以保密。而为知识产权产品交易提供平台、技术、门面展示、商品资金交付等服务行为的各类电子商务平台则可以凭借自身的平台优势、资源优势、技术优势充分获取各类知识产权产品的生产、交易流水以及特定知识产权产品消费群体的详尽信息。知识产权行政管理、执法机关只有在管理活动能够触及的范围内获取有关特定知识产权商业化运作的信息。

在知识产权维权环节，参与主体视权利人具体解决方式而言。若知识产权纠纷由当事人之间私力解决或者通过第三方调解、仲裁等方式解决，有关知识产权纠纷的相关信息如侵权行为具体内容、造成的损失、赔偿金额等多仅为纠纷当事人以及当事人所选择的第三方知悉。知识产权行政管理、执法机关以及司法机关、其他社会公众一般难以通过公开渠道获取有关纠纷以及纠纷解决的细节信息。如果纠纷当事人选择通过行政执法或司法途径解决纠纷，若当事人未申请保密，有关纠纷的具体内容包括具体证据以及纠纷的处理结果都会以明确的行政或司法文书予以公开。权利人、被控侵权人、各类知识产权行政机关、司法机关以及社会公众都可以通过公开途径获知有关侵权、纠纷处理的相关信息。而其差别主要在于掌握信息的丰富程度及深度。

综上所述，在知识产权不同生命周期，参与主体以及各自累积的知识产权信息足迹存在明显的差异性。一方主体累积的信息往往难以通过公开合法渠道为其他主体获取，知识产权信息的丰富性与稀缺性双重属性鲜明呈现，信息共享的需求由此产生。

二、知识产权信息共享不断深入

（一）信息共享平台的建立

1. 信息共享机制建立的必要性及可行性

知识产权行政管理、执法机关在进行具体管理、锁定被控侵权人、核实侵权行为、确定侵权行为地域、时间以及侵权行为造成的损失等方面均依赖于足量信息的获取、分析的支撑。知识产权行政执法在调查取证以及具体执法过程中会产生高昂的制度成本、运行成本，[1]相关证据的搜集成本、分析成本是其重要组成部分。在大数据、云计算等技术推广应用前，面对信息爆炸，行政执法机关由于缺少先进的数据自动采集处理技术，对于网络环境中的海量信息往往捉襟见肘、鞭长莫及。数据缺失、数据处理速度慢、数据整理困难等问题成为传统行政管理、行政执法方式的短板。[2] 此

---

[1] 刘银良. 论专利侵权纠纷行政处理的弊端：历史的选择与再选择［J］. 知识产权，2016（3）：35.

[2] 崔立红，刘德旺. 大数据时代我国知识产权管理与保护的变革［J］. 知识产权，2016（11）：91.

外，多头管理、多头执法机制下，各个知识产权行政管理、执法部门之间的封闭性和割据主义造成各自为政。各机关凭借自身优势所掌握的知识产权信息也往往为特定知识产权行政机关所垄断独有，未能进行充分的共享与再利用。知识产权行政机关可能因数据收集不足、处理不力造成了决策失衡，可能因数据传递不畅、共享不足造成部门失调，可能因数据的管理不善、法治不全造成治理失误。而这也将阻碍政府综合协调职能的发挥，整体效能不断下降，知识产权行政执法效果削弱。❶ 如何调整和分配原有模式下各知识产权部门的利益，以有效整合各类型知识产权数据资源，建立一个联合性的或统一性的大数据管理平台，来完善和修补目前存在的制度漏洞和体系缝隙是当务之急。❷

如前文所言，大数据搜集、分析技术已经取得了长足的发展，信息自动获取的前端机制以及后端分析的、共享的技术结构已经逐步成熟，信息的共享已经在技术层面消除了阻碍。对于知识产权行政机关、司法机关而言，两方为国家公权力机关，不同于市场主体，并不以知识产权运营为商业利益目的，因此市场主体并不存在明显的竞争关系，彼此之间的知识产权信息共享并不会导致信息共享方的利益损害。无论是知识产权行政管理执法机关之间还是行政机关与司法机关之间，本身都存在公权力背书。目前，先进的行政机关政务集约型平台共用后台资源，分层而治，前台应用百花齐放，能够实现即连即用、跨部门搜集数据、技术保准化、易于监控、统一采集、一体化运作，进而实现行政机关间数据共享、政务数据交换、政务信息开放。❸

对于公权力机关与市场主体间的信息共享而言，大数据时代的渗透性使得数据源呈现出多元化状态。社会和市场拥有相对独立的话语系统，在大数据的影响下，市场主体的话语构造及发声路径得以进一步的优化。其客观结果是社会与市场地位相对提升，国家社会与市场关系发生着微妙的变化。大数据时代的开放性使得国家、社会和市场三个主体系统的数据逐

❶ 易玲．行政执法权配置多维化与知识产权行政保护［J］．求索，2012（5）：246.

❷ 崔立红，刘德旺．大数据时代我国知识产权管理与保护的变革［J］．知识产权，2016（11）：92.

❸ 腾讯研究院．互联网+：从IT到DT［M］．北京：机械工业出版社，2016：255.

渐实现互动和共享，三者之间关系日益紧密。[1] 国家机关为获取自身难以掌握的与公众更为密切的信息会共享其凭借自身定位、职能所掌握的优势信息，市场主体为获取竞争优势，或加快维权救济，或免除自身可能承担的司法、行政责任，会向国家机关提供其所能掌握的关于市场主体的更为隐秘的信息进而获取行政及司法机关的支持与协助。知识产权行政机关并不从事具体经济活动，与参与信息分享的民事主体亦不在同一市场中，双方不存在竞争关系。市场主体与知识产权行政机关、司法机关的信息共享并不会导致公权力借助该等信息与之在同一市场进行竞争以及自身竞争优势的减损，也就消除了市场主体深度参与信息共享的疑虑。[2] 即使在市场主体基于自身考量不愿进行信息共享的情形下，公权力机关也能凭借掌握的更为丰富的资源优势通过具有强制力的措施限制、约束、规定市场主体的特定行为。市场主体的切实利益深受行政机关等公权力机关的影响，作为个体的市场主体一般难以抗拒公权力机关所提出的信息共享需求，虽然在一定程度上或者特定情形下，存在行政机关过度干预市场经济的嫌疑。

由上述论述可知，各类主体间信息共享机制的建立，既有来自内需信息需求的推力，也有潜在信息价值的吸引。技术的发展奠定了信息共享的基础，主要市场参与者以及公权力机关的推动则极大地消除了知识产权信息共享机制建立过程中可能面临的各种阻碍。

2. 知识产权信息共享机制的实证分析

按照共享主体来划分，当前知识产权信息共享可以大致分为公权力机关与公权力机关间的信息共享、公权力机关与市场主体间的信息共享。其中公权力间的信息共享又可以细分为行政机关之间以及行政机关与司法机关间的信息共享。下文将以上海浦东新区以及阿里巴巴为例分别进行介绍。

1）上海浦东新区信息共享机制

上海浦东新区知识产权局创新知识产权信息共享思路与机制，通过知识产权信息共享制度设立、信息共享机制创建，逐步打造起纵跨市区两级，横跨行政、司法机关的知识产权信息共享平台，成为公权力机关间信息共享的典型例证。

---

[1] 章伟，曾峻．大数据时代的国家治理形态创新及其趋向分析［J］．上海行政学院学报，2015（3）：31.

[2] 刘佳．大数据时代的社会治理困境与创新发展路径［J］．学术探索，2015（4）：82.

在自贸区内部，通过签署知识产权协作备忘录、设置知识产权信息共享岗位等机制，强化与其他知识产权行政管理、执法机关的信息共享。通过自贸区管委会牵头，浦东新区知识产权局加强了其与自贸区海关、工商、质监、公安等自贸区内知识产权监管机构之间的信息情报工作和联系。任一机关在各自职责范围内基于工作内容所获得的特定知识产权信息，在经过相应的筛选后，会通过知识产权共享平台共享给其他行政管理及执法机关。某一机关为工作所需而未能掌握的信息，也可以在信息共享平台中发布相应需求，通过共享机制掌握相应信息。

在自贸区外部，浦东新区知识产权局还与上海市知识产权局、上海市文化执法总队等市级机关建立信息共享机制，从而在信息共享的机制上实现了市区两级的纵跨。知识产权信息共享平台的构建得到上级主管部门的支持与肯定，信息共享的范围、内容、渠道、层次也得到了充分的提升。

此外，浦东新区知识产权局还强化与司法机关的信息共享合作。知识产权行政保护与司法保护是知识产权权益人谋求权利救济、维护自身合法权益的有效手段。司法保护具有稳定性、专属性、效力终级性、公平优先性及规范性、注重对权利人的赔偿等优点，司法保护一般是被动的保护；但司法保护往往存在救济不及时、难以及时阻止损失扩大的不足。行政保护具有应变性、可转授性、效力先定性、效率优先性及成本小、速度快、能迅速恢复当事人的权利等优点，行政保护一般是主动的保护；但行政保护也时常存在公权力越位和权力寻租的不足。由此可见，知识产权司法保护与行政保护各具利弊，行政保护的优点恰恰可以弥补司法保护的不足，司法保护的优点也可以极大地减少行政保护缺点的出现。虽然知识产权双轨制的保护模式保护机制重叠、各自标准不统一、程序各自独立导致两种保护机制衔接不畅、配合效率较低。但可以通过沟通、衔接、交流机制的完善来消解双轨制保护模式的不足，充分发挥双轨制模式的优势互补效应。行政机关或司法机关在打击侵害知识产权行为、进行知识产权纠纷裁判、解决知识产权纠纷的过程中，可以通过行政、司法机关的联动获取在司法或行政程序中业已掌握的信息，这些信息包括但不限于隐藏于虚拟网络背后的各类知识产权的侵权线索以及为行政或司法机关掌握的各类证据。

正因如此，浦东新区知识产权局扬长避短，通过与浦东法院、检察院、公安分局等司法部门搭建信息共享平台，设置协同保护机制，加强在知识产权侵权线索及证据上的共享，借以充分发挥两种路径的保护优势。[1]

2）阿里巴巴知识产权信息共享机制

公权力机关掌握着关于特定知识产权权利主体以及知识产权本身的最为基础、最为真实的信息，通过这些信息可以详细地了解特定知识产权的产生、确权、权利内容、保护范围、权利主体以及所涉各类纠纷的信息。市场主体如各类电子商务平台则一直保持着开放性、连接性、聚合性、稀缺性、互利性的特点。电子商务平台通过网络激发效应，连接多样群体并提供互动机制。[2] 基于此电子商务平台掌握着有关特定知识产权及权利人在市场中的生产、经营、物流、价格、营业收入等纯粹市场化运作信息。网络环境下的知识产权运作行为具有主体虚拟化、行为隐藏化的特点，在阿里巴巴知识产权信息共享平台建立之前，知识产权行政执法机关往往难以准确地识别行为人的真实身份和基础信息，难以获取有关侵害知识产权行为更为关键的证据，难以全链条摸清侵权行为人在网络环境中的侵权足迹。

阿里巴巴知识产权信息共享平台构建后，作为电子商务平台运营方的阿里巴巴能够根据自身的平台优势、资源优势、规则优势以及技术优势，掌握特定行为人、特定“知识产权”产品的信息足迹，为知识产权行政执法机关勾勒出特定知识产权在市场中完整的商业运作足迹。对于行政管理、执法机关而言，通过阿里巴巴主动共享的关于特定知识产权人、特定知识产权产品生产、销售、物流、现金流等完全商业化的信息，公权力能够快速锁定侵权行为链条各参与主体、获取侵权线索、核实侵权行为、确定权利人损失、量化侵权人收益、采取更为直接有效的执法措施打击侵权行为、防止损失扩大。此外，阿里巴巴还掌握着特定卖家经营指数和售后数据。这些数据对于行政执法机关明确侵权数量、地域、持续时间、造成的损失以及所获利润有着重要意义。

对于阿里巴巴而言，电子商务平台中海量销售行为的主动审查超出了平台服务提供者在技术上的可实现性和成本上的可承担性；侵权处理任务繁重，大量轻微侵权通知、虚假侵权通知掺杂其中，难以区分；知识产权侵权判定法定性、技术性、专业性，超出电子商务平台服务提供者的专业

---

[1] 浦东新区知识产权局．知识产权行政管理和执法“三合一”改革成效初显［EB/OL］．［2017－08－20］．http：//www.pudong.gov.cn/shpd/news/20161025/006001_d5743b71－19a6－4d03－ab97－9d1b07888379.html.

[2] 李光斗．分享经济［M］．北京：机械工业出版社，2016：61.

能力范围；对于平台用户正常交易行为的高强度介入、监督，将导致网络平台的封闭、萎缩；网络服务商在承担连带责任后，也往往难以通过向实际侵权人追偿获得足够的弥补。除此之外，媒体报道又时常将电子商务平台服务提供者视为众矢之的，置于公众批评舆论的风头浪尖。这些都导致维权成本分担不均衡，增加了电子商务平台服务提供者的法律风险。知识产权行政机关可以充分发挥资源优势给予电子商务平台服务提供者以必要的支持。行政执法机关可以充分发挥自身调动、分配社会资源的优势，加强与电子商务平台服务提供者的合作。在电子商务平台单凭自身之力判定是否侵权时，行政机关可以通过信息共享机制，提供特定专业领域的人才和技术信息，以及已有的关于权利人、涉嫌侵权行为人的过往信息，协助电子商务平台作出必要的判断。

（二）知识产权信息共享的多维度发展

知识产权信息共享进程是一个由点到线再到面的过程。信息共享的地域范围，由特定行政区域向跨地域发展；信息共享的业务范围，由特定业务条线向跨业务条线发展；信息共享的主体范围，由公权力机关间共享发展为公权力机关与市场主体间的共享；信息共享的内容，由最初的特定知识产权基础信息（如主体、权利标的等）转向特定知识产权侵权线索、侵权证据、市场运营信息的共享。可以预测，伴随着信息共享机制的不断完善以及信息共享红利的涌流，知识产权信息共享在范围上、内容上、层次上都将会有更为深入的发展。大数据也推动共享模式的深入，在信息共享基础上，知识产权公权力机关之间以及公权力机关与市场主体间的共享将从信息共享向人才共享、基础设施共享、各类资源共享的方向上不断深入。

信息的共享有效避免了知识产权生命周期内所涉各方在信息采集、存贮和管理上的重复，节约了社会成本。这将有效缓解信息相对稀缺对于知识产权保护的掣肘，进一步推动知识产权行政管理、行政执法的协同。正因如此，部分知识产权法律法规如《专利法送审稿》第三条即规定专利行政机关应当建设专利信息公共服务体系，构建起专利信息共享机制，降低信息获取的成本，促进专利信息传播与利用。

三、大数据优化行政执法

知识产权行政保护是行政机关对知识产权的全面保护，既可主动开展，也可以经申请而开展。知识产权行政保护具有主动性、多样性、直接性、效力先定性、可诉性的特点。对于权利人而言，行政救济成本低廉、救济及时、效果明显，所要承担的维权成本和法律风险都相对较少。[1] 可以预见，越来越多的权利人将申请行政执法保护自身知识产权，行政执法机关将面临更大的执法压力。大数据技术尤其是大数据思维的应用，将有助于行政机关化解压力。

（一）全数据分析，提供丰富侵权线索

1. 传统环境中侵权线索的获取与保全

无论是主动的知识产权行政执法还是经权益人申请被动的知识产权行政执法，在采取具体的行政执法措施前都需要充分获取侵权线索和证据。只有如此才能保证知识产权行政执法活动有着充分、有效的事实及法律依据。

知识产权行政执法证据可以理解为知识产权行政执法机关在行政执法过程中，依照法定程序收集或提供的与查明案件事实或法律事实有关联的符合法定形式的物质资料依据。与其他领域具有一致性，知识产权行政执法中的证据也可以大致分为书证、物证、视听资料、证人证言、当事人陈述、鉴定结论及其勘验笔录、现场笔录等。在证据来源上，根据行政执法程序启动机制的不同有两类执法证据，主动型行政执法证据，主要来自行政执法机关主动收集、保全；被动型行政执法证据，一方面来自申请人的搜集保全，另一方面来自行政执法机关后续通过询问、调取、鉴定、勘验、检查等方式的获取。

在传统环境中，侵害知识产权行为均发生在实体环境中，涉嫌侵权人、涉嫌侵害知识产权产品均以实体形式存在，行为人难以通过有效数段虚拟化其身份、隐藏其侵权行为及侵权产品。知识产权行政执法机关在锁定潜在侵权人及侵权具体地域后，进行证据获取及保全过程中所遇阻碍相对较小。但在网络环境中，知识产权行政执法机关面临主体及具体行为虚拟化以及电子数据处理两大方面的困难。对于主体及行为虚拟化问题而言，网络用户可以直接通过网络服务提供者提供的网络平台向公众发布或者销售盗版产品和假冒商品，而这些网络用户可以是实名，也可以是假名甚至匿

---

[1] 曲三强，张洪波．知识产权行政保护研究［J］．政法论丛，2011（3）：58．

名，这就为打击网络环境下的侵权行为造成了极大的障碍。[1] 在行为主体虚拟化的同时，涉嫌侵权产品的生产、交易、流通、使用行为也逐步虚拟化。原本明确的行为外观逐步虚拟化，除了涉嫌侵权产品的生产者、销售者、交易相对方能够相对明确地知晓所涉特定主体以及有关产品的生产销售信息外，包括行政执法机关在内的其他主体往往难以直接接触、获取、保全有关侵害知识产权行为的线索，保全相关证据。涉嫌侵害知识产权线索的发现以及相关证据的获取、保全已经成为知识产权行政执法需要解决的关键问题所在。对于电子数据的处理而言，行政执法机关面临如下困难：一是电子数据高度集成，传统的以检查小组为单位分散调查的检查模式难以有效发挥作用；二是数据量巨大，广泛存在的数字信息不利于执法人员找准突破口并进行专业判断；三是数据结构复杂，执法人员在短时间内难以全面掌握和了解数据内涵及数据表间的勾稽关系；四是数据类型多样，执法人员检查电算分析水平比较低，对非结构化数据进行综合分析和处理的能力仍有待提高；[2] 五是传统的抽样检查、取证的方式存在样本选取上的偏差，导致小样本抽样数据分析结果与客观情况相偏离。

2. 大数据提供了丰富的侵权线索

知识产权行政执法中，证据搜集的范围包括但不限于涉嫌知识产权行政违法行为主体基本信息的证据材料、有关证明知识产权行政违法存在以及情节严重程度的证据材料、有关证明知识产权行政违法不存在或者情节轻微的证据材料以及与行政执法相关的其他证据材料。这些证据材料是行政执法机关判断行为人行为是否侵害他人知识产权、存在行政违法情形以及作出对应行政执法行为的依据。

知识产权在其产生、获权、使用、运营的各个环节都会留下完整的信息足迹。这些信息足迹尤其是各类市场主体、网络交易平台运营者所掌握的各类信息中包含着大量的侵害知识产权的线索和证据。基于信息共享机制，知识产权行政执法机关能够获取特定主体、特定知识产权的海量市场交易信息资源。云计算等信息技术的发展则赋予我们进行全数据分析、深度挖掘信息价值的能力。大数据让我们重新审视信息的潜在价值，全数据

---

[1] 张伟君，方华，赵勇．ACTA关于“数字环境下知识产权执法”规则评析［J］．知识产权，2012（2）：84．

[2] 谭旭辉．大数据时代开展价格行政执法的几点思考［J］．中国价格监督检查，2014（1）：61．

分析思维代替了传统的小量样本分析。借助大数据技术，知识产权行政机关能够将海量信息纳入统一的分析框架，[1] 挖掘出看似相隔甚远信息之间的相关关系，从而协助知识产权行政机关逐步构建起有关特定侵权人及侵权行为的丰富线索。

正是因为看到大数据带来的线索检索便利，在政策层面，高层级的知识产权行政管理、执法机关在相应的知识产权政策中作了相应的引导，明确提出了知识产权执法机关可以充分利用大数据的技术进行侵权线索的检索。例如，国务院发布的《国务院办公厅关于印发2016年全国打击侵犯知识产权和制售假冒伪劣商品工作要点的通知》（国办发〔2016〕25号）、《国务院办公厅关于发挥品牌引领作用推动供需结构升级的意见》（国办发〔2016〕44号）等相关政策，要求利用大数据技术，开展打假工作，净化市场环境，保护企业品牌。这里所称的利用大数据技术主要是强调利用大数据的数据整合、分析技术，通过主动检索，发现可疑线索。另外，可以众包形式实现侵权行为发现的社会化协作。在众包平台上（如各类讨论社区等），每个社会个体都是一个重要的信息搜集、传输、共享基点。每个社会个体贡献一部分信息就能够实现大范围的相关数据有效的汇总、整理，通过社会化的协作，实现对特定潜在侵权线索的广度汇总、深度挖掘。

在具体实践上，部分知识产权行政管理机关已经加强与各类电子商务平台的合作，进行侵权数据检索的有益尝试。杭州海关联合阿里巴巴电商平台查获、处理假冒阿迪达斯运动鞋案件即是全数据分析获取侵权线索的例证。[2] 杭州海关获得涉嫌假冒阿迪达斯运动鞋的基础线索，1949个涉嫌侵害知识产权的邮包分批次从义乌、宁波等地寄往意大利、西班牙多达1000余个收件人处。但除此之外，杭州海关却因难以介入电子商务平台用户的交易行为而获取不到更为充分的侵权线索。而阿里巴巴电商平台则具备全数据获取分析的能力。在接到海关通报的线索后，阿里巴巴电商平台迅速对侵权邮包涉及的千余条交易记录进行追踪，分析上万条关联数据并反复比对、串并相关账号，查找出多个具有团伙性质的电子商务平台商家。在

---

[1] 雷丽娟，李润珍．大数据背景下的因果关系与相关关系［J］．河南理工大学学报，2017（1）：39.

[2] 张翼．杭州海关运用大数据查获跨境电商出口侵权案［EB/OL］．［2017－07－28］．http：//news. xinhuanet. com/politics/2016－04/26/c_128930671. htm.

锁定不法商家大致范围后，阿里巴巴电商平台全数据分析技术，针对锁定商家进行更为深入的数据分析，充分掌握了特定商家的主体基础信息，涉嫌侵害他人商标产品的生产、销售、物流、资金流等信息，并将之共享给杭州海关。这为杭州海关查处、打击此类通过互联网跨境电商平台向境外销售侵权商品的售假团伙提供了充分的线索和证据，成为我国首起应用大数据分析查获的通过互联网跨境渠道出口侵权的案件。

（二）多维论证，减少行政执法偏差

1. 行政执法权力的扩张

现有知识产权法律法规赋予了知识产权行政机关广泛的行政职权。以专利行政执法为例，国家知识产权局是国家层面管理专利事务的主导机关，地方专利行政管理部门是进行专利权行政执法的主要部门。其具体执法职能包括：第一，处理专利侵权纠纷；第二，查处假冒专利行为；第三，调解专利侵权纠纷之外的以权属纠纷为主的其他专利纠纷案件；第四，规范专利标识标注方式；第五，开展展会专利行政执法工作。有权依法采取查封、扣押涉嫌假冒专利产品的强制措施，依法作出行政处罚决定。可以说现有制度赋予了知识产权行政执法机关广泛的执法权利，知识产权行政执法机关可以自主决定采取行政执法的方式、程度、时间。一方面行政执法机关享有广泛的权限，另一方面权力的扩张也容易导致执法失误情形的出现。

2. 行政执法证据的获取与审查

知识产权行政执法中，证据搜集的范围包括但不限于涉嫌知识产权行政违法行为主体基本信息的证据材料、有关证明知识产权行政违法存在以及情节严重的证据材料、有关证明知识产权行政违法不存在或者情节轻微的证据材料以及与行政执法相关的其他证据材料。这些证据材料是行政执法机关判断行为人行为是否侵害他人知识产权、存在行政违法情形以及作出对应的行政执法行为的依据。知识产权行政执法机关可以通过询问、调取、鉴定、勘验、检查、辨认以及抽样取证等方式获取行政执法的证据。

在执法机关对于相关证据的审查事项上：在程序方面，行政执法机关需要审查每个证据的来源，证据收集是否合法、科学；在内容方面，需要审查特定证据与案件事实之间的关联，审查证据形成的时间、地点、条件，审查证据本身的内容前后是否一致，是否明确具体、是否存在逻辑矛盾以

及不符合情理的部分。在完成对特定个别证据的审查后，还应当将全案证据联系起来，相互印证分析，进而得出行政执法的依据。只有满足最为基本的客观性、合法性、关联性要求的资料才有可能成为行政执法的证据。

一般而言，知识产权侵权活动隐蔽难以被发现，侵权情形复杂难以判断。在信息有限情形下，对于那些侵权边界模糊、侵权判断比较复杂的案例，行政机关是难以胜任的，知识产权执法实践中曾发生过很多执法错误的案例。[1]小样本的抽样检查往往暗含着不为我们察觉的行为惯性、选择盲区，导致抽样检查的判断结果与实际情况之间的偏差。小样本也往往只是展现了涉嫌侵权行为的部分构象，不能为行政执法机关呈现整个涉嫌侵权行为的整体情形，这可能导致行政执法机关的错误判断和错误执法。

3. 减少行政执法偏差

大数据讲究实用主义，追求数据之间的相关性，通过相关性简历模型，寻找规律，不再像传统科学那样执着于因果性的追求。[2] 行政执法机关基于现有资料作出的判断也可以通过大数据的预测予以验证，从而提高行政执法机关判断与大数据分析预测结果的吻合度。

大数据分析支撑下的多维论证，使得行政执法机关充分获知隐藏在数据背后不为我们所察觉的彼此之间的相关性；可以排除与特定知识产权行政执法事项无关、影响行政执法机关判断的线索；可以根据线索资料充分了解侵权人侵权的地域、数量、时间、影响，由此评估侵权行为给知识产权人造成的损失；可以深入了解侵权人所获收益，并以此作为进行行政处罚的必要依据。从证据审查角度看，这使得行政执法机关能够更加严谨地依据“三性”进行证据内容及获取、保全程序合法性的审查，剔除不符合行政执法证据要求的线索，减少证据链条内部各证据间在逻辑上的龃龉之处，促使行政执法证据链条更加完善，证明效力更加充分。这也使得知识产权行政执法做到了有法可依、有证据可知，防止了行政执法的盲目性。

行政执法机关还可以充分评估不同类型的执法手段所需成本、收益以及效果。经过上述论证，行政执法机关可以因地制宜采取既能够及时制止

---

[1] 李芬莲．中国知识产权行政执法的困境及出路［J］．广东社会科学，2014（3）：234.

[2] V．M．舍恩伯格，K．库克耶．大数据时代［M］．盛杨燕，周涛，译．杭州：浙江人民出版社，2013：125.

侵权行为、防止损失扩大又能够有效控制执法行为负面影响，避免公权力行为过度干预市场经济的恰当的行政执法手段，尽量减少行政执法偏差的产生。

（三）流程优化，提升行政执法效率

1. 传统语境下的行政执法

知识产权行政执法可分为主动行政执法以及经权利人或利害关系人申请的被动行政执法。以被动行政执法为例，往往要经过当事人申请、执法机关受理、执法机关审查，若在审查中发现申请人资料或证据有所欠缺，会及时通知申请人补充完善相应的材料并完成相应的受理。行政执法机关在受理后，会根据申请人提供信息、自有信息以及第三方来源信息确定有关涉嫌侵权行为人以及侵权行为的基本信息（如侵权行为人住所地、联系方式、主要生产经营地，侵害知识产权行为的发生地，相关产品的生产地销售地等）。在此基础上，行政执法机关将独自或者联合其他诸如工商机关等着手开展针对性的检查，检查的目的在于进一步获取有关侵权行为的证据，以便进一步明确被申请人行为及其生产、销售的产品是否构成侵权。若执法机关所查证的事实不清或者证据不明的，行政执法机关将对申请人的执法申请予以撤销。若行政执法机关获取足够支撑其确认侵权行为存在的证据，行政执法机关将填写立案呈报表，完成相应的立案程序。检查同时通过下达取证决定书、填写取证笔录、获取各类证据等完成对于侵权行为的证据获取与保全。行政执法机关在充分证据基础上，根据侵权行为的具体情形，采取与之情况相对应的诸如查封、扣押、处罚、没收生产设施及侵权产品等措施制止侵权行为，防止损失的扩大。对于被申请人，法律法规也赋予了诸如听证、提起复议以及行政诉讼等救济措施。与经申请而采取的行政执法措施相比，行政执法机关主动采取的执法行为在整个流程上少了申请人申请受理等环节。由上述论述可知，行政执法机关整个的行政执法过程可以大致分为涉嫌侵权信息获取、侵权行为核实、执法措施采取等环节。

对于知识产权行政执法机关而言，在以往信息隔离、共享缺失的背景下，行政执法机关信息获取途径较为有限，主要是通过申请人提供信息以及特定知识产权行政执法机关主动检查获取。在缺乏执法联动的情形下，侵权行为的核实以及行政执法措施的采取往往需要特定机关独立完成，个别情况下存在重复核实、重复执法等情况。行政执法过程取证难度大、执法措施难落实。对于申请行政救济的行为人而言，则不得不为跨区域的知识产权维权而奔波。整个救济过程成本高、耗时长且经常遭受地方保护主义的阻碍。

2. 大数据支撑行政执法降本增效

在大数据时代，行政工作的数字化管理、各类材料的电子化、信息的共享使得原本的潜在侵权行为预警、行政执法流程、具体办理等得到进一步的优化。通过数字化举报、申请平台的建立，知识产权权利人及利害关系人可以通过公开的链接渠道，按照举报及申请要求填写相应的有关申请主体、被申请人、涉嫌侵权行为等相关信息，并完成基础证据材料的上传。申请人借助覆盖范围各异的举报平台，通过一次性的申请，就能够实现在多地域涉嫌侵权行为的举报，这样就避免了权利人及利害关系人因为地域阻隔等原因，难以低价，及时申请行政救济的阻碍。行政机关在获取相应的信息后，可以借助侵权信息共享平台向侵权所涉地域机关发出存在特定侵权行为的预警通知。与此同时，通过与其他行政机关、司法机关以及与市场主体的信息共享机制准确获知有关涉嫌侵权行为人，侵权产品生产、销售、流通各个环节的信息。行政执法机关不能获取、不便获取的证据等信息能够通过司法机关、其他行政机关的共享从而获得。这极大地降低了执法机关的信息获取成本，又能够更为准确地锁定侵权行为人、核实侵权行为存在与否。

在侵权证据的保全等环节，行政执法机关可借助大数据优势，将获取的侵权证据予以电子化呈现并保存在更为安全、便捷，成本更为低廉的云端存储平台等，避免了特定电子证据的遗失，降低了证据的获取与保全成本。由此可见，借助大数据优势，知识产权行政执法的流程及其具体开展得以进一步优化，减轻了申请人在申请行政救济，特定行政执法机关在信息获得、证据获取保全、行政处罚下达与执行等环节的成本，提升了行政执法的效率，提高了行政执法的效果。

综上所述，借助大数据，知识产权行政执法机关能够通过对数据的及时收集与分析处理，做到涉嫌侵害知识产权行为的合理预测与准确判断；再通过对数据的不断补充与更新，采取更为准确高效的行政执法措施，并不断跟进行政执法措施效果，及时调整知识产权行政执法的思路和方法，保持知识产权行政管理、行政执法的及时性、适应性、连续性和有效性。

四、大数据丰富救济路径，推动执法协同

（一）权利人维权渠道不断拓宽

普遍存在的侵权行为打破了市场稀缺，阻碍了利益传输，损害了知识产权人的合法权益。为保护知识产权权利人的合法权益，现行法律法规为知识产权权益人提供了包括私力救济、公力救济在内的多种方式。选取成本最为低廉的救济手段、及时有效地制止侵权行为防止损失扩大、高效充分追偿填平自身损失是所有知识产权权益人永恒的诉求。私力救济具有自主性、灵活性的特点，能够充分尊重当事人的意思自治，在处理方式、时间、结果上更好地满足当事人的利益诉求。但私力救济的成本需要由权利人直接承担，所达成的合意可能因不具有强制执行力而落空。司法救济具有法定性、程序性、强制性的特点，但往往成本高、效率低、时效性不足，结果难预测。从维权成本及维权效果的对比看，选择知识产权行政执法，知识产权人所支付的人力、物力成本较低，所面临的法律风险较小；知识产权行政执法机关权限大、自由度高，能够及时有效地制止侵权行为，防止损失的扩大。因此，申请知识产权行政救济往往成为权利人维权的优先选择。面对网络环境中的侵害知识产权行为，传统的知识产权行政救济申请机制、行政执法机关纯粹管理者角色定位、传统的行政执法流程及措施难以打破区域阻隔、行政管辖划分所造成的阻碍，难以在节奏效率上满足权利人快速核实、及时打击侵权行为的诉求。

为方便权利人申请行政救济，减轻其在申请行政救济方面的成本，公权力机关以及相应的市场主体分别根据自身的特点及优势，积极拓宽知识产权行政救济路径。在行政机关层面，我国知识产权系统积极转变自身定位认知，强化知识产权行政机关的服务意识，在全国范围内设立了“12330”知识产权维权援助与举报投诉公益服务电话，积极接收社会公众和权利人的举报投诉，及时向相关执法部门转交案件线索，追踪反馈案件信息。各地知识产权系统积极支持举报投诉平台建设，“12330”电话接听量与移交案件量大幅增加，有力地推进了专项行动与执法办案工作的开展。[1] 我国各省、自治区、直辖市已建立了76家知识产权维权援助中心，

---

[1] 全国知识产权维权援助工作取得新突破［EB/OL］.［2017－08－15］. http：//www.12330. gov. cn/zscqw/_111496/_111620/112651/index. html.

北京、广东等地还建立了20家知识产权快速维权中心。部分援助中心借助大数据技术，建立起覆盖本区域的行政救济申请平台。如前文所言，权利人及其利害关系人可以根据涉嫌侵权人及侵权行为发生地的行政救济云平台申请该行政区划的救济。其只需要通过在线注册，提交权属证明以及初步证明侵权的证据材料就可以完成行政救济的申请流程，而无须实际奔赴侵权行为发生地的行政主管机关当面进行救济申请。这些行政救济申请平台往往结合本区域产业特点，建立起行政救济快速审查、快速确权、快速维权机制，有效地提高了地区知识产权执法维权效率，保障了产业的健康发展。

在市场层面，以阿里巴巴为代表的大中型电子商务平台业已凭借大数据技术，强化与知识产权行政执法机关的合作，搭建起各具特色的知识产权救济平台。阿里巴巴构建知识产权保护平台旨在与全球知识产权权利人建立合作机制，为权利人与阿里巴巴集团旗下各网站之间搭建知识产权保护桥梁，为全国乃至全球范围内的知识产权人提供专业的救济路径。平台倡导权利人参与构建机制，引导权利人诚信维权，深度参与平台治理过程，强化平台与知识产权权利人的深度合作。平台在与知识产权权利人维权过程中，会全程保持互动，深入把握权利人的自身需要以及侵权的实际情况，明确双杠维权目标，制定符合权利人的治理策略方案。[1] 在具体的维权过程中，双方则根据自身的定位职责，相互协同共同面对和解决维权过程中面临的各种问题。就具体维权程序而言，权利人及利害关系人首先签署《知识产权保护平台使用协议》完成相应的注册，再提交自身享有合法权益的知识产权信息。在已完成权利备案的基础上，就可以针对特定行为人提起知识产权投诉。投诉环节不仅需要提供相应的被控侵权人的基本信息如网址链接等，还需要提供投诉人认为侵权行为存在的相关证据。平台在收到上述信息后，将对权利人权利以及被控侵权行为进行核实，并依据当事人申请制定制止侵权行为方案。

（二）专项行动不断强化

重点突出、特色鲜明的各类打击知识产权侵权的专项行动是知识产权行政执法机关主动采取执法手段打击侵权行为的重要体现。中央层面，各

---

[1] 参见：阿里巴巴集团知识产权保护平台简介［EB/OL］.［2017－08－03］. http：//qinquan. taobao. com/.

知识产权主管机关会定期或不定期地发布相关指导文件，在全国范围内组织、引导下属各省市知识产权管理机关开展各类专项执法活动，诸如“护航”“雷雨”“天网”“亮剑”等。以往专项打击行动的开展往往与特定的知识产权日主题相挂钩，在上层知识产权管理机关明确专项行动主题与要求后，各地知识产权行政管理、执法机关按照上级机关要求开展相应行动。在缺乏大数据支撑难以及时获取足够的信息并作出量化分析的情形下，高一层级知识产权行政管理、执法机关对于大区域内的知识产权侵权情况尤其是侵权主要发生地域、主要涉及领域、侵权主要方式以及侵权影响等往往不能够予以及时准确的掌握。各个区域所出现的知识产权侵权纠纷也可能与高一层级下发的专项行动的表述与要求存在一定的差异。这在一定程度上会导致下级执法机关确定的打击领域、行为、重点、类型等与上级机关的要求相一致而与该下级执法机关领域内的具体情形相区别。这不仅耗费了大量的行政执法成本，未能及时打击真正不断蔓延的侵权行为，也往往导致知识产权行政执法行为逐步流于形式。

而在大数据时代，知识产权专项行政执法制定的依据、内容、领域、形式依据的是海量数据的深度分析，能够分地域、分领域、分时段地获取特定区域知识产权侵权情况并予以数据化呈现。这样就为行政执法机关开展专项整治提供了强有力的数据支撑，整个知识产权行政执法在执法重点上更加准确，在执法区域上更加明确，在执法时间上更加及时。也可以说大数据时代的知识产权专项行政执法更为贴合本地域、本领域的实际。

例如在著作权领域，著作权行政管理部门采取专项治理与日常监管并重的方式，多年来相继开展了打击网络、软件预装、图书馆、假冒他人署名书画作品等领域的侵权盗版专项治理行动，探索运用技术手段打击侵权盗版行为，著作权执法力度空前加大。而伴随着视频产业的规模壮大，游戏直播、网络直播产业的迅猛发展，各主要的知识产权行政管理、执法机关也都顺应产业发展的需求，结合产业发展的客观实际，加强了对主要视频网站、新兴直播平台的主动监管，以规范视频网站的著作权授权环节，从源头上防范侵权盗版问题发生。对重点网站的主动监管，规范了整个视频网站行业的正常经营秩序，在很大程度上遏制了网络视频的盗版现象。

在商标领域，打击未经商标注册人许可的使用行为以及仿冒他人商标商品行为一直是商标领域专项执法的重点内容。珠三角、福建及浙江的知识产权行政执法机关在开展各类商标行政执法行动时，就充分利用各类电子商务平台提供的数据、信息进行缜密分析，从而获取有关假冒名牌运动鞋行为人以及生产、销售行为的准确信息，进而针对性地开展专项执法活动。

在专利领域，专利行政执法机关借助大数据带来的便利，充分推进信息共享机制、执法协同机制的建设。在此基础上，不断推动专利假冒侵权执法关口前移，加强互联网、进出口、展会等关键环节的行政执法，针对网络交易平台、大型展会专业市场等组织开展专项行动。2015 年国家知识产权局在电子商务领域组织开展“闪电”专项专利行政执法维权行动。

作为知识产权边境保护重要组成部分的海关，也积极开展各类专项行政执法。开展了“重点打击利用邮递快件渠道侵犯知识产权行为的专项行动”“长三角地区海关知识产权专项执法活动”和“全国海关保护知识产权‘龙舟行动’”“世博会标志专有权专项保护行动”“打击侵犯知识产权和制售假冒伪劣商品专项行动”“打击进出口侵权药品、食品、汽车配件专项整治”等，有效遏制了相关领域的侵权势头。

由此可见，大数据时代知识产权行政执法是建立在海量数据共享、深度挖掘数据信息的基础之上的。海量的数据共享使行政执法机关对于特定区域知识产权的侵权情况更为深入了解，深度数据分析使得行政执法机关执法依据更为充分、专项行动方向更加明确、领域更加突出、执法内容更具有针对性。

（三）执法手段不断丰富，协同维权不断深入

1. 现实困境倒逼行政机关丰富执法手段

行政执法机关可以采用的执法手段主要包括查处、查封、扣押、责令停止侵权、罚款、纠纷调解等。其中责令停止侵权行为是最为主要的方式，行政执法机关可以要求侵权行为人销毁制造侵权产品的设备、模具，不得销售使用尚未售出的侵权产品或者以其他形式投放市场，或者销毁该侵权产品等。这些手段在知识产权权利人寻求行政救济、行政机关打击各类侵权行为的过程中发挥了重要作用。但网络环境下电子商务环境中的侵害知识产权行为则呈现出新的特点。侵权主体虚拟化，行政执法机关难以准确锁定知识产权侵权人，难以充分掌握有关知识产权侵权人的相关信息。网络技术一方面扩大了潜在侵权人对于知识产权及其产品的基础路径，降低了侵权行为成本；另一方面扩大了侵权产品的生产销售渠道，整体提升了侵权人的侵权收益，导致侵权行为丛生。借助网络技术，侵权行为人也实现了侵权行为的虚拟化。一个完整的侵权行为被分割为多个环节，侵权设备、设施、材料等被隐藏在虚拟网络环境中。

在此种情形下，囿于专业人才匮乏、技术能力的有限，传统的行政执法手段难以及时获取、保全相关侵权证据，难以及时发现制止侵权行为，难以深度介入侵权行为人的生产经营活动，查封、扣押、销毁生产销售各类侵权产品的设备、设施以惩戒侵权行为人。对于侵权行为人而言，其所获取的侵权收益仍然远高于其侵权成本。行为人从事侵权行为的基础资源未被有效打击，其可以再次变换身份，继续从事侵害知识产权行为。由此导致原本强有力的行政执法手段在打击网络环境中侵害知识产权行为时逐渐鞭长莫及、隔靴搔痒。

为应对网络环境、电子商务给知识产权行政执法带来的挑战，行政执法机关也在法律法规允许的范围内不断丰富行政执法手段。在侵权行为的查处与证据获取、保全上，各层级的知识产权行政执法制度或多或少、或疏或密地规定了电子商务领域证据搜集、获取、保全、出示的指引，为行政执法机关电子证据保全提供必要引导。部分行政执法机关则吸纳专业人才，强化专业培训，强化与高校间的交流合作，提升专业能力。在人才资源、硬件设备上进行提升，以更好地推进执法措施的准确、高效落实。

在制止侵权行为和惩戒侵权行为人的措施上，从制度层面充实知识产权行政机关的执法权限。以专利行政执法为例，《专利法送审稿》强化了专利行政执法机关的执法权限和内容。《专利法送审稿》第六十条规定了执法机关有权要求停止侵权并可以申请法院进行强制执行；对于群体侵权、重复侵权，执法机关有权没收生产设备并可以惩罚性处罚。第六十三条则规定了专利行政部门认定网络用户利用网络服务侵犯专利权或者假冒专利的，应当通知网络服务提供者采取本条第一款所述必要措施予以制止，网络服务提供者未及时采取必要措施的，对损害的扩大部分与该网络用户承担连带责任。第六十七条则规定了执法对象的协助义务。专利行政部门依法行使前款规定的职权时，当事人应当予以协助、配合。当事人拒绝、阻挠专利行政部门行使职权的，由专利行政部门予以警告；构成违反治安管理行为的，由公安机关依法给予处罚；构成犯罪的，依法追究刑事责任。在具体惩戒措施的落实上，行政执法机关通过电子商务平台等对侵权人予以惩戒。电子商务平台可以按照行政机关要求采取警告，删除，屏蔽，切断信息、技术、现金流支持等方式制止侵权行为。还可以通过通报批评、降低信用评分、提高保证金比例、设置准入诚信黑名单、提高准入门槛拒绝侵权人进入交易平台等多种多样措施，惩戒知识产权侵权人。

此外，行政执法机关也强化诚信机制的建立完善，设立对反复恶意侵权行为人的诚信关注名单机制，强化对于日常生产经营行为的关注；通过诚信缺失名单共享机制，联合其他行政机关、司法机关对行为人的其他生产、经营活动予以约束、限制。符合失信被执行人条件的，将之纳入失信被执行人名单强化对其惩戒。在法律法规允许的框架下，知识产权行政执法、惩戒的手段正日趋多样化。例如，《专利法送审稿》第七十四条就明确规定专利行政部门应当建立专利权保护信用信息档案，并纳入全国信用信息共享交换平台。行政处罚案件信息会纳入社会征信体系，这与市场主体参与的一系列市场经济活动相捆绑，对被处罚的企业或个人的正常经营活动产生重大影响，比如企业的信贷资质、债权人及其他商业合作伙伴的信用评价、企业形象（商誉）等。[1]

2. 维权协同不断深入

1）公权力机关间强化维权协同

现有知识产权执法呈现多部门管辖情形，但由于现行的知识产权行政执法主体与各类知识产权之间一一对应的关系，部分行政执法机关出于执法依据以及执法成本、收益的考量，选择拒绝申请人的执法申请，导致实践中出现了一些“三不管”地带，[2] 网络环境下的侵害知识产权行为基本都是跨地域侵权，但我国在地方知识产权机构的设置上，除了商标局设置有一个自上而下的统一组织和管理体系外，对其他机构法律并无明文规定。这就导致了各地机构设置模式的多样化，致使地区知识产权管理工作差别较大，也给地区之间的协同管理造成一定的障碍 。[3] 例如，侵权行为地的行政执法机关若欲采取销毁侵权行为人模具、销毁侵权产品等行动就不得不进行跨区域执法或者申请侵权行为人所在行政区域的执法机关配合。否则，知识产权人申请行政执法救济无门。就我国现实情况而言，我们认为部分学者主张开展集中管理模式的行政执法并不实际。[4] 以深圳市为例，统一的市

[1] 朱雪忠，万里鹏．信息公开视角下的专利行政处罚权研究［J］．江西社会科学，2014（9）：144.

[2] 朱一飞．论知识产权行政执法权的配置模式［J］．法学杂志，2011（4）：123.

[3] 吴汉东．中国知识产权法制建设的评价与反思［J］．中国法学，2009（1）：58.

[4] 易玲．行政执法权配置多维化与知识产权行政保护［J］．求索，2012（5）：247.

场监管部门行使知识产权行政执法权，但从试点情况来看，由于专利侵权判定需要较高的专业知识，执法难度较大，统一的市场监管机关执法意愿不强。❶ 更为切实可行的是在既有的机制设置基础上，强化各行政执法机关间的执法协同，弥补职责空缺，修补执法机制缝隙。

伴随大数据信息共享机制的不断完善，公权力机关间的执法协同不断深入。在著作权领域，国家版权局每年均联合文化部、公安部、工信部、国家互联网信息办公室等部门联合开展打击网络侵权盗版（文学、音乐、视频、游戏、动漫、软件）的各类专项行动。❷ 各级著作权、公安、工信、互联网信息办公室及文化市场综合执法队等执法部门协调配合，著作权领域协同执法取得长足发展。

在商标领域，全国已建立了多个区域性的商标行政执法协作网络，所有省、自治区和直辖市都纳入了商标保护协作网。商标保护协作网的出现，为交流商标工作经验、统一商标法律理解与执行水平、研讨商标管理工作中的新情况新问题提供了有力的工作平台。之前工商行政管理部门不断加强与海关、公安、司法等部门的执法合作，取得了积极成效。原工商行政管理总局与海关总署联合下发了《加强保护商标专用权执法合作的暂行规定》，双方以驰名商标、著名商标、地理标志商标以及出口企业商标为保护重点，加强联合执法，发挥各自优势，实现战略合作，与公安部、最高人民检察院制定下发了《关于工商行政执法与刑事司法衔接配合工作若干问题的意见》，以解决案件移送中遇到的重点、难点问题。

在专利领域，早在2005年包括上海市知识产权局、江苏省知识产权局、浙江省知识产权局以及江苏和浙江两省所辖24个地级市知识产权局的代表一致同意并签署了《长三角地区知识产权局系统专利行政执法协作协议》。该协议扩大了协助调查取证的范围。从省际协议规定的“协助开展重大、复杂案件的调查取证”扩大到“积极配合协助开展专利侵权纠纷、假冒他人专利和冒充专利案件的调查取证”。该协议也进一步明确“协作办理重大案件”的执法协作内容，明确规定“对跨区域的故意侵权、群体侵权、共同侵权、重复侵权等重大案件，相关区域的知识产权局根据实际情况可以

---

❶ 董涛．专利权保护网之漏洞及其弥补手段研究［J］．现代法学，2016（2）：54．

❷ 高海英．依法加强网络治理 强化网络版权保护［EB/OL］．［2017－08－10］．http：//news．xinhuanet．com/newmedia/2016－07/13/c_135510127．htm．

协作办理”。该协议还明确“联席会议下设办公室，负责处理联席会议的各项日常工作”，从而更加突出加强执法协作的组织保障。[1] 在信息共享、大数据技术未能广泛应用的情形下，初始期的行政执法协同面临信息实时共享、证据实时传输、执法实时反馈等多方面问题。但伴随着云计算、大数据技术的发展，数据化信息共享、执法协同平台的完善，协同执法正不断走向深入。与之类似的专利行政执法协同机制还包括川南片区专利行政执法协作机制、闽浙赣皖九市专利行政执法协作机制、西部十二省区市专利行政执法机制等。

2016 年 3 月，国家知识产权局在浙江杭州建立中国电子商务领域专利执法维权协作调度（浙江）中心，广州市知识产权局等单位参与签订《知识产权系统电子商务领域专利执法维权协作调度机制运行协调会议备忘录》，接收国家调度中心分送的电子商务领域专利侵权假冒举报投诉案件。中心可将接收的浙江省内电子商务平台上的专利侵权举报投诉案件分送至全国各有关知识产权维权援助中心协助办理，相应知识产权维权援助中心应尽快作出咨询意见书。与此同时，提升线上案件移送与执行中的协作水平。对于电子商务领域的案件，各地方知识产权局应在接到协助执行书后快速提供协助，对具有重大社会影响或群体性的专利侵权案件，由国家知识产权局协调处理。最后要强调的是做好线上转线下案件的衔接工作。对于线上查实的专利侵权假冒案件，可由中心通过电子商务平台商确认被请求人详细信息，及时将案件线索移送有管辖权的地方知识产权局进行线下办理，从源头打击专利侵权假冒行为。[2]

担负知识产权边境保护重责的海关总署及其直属各级机关，在电子商务时代面临着更为严峻的知识产权保护责任。为此，海关总署及其直属机关不断加强与其他地区行政执法机关的合作。在国内层面，海关总署建立起了海关系统内部的跨区域执法协同机制，实现了人员调度、快速立案、及时移交、线索共享，有效提高了跨地区案件的办理效率。在国际层面，与其他国家和地区海关在知识产权执法的情报交换、执法培训、执法经验和人员交流等方面的合作也在不断深化，先后与欧盟、俄罗斯等海关签订

---

[1] 上海市知识产权局．长三角地区知识产权局系统专利行政执法协作协议［EB/OL］．［2017－08－11］．http：//www. sipa. gov. cn/gb/zscq/node2/node23/userobject1ai2734. html.

[2] 中华人民共和国国家知识产权局．关于深化电子商务领域专利执法维权协作机制的通知［EB/OL］．［2017－08－15］．http：//www. sipo. gov. cn/zscqgz/2016/201602/t20160202_1236230. html.

了知识产权保护合作行动计划，为国际间海关联手打击侵权货物的跨境流通搭建了合作平台。同时加强了与美国电影协会、中国外商投资企业协会优质品牌保护委员会（QBPC）、国际商标协会等行业协会的交流，增进了信息共享、执法培训等多层次合作。[1]

此外，行政执法机关还强化了与司法机关的维权合作。行政保护与司法保护对于知识产权保护来说都是不可或缺的方面，两者不能相互替代。行政保护应严格遵循行政为辅助方式、司法为纠纷最终解决方式的原则。[2]在现有制度中，知识产权行政执法与刑事司法制度已经存在一定的衔接基础，如《著作权法》第四十八条、《商标法》第六十一条等。在现实操作中，行政执法机关与司法机关的衔接也逐步推向深入。全国著作权行政部门2011—2013年行政查处案件数量分别为3381件、2249件、3567件，涉嫌犯罪移送案件数量分别为179件、858件、93件。2015年，在商标领域，行政执法机关向司法机关移送涉嫌犯罪案件238件，其中涉嫌侵害商标专用权案件164件，涉及金额高达1.2亿元；在著作权领域，向司法机关移送涉嫌犯罪案件59件，涉及金额3845万元。[3]

2）加强与市场主体合作，推进执法落实

网络交易服务提供者最大的优势在于资源集成，平台汇聚了个人或者单个企业难以获得的各类商业信息，极大地降低了用户个人的信息搜寻成本。这种信息的多样性增加了用户的选择项，提高了交易达成的可能性。网络用户对于网络交易服务提供者提供的商业信息、软硬件服务形成了路径依赖，需要服务提供者搭建的宣传销售平台、虚拟支付平台以及信用机制完成交易。表面上网络交易服务提供者与用户之间是平等的民事主体，但实际上网络交易服务提供者处在相对优势地位。大多数网络交易服务提供者奉行“不接受即走开”的原则，用户若想利用这些丰富的交易信息以及便捷的交易服务，就必须遵守网络服务提供者制定的各类规则并接受其管理监督。目前，各大相对成熟的网络交易服务提供者均已逐步建立起涵盖平台入驻、交易管理、信用评定、侵权处理等多方面的规则体系。这些

[1] 中华人民共和国国家知识产权局．知识产权战略纲要颁布一周年海关交出满意答卷［EB/OL］．［2017-08-05］．http：//www.sipo.gov.cn/yw/2009/200906/t20090615_465119.html.

[2] 唐素琴，姚梦．专利权行政保护的正当性探析［J］．知识产权，2014（1）：54.

[3] 国家知识产权局．二〇一五年中国知识产权保护状况［M］．北京：知识产权出版社，2015：12.

内容庞杂、体系严密的交易规范可以直接内化在交易活动中，具有直接的实施效力。❶ 网络服务提供者将自身的资源集成优势转化为规则优势，这种规则优势实际上打破了网络平台服务提供者、平台用户之间原本独立平等的地位。网络服务提供者能够凭借详尽的平台管理规则、先进的技术手段对网络服务平台内部的用户进行监督、管理，对违反平台管理运营规则的用户进行相应的处理。

以阿里巴巴旗下的电子商务平台为例，无论是个人用户还是企业用户在入驻网络交易平台时都需要提供个人身份证明资料，如真实的姓名、地址、营业执照等信息，这些信息可能帮助网络交易服务提供者准确地识别平台内部交易主体尤其是卖家的真实身份和具体地址、联络方式。网络交易服务提供者通过相应的规则、协议以及先进技术，能够实现对于交易主体以及部分交易流程的监督控制。对于违反电子商务平台交易规则以及相关法律法规的平台用户，网络服务提供者能够依照事先达成的协议或者相关法律规定采取减分、降级、暂停服务、封锁账号等措施实现对于平台内部主体以及交易行为的有效控制。由此可知，作为中立第三方的部分网络服务提供者凭借独立的技术能力和中立地位使其在自己的系统中享有实际上的支配权。❷ 对于经确认核实的侵权行为，部分网络交易服务提供者能够从技术层面采取删除、暂停服务等必要措施，从物理层面直接、及时、有效制止侵权行为，防止损害结果的扩大。浙江等地的知识产权行政执法机关也建立起了电子商务知识产权专项维权机制。按照行政执法机关与电子商务平台的合作机制，行政执法人员直接进驻电子商务平台，现场接受权利人维权申请，核实潜在侵权行为，直接采取必要措施处理知识产权纠纷，案件处理力度和效率大幅度提升。

五、大数据平台监督，规范行政执法

（一）强化监督的必要性

与司法机关不同的是，知识产权行政机关执法是动用国家的公共资源进行执法，基于自身定位，可以采取各类管理措施、执法措施并从中获得

---

❶ 周辉．平台责任与私权利［J］．电子知识产权，2015（6）：37．

❷ 薛虹．论电子商务第三方交易平台——权力、责任和问责三重奏［J］．上海师范大学学报（哲学社会科学版），2014（5）：40．

相应激励，如对被管理对象罚款，即使存在管理错误、执法失当也可以通过司法救济予以纠正。行政管理及执法机关有着充分的内在激励去强化行政管理和执法。知识产权行政机关能够从执法行为中获得足够的激励，这为执法寻租、选择性执法、执法不作为、地方保护等留下很多可乘之机。[1]如果知识产权行政机关滥用行政权力，将打破市场良性竞争，过度干预市场资源的分配，强化乃至异化个别知识产权权利人对于专利技术的垄断。行政处罚具有执法上的主动性和威慑性，具有与刑罚类似的效果，如忽视制度平衡而片面地强调行政处罚对保护力度的加大必然会抑制或者扼杀社会的创新积极性，使保护制度与权利实际不相适应。[2] 此种不良影响将在地域保护色彩浓厚、市场尚未完全开放的区域成倍放大。缺乏必要监督的知识产权行政执法行动将逐步走向运动化，此种运动化可以理解为以运动式的思维或者方式来推动行政管理和执法。这主要体现在两方面：一方面，大量的临时性、应急性行政机构被随意设立出来，处处铺摊子、层层搭班子；另一方面，为配合特定时期的中心工作，突击性、阶段性地开展围绕特定主题的综合执法、联合执法、专项执法等。[3] 此类行动虽能够在短时间内调动各方力量，打击侵权行为，保护权利人的合法权益。但运动式执法本质是行政机关事前管理缺位、事中疏于监督、事后矫枉过正的体现，临时性机构的铺设导致专利行政机关臃肿，政出多门；行政管理未能形成长效机制，行动的随意性助长了侵权人的投机心理，行政执法效果不确定，问题反复出现难以彻底解决。

虽然知识产权行政执法存在权力滥用、权力寻租的可能性和现实例证，但不能以偏概全全盘否定掉知识产权行政执法所发挥的重要作用和优势。对于专利行政执法不是“要不要”的问题，而是“如何发展和完善”的问题。认真总结经验，查找不足，研究解决存在的弊端，强化体制和机制建设，才是不断优化知识产权行政执法的正确路径。[4]

---

[1] 王亚利．专利侵权行政执法的边界——兼论《专利法》第四次修改［J］．知识产权，2016（5）：75.

[2] 孔祥俊．全球化创新驱动发展与知识产权法治的升级［J］．法律适用，2014（1）：39.

[3] 张泽想，赵娟．“法治运动化”现象评析［J］．南京社会科学，2000（7）：61－62.

[4] 邓仪友，韩秀成．“私法自治”与专利行政执法［J］．知识产权，2016（6）：115.

（二）制度规范行政执法，构建多层次监督机制

1. 完善执行执法相关制度，规范行政执法

目前，各级知识产权行政管理、执法机关基本均制定了本层级的知识产权行政执法制度、知识产权行政执法细则等，为本行政区域内的知识产权行政执法提供必要的指导。但制度本身定位为普适性规则，时常滞后于经济社会的发展趋势，难以满足市场主体的利益诉求。电子商务发展使得针对电子商务平台的行政执法日趋增多，但对于电子商务环境中的行政执法开展、证据留痕、执法公开缺少一定的引导。因此，规则制定机关可以细化操作指南，明确强化行政机关对知识产权执法、纠纷处理全过程的留痕，并对证据尤其是电子证据的获取、归档、保存、出示等环节进行明确规定，为知识产权行政机关高效、有力推动行政执法提供必要指导。

2. 强化行政执法信息的公开

知识产权行政处罚案件信息公开不仅具有维护公平竞争的市场秩序、保护消费者权益的原初设计，而且也承载了行政机关处理知识产权纠纷正当性的效能；不但具有提高执法公信力的价值预设，而且还影响到行政处罚相对人的知情权、参与权、表达权、监督权与救济权等合法权益。[1] 知识产权行政执法机关应当在履行职责过程中将获取的，以一定形式记录、保存的信息尤其是其执法依据、执法程序和执法结果，予以及时、准确的公开发布。2007 年 4 月国务院公布的《政府信息公开条例》成为政府信息公开的指导性文件，各级政府也都按照条例要求制定了本区域的信息公开制度，构建起信息公开机制。

具体到知识产权行政执法领域，在中央部委层面，与知识产权行政执法相关的各机关已经对于知识产权行政执法信息的公开进行了有益尝试。例如，原农业部结合案件信息公开，强化执法档案建设，规范执法程序管理，扎实推进执法工作制度化、规范化。文化部结合全国文化市场技术监管与服务平台推广应用，采集文化市场基础数据，提高案件信息公开效率，保证信息质量。原新闻出版广电总局加强对案件信息公开工作的巡查，将案件信息公开纳入执法评议考核和依法行政示范点制度建设内容。国家知识产权局将有关案件信息及时录入专利执法办案报送系统，并将案件信息

[1] 李云霖，欧爱民．知识产权行政处罚案件信息公开机制探析［J］．知识产权，2014（8）：60.

公开纳入年度执法维权工作绩效考核中。❶

以专利行政执法的信息公开为例，在《专利法送审稿》中也明确国务院专利行政部门“负责涉及专利的市场监督管理，查处有重大影响的专利侵权和假冒专利行为，建设专利信息公共服务体系，进一步地完善专利权以及专利行政执法的信息公开机制”。国家知识产权局发布的《关于公开有关专利行政执法案件信息具体事项的通知》中将假冒专利行为的处罚与专利侵权行为的查处分别规定，并明确了行政处罚决定因行政复议或行政诉讼发生变更或撤销后公开相关信息的时间为20天。

3. 构建多层次的监督机制体系

推进行政执法监督平台的构建。覆盖不同行政层级的行政执法监督平台能够实现对于本行政区域内各类执法主体在实施行政执法行为过程中产生的相关信息实时归集、实时监督、实时反馈，并及时向社会公开，接受权利人以及社会公众的监督，促进了执法监督从被动到主动、从事后到全程的转变。社会公众可以通过手机客户端等获取所关切的相关行政执法信息，并可以在投诉、举报专区举报行政执法机关在执法过程中的违法违规行为。在此意义上，互联网的最大贡献不在于方便了沟通而在于为公众发声提供了丰富的路径。选聘监督员监督行政区划内知识产权行政执法的开展。监督员一方面扎根于自身本职工作，了解社会公众对于知识产权行政执法机关的意见与观点；另一方面连接着行政执法机关，能够有效地向社会公众传递最新知识产权行政执法动向，向行政执法机关提出民众对于行政执法机制的意见和建议。

基于上述例证，有学者提出了云治理的理念，云计算技术以及大数据分析使得网络社会进一步扁平化，普通社会公众的呼声也被大数据作为分析的样本。这超越了传统社会治理的逻辑形式，实现了社会治理主体的社会化。政府各类行政机关能够通过互联网的技术平台实现更为高效的分享公共信息公共服务的社会职能。❷

4. 强化问责机制构建

一方面，知识产权各行政执法部门应该全面推行行政执法责任制，认

---

❶ 王珂．政府信息公开迈出新步伐［EB/OL］．［2017－08－10］．http：//legal. people. com. cn/n/2014/0601/c42510－25090252. html.

❷ 李振，鲍宗豪．云治理——大数据时代社会治理的新模式［J］．天津社会科学，2015（3）：66.

真梳理执法依据，把执法任务分解到具体的内部执行机构，明确执法职权和执法责任，建立行政执法评议考核办法、行政执法责任追究办法，并落实到位，以保证履行职权不越位、不错位、不缺位。[1]例如，北京市要求市、县级打击侵权假冒工作领导小组办公室和政府信息公开办公室对同级执法部门信息公开工作进行监督，各级行政执法部门采取平时抽查、重点督办、定期报告、绩效考核等方式开展内部监督。甘肃省将案件信息公开纳入打击侵权假冒工作年度绩效考核，坚持定期检查与结果监督相结合，推动工作开展。[2] 以上制度和措施，为案件信息公开工作顺利开展提供了保障。再比如，武汉市知识产权局发布《武汉市知识产权局行政执法责任制专用考核目标》，建立了既反映该局执法特点，又具有规范性、连续性、操作性的专用目标体系。同时，按照有权必有责、用权受监督、侵权要赔偿的要求，完成了依法界定执法职责的工作，将法定职责落实到相关部门、相关岗位及其具体工作人员，为深化执法责任制奠定了必要基础。通过完善考核评价体系，增强了执法工作人员依法履行职责的意识，加大了执法力度。[3]

另一方面，现有知识产权行政执法制度及细则一般都会明确强调社会监督以及对知识产权行政执法机关滥用职权、徇私舞弊的行政责任，但均未明确规定行政机关错误认定侵权、错误行政执法时需对被执行人在自身过错范围内所应当承担的民事责任。这在一定程度上限制了被执行人在民商事领域对错误行政执法寻求民事损失赔偿的救济路径。因此，有必要完善知识产权行政执法制度规则，对于知识产权行政执法机关错误行政执法的，除了明确规定其所承担的行政责任之外，还应当明确其对错误被执行人所要承担的民事责任。

---

❶ 曲三强，张洪波．知识产权行政保护研究［J］．政法论丛，2011（3）：66.

❷ 王珂．政府信息公开迈出新步伐［EB/OL］．［2017－08－17］．http：//legal. people. com. cn/n/2014/0601/c42510－25090252. html.

❸ 张晋．落实执法责任制显成效——武汉市知识产权局积极推进执法监察和效能监察［EB/OL］．［2017－08－01］．http：//www. hbipo. gov. cn/show/6551.

第六章 大数据时代知识产权行政执法的法律争议

大数据时代的知识产权行政执法是大数据应用在政务领域的具体化，正处于起步阶段，受制于数据获得、数据质量、体制机制、法律规范、社会伦理、技术成本等多方面的限制。[1]其主要体现为两个层面的挑战：第一，技术层面的挑战，即大数据在知识产权行政法领域的应用所需要的数据资源、科学技术、基础设施建设等。第二，制度层面的挑战，即大数据在知识产权行政执法领域的应用所引发的数据采集、传输、存储、使用、开放规则不明的问题，责任主体不明的问题，国家利益、公共安全问题，以及商业秘密、个人隐私、个人数据保护等问题。

第五章分析了大数据时代知识产权行政执法所面临的机遇，而本章旨在对第二个挑战作出回应，即大数据技术、理念和资源应用于知识产权行政执法领域固然可以提高决策科学性、执法效率，但是在数据生成、收集、存储、利用规则不明确以及其他配套技术和制度不完备的前提下，其在法律层面该如何实现。

一、大数据时代知识产权行政执法中的隐私争议

大数据时代中个人行为以数据的形式被记录下来，并成为大数据分析的原料，并汇集于部分企业以及公共管理机构手中，例如第四章中提及的知识产权信息足迹。部分激进主义者认为，在大数据环境下，隐私已经消亡，公共管理可延伸至私人的每个角落，个人信息保护政策也到了退出历史的时刻。

另外，数据监控激发人们对个人隐私的关注。这一点在各国的隐私保

[1] 中国信息通信研究院．大数据白皮书（2016 年）［EB/OL］．［2017－08－20］．http：//www. cac. gov. cn/2016－12/28/c_1121534609. htm.

护立法或个人数据保护立法中可获得深刻的洞见。大数据时代的来临，隐私内容、理念、制度受到冲击在所难免。

（一）隐私观念的嬗变

在一百多年前，美国学者第一次提出“隐私权”这个概念，将其描述为“不被打扰的权利”。❶ 隐私权这个概念的出现，与19世纪末20世纪初印刷技术的发展为偷窥他人生活创造了条件不无关系，因此，有学者认为，隐私权的产生就是针对新闻出版社的。❷ 后来，隐私权被明确规定在《世界人权宣言》《欧洲人权公约》和《公民权利与政治权利国际公约》中，将其定格为现代社会最基本的人权之一，并得到各国的普遍认同。1971年，我国加入联合国，并担任常任理事国，自动承担《世界人权宣言》的各项义务。1998年，我国签署《公民权利与政治权利国际公约》，并承认隐私权是公民基本人权之一。❸

从各国的法律来看，隐私的保护范围存在很大的差异。《美国侵权行为法（第二次）重述》将侵犯隐私的行为分为四种，即侵入、窃用姓名或肖像、公开私生活、公开他人不实形象。这种观点被美国许多州所采纳，但也有一些州只认可侵入和公开私生活。还有学者将保护隐私的利益分为四种：第一，信息隐私，即个人控制他人掌握本人信息的利益；第二，领域利益，即控制侵入行为领域的利益；第三，身体隐私，即免于身体受到干扰的利益；第四，通信隐私，即通信免受监视和保密的利益。❹

从美国学者对隐私权的界定可以看出，他们并未区分个人数据权与隐私权。这与美国的立法模式相关，其将个人数据权放在隐私权中受到保护。欧盟各国的立法模式与美国不同，前者将个人数据权与隐私权予以分开，英国、法国、德国皆是如此。

从《民法总则》的规定来看，我国对隐私权和个人数据权的保护模式采取的是分开保护模式。王利明教授将隐私权的内容界定为生活安宁和生活秘密，并严格区分个人数据权与个人隐私权。❺ 他认为，生活安宁是指自

---

❶ 张瑜．个人数据保护法研究［M］．北京：北京大学出版社，2012：26.

❷ 张瑜．个人数据保护法研究［M］．北京：北京大学出版社，2012：26.

❸ 张礼洪．隐私权的中国命运——司法判例和法律文化的分析［J］．法学论坛，2014（1）：11.

❹ 阿丽塔·L. 艾伦，理查德·C. 托克音顿．美国隐私法：学说、判例与立法［M］．冯建妹，等，编译．北京：中国民主法制出版社，2004（8）.

❺ 王利明．隐私概念的再界定［J］．法学家，2012（1）：115.

然人对自己的生活所享有的不受他人打扰、妨碍的权利。其内容主要包括以下三个方面：第一，排除对私人正常生活的干预；第二，禁止非法侵入私人空间；第三，对个人自主决定权的妨碍。[1] 生活秘密是指个人不愿意为他人所知道的信息，包括生理信息、身体隐私、健康隐私、财产隐私、谈话隐私、个人电话号码、夫妻生活、亲属关系、婚姻状况、个人情感生活等。

隐私权虽然以生活安宁和生活秘密为主要内容，但其范围依然具有不确定性。这种不确定性主要表现在以下几个方面：第一，技术的发展使隐私的内容不断扩张，例如，互联网的诞生产生了新的私人空间即网络虚拟空间，生物技术的发展，使基因信息成为一种新的私人秘密；第二，个人信息往往被政府部门、司法机关、医疗机构、金融机构等组织掌握，这些信息是否应当公开以及如何公开，需要权衡是否涉及公共利益，而公共利益本身便具有不确定性。

然而，大数据基本特征之一就是数据体量大。当数据达到一定量时，个体的所有信息将被集中，孤立的信息彼此联系，借助数据的深度分析，私人空间会因第三方重组而遭到披露。单个的姓名、职业、工作单位、联系方式、收入情况等信息的公开因不具备识别性而不属于侵犯个人隐私的情形，但是信息重新组合后，足以识别某一个人。这就产生了一个问题，第三方对单项信息的披露不构成对隐私信息的披露，但是，在不同的时间对单项信息的大量披露，可能导致信息具有识别性时是否构成对隐私的侵犯？如果构成对隐私的侵犯，那么侵犯隐私的主体是披露信息的主体还是对这些信息进行收集和分析的主体。这个问题在政府信息公开中显得尤为突出。

（二）隐私的保护现状

隐私权在性质上属于民事权利中的具体人格权，因此，本部分对隐私权保护现状的梳理主要是基于民法的视角。隐私在我国民法上的保护经历了一个由司法到立法的演变过程。1986 年的《民法通则》没有提及任何有关隐私的保护问题。1988 年《最高人民法院关于贯彻执行〈中华人民共和国民法通则〉若干问题的意见（试行）》第一百四十条提出了“隐私”这

---

[1] 王利明．隐私概念的再界定［J］．法学家，2012（1）：116－117．

一概念，并将隐私放在名誉权下予以保护。❶ 1993年《最高人民法院关于审理名誉权案件若干问题的解答》第七条和第九条，将披露他人隐私造成他人名誉权受损的，按照侵害他人名誉权处理。❷ 2001年《最高人民法院关于确定民事侵权精神损害赔偿责任若干问题的解释》第一条，将侵害隐私作为精神损害赔偿的法定事由。❸ 2003年《关于审理人身损害赔偿案件适用法律的若干问题的解释》第十八条第一款规定："受害人或者死者近亲属遭受精神损害，赔偿权利人向人民法院请求赔偿精神损害抚慰金的，适用《最高人民法院关于确定民事侵权精神损害赔偿责任若干问题的解释》予以确定。"而精神损害赔偿司法解释将侵害隐私作为侵害他人的名誉权来对待，所以该司法解释对隐私的保护亦没有实质性的规定。

《侵权责任法》第二条，第一次采用了隐私权的概念，使隐私脱离于名誉权，并冠之以民事权利。❹ 不可否认，这是一种进步。但这并不意味着对隐私权的保护就止于《侵权责任法》。《侵权责任法》第二条只是规定了隐私权的概念，其主要目的在于宣示隐私权应当受到侵权法的保护。而并未规定隐私权的内涵和外延、隐私权的分类、隐私权的行使和保护、隐私权与其他权利的冲突解决规则、隐私权的限制等适用《侵权责任法》前提的制度。当隐私权受到侵害时，虽然能依据《侵权责任法》提起诉讼，但获得保护范围以及保护程度并未明晰。因此，《侵权责任法》对隐私权的保护存在一定的局限性。故王利明教授主张应当将隐私权纳入未来的《人格权法》中或《民法典》的人格权编中，以规定完整的隐私权制度，然后再通

---

❶ 《最高人民法院关于贯彻执行〈中华人民共和国民法通则〉若干问题的意见（试行）》第一百四十条第一款："以书面、口头等形式宣扬他人的隐私，或者捏造事实公然丑化他人人格，以及用侮辱、诽谤等方式损害他人名誉，造成一定影响的，应当认定为侵害公民名誉权的行为。"

❷ 《最高人民法院关于审理名誉权案件若干问题的解答》第七条第三款："对未经他人同意，擅自公布他人的隐私材料或以书面、口头形式宣扬他人隐私，致他人名誉受到损害的，按照侵害他人名誉权处理。"第九条第二款："描写真人真事的文学作品，对特定人进行侮辱、诽谤或披露隐私损害其名誉的；或者虽未写明真实姓名和住址，但事实是以特定人或者特定人的特定事实为描写对象，文中有侮辱、诽谤或披露隐私的内容，致其名誉受到损害的，应认定为侵害他人名誉权。"

❸ 《最高人民法院关于确定民事侵权精神损害赔偿责任若干问题的解释》第一条第二款："违反社会公共利益、社会公德侵害他人隐私或者其他人格利益，受害人以侵权为由向人民法院起诉请求赔偿精神损害的，人民法院应当依法予以受理。"

❹ 《侵权责任法》第二条："侵害民事权益，应当依照本法承担侵权责任。本法所称民事权益，包括生命权、健康权、姓名权、名誉权、荣誉权、肖像权、隐私权、婚姻自主权、监护权、所有权、用益物权、担保物权、著作权、专利权、商标专用权、发现权、股权、继承权等人身、财产权益。"

过侵权法加以保护，这样才能在法律体系内部形成有效的衔接。[1]

（三）隐私保护的法律争议

隐私权制度还未建立，大数据时代已经来临。知识产权行政执法作为保护知识产权的一种途径，在数据收集、整合、分析的背后隐藏着知识产权行政执法与个人隐私权的矛盾，即知识产权行政执法能否收集、整合、分析公民的个人隐私？如果能的话，能在多大程度上利用公民的隐私？

这是一个此消彼长的过程。要保持知识产权行政执法权与隐私权的平衡，在理论上，有两种思路可供选择：其一，严格界定隐私权的范围，凡是隐私权之外的领域不受限制，而只要落入隐私权的范围，知识产权行政执法机关就不得对其进行限制、侵害，即个人隐私受到绝对的保护。其二，在隐私领域设定若干例外，即知识产权行政执法机关可对涉及执法权限的隐私形成某种限制，即执法机关在涉及知识产权行政执法的隐私时，不构成侵犯隐私权。

路径一是从隐私权的外部解决知识产权行政执法权与隐私权的冲突问题。路径二是从隐私权的内部解决知识产权行政执法权与隐私权的冲突问题。由于隐私权本身就是一个具有开放性，随着技术和观念的变化而不断向外扩张的权利，要从外部明确地界定隐私权的范围具有较大的难度。更何况隐私本身具有相对性，针对不同的人和不同的场景是否属于隐私以及是否侵犯隐私的判断标准不一样。因此，从外部界定隐私权的范围具有模糊性和不确定性，这同样会导致知识产权行政执法机关以扩展模糊领域的形式逐渐碾压甚至蚕食隐私权。故路径一难以达到平衡知识产权行政执法权与隐私权的目的。

知识产权行政执法是一个笼统的称谓，因为知识产权是一个权利束，它包括很多子权利，如著作权、商标权、专利权等，相应的知识产权行政执法也可细分为著作权行政执法、商标行政执法、专利行政执法等。知识产权行政执法的复杂性不仅体现于知识产权的复杂性，还体现于知识产权行政执法事由以及执法后果的复杂性。就执法事由而言，既有纯粹侵犯私人权利而启动的知识产权行政执法，也有不仅侵犯私权还侵犯公共利益的知识产权行政执法。执法后果包括查处侵权物品、销毁侵权物品、销毁制造侵权物品的模具、罚款、责令停止销售等。我们认为不同的知识产权行政执法事由涉及不

---

[1] 王利明．隐私概念的再界定［J］．法学家，2012（1）：114．

同的利益主体，纯粹侵害知识产权人利益的知识产权行政执法仅涉及私人利益而不涉及公共利益，因此，隐私权受到的限制较小。部分知识产权行政执法既涉及私人利益又涉及社会公共利益，隐私权受到的限制较大。执法后果是执法事由的延伸，在执法事由对隐私权有所区分的情况下，没有必要再进行区分。在知识产权行政执法的启动条件和知识产权行政执法的类型还没有被厘清的现阶段，如何区分对隐私权的限制，没有一个定论。结合前面几章的分析，“扰乱市场管理秩序”是一个可供参考的选择。

二、大数据时代知识产权行政执法中的个人信息争议

（一）个人信息保护的必要性

关于个人数据的称谓，各国家或各地区有诸如个人数据、个人隐私、个人信息等不同的表达。我国台湾地区采用“个人资料”，欧盟及其成员国使用“个人数据”，日韩采用“个人信息”，而美国多采用“信息隐私”。[1]虽然称谓略有差别，但是在涉及个人信息保护方面基本可以互用，没有实质性的差异。由于我国《民法总则》第一百一十一条以立法的形式确立了“个人信息”的称谓，[2] 因此本文也采用个人信息的称谓。

个人信息是指与个人相关的，能够直接或间接识别特定自然人的信息。从个人信息的定义可以看出，识别性是个人信息的重要特征，识别性是指个人信息与信息主体存在某一客观确定的可能性，这种可识别性包括直接的可识别性和间接的可识别性。直接的可识别性是指通过单个信息能够直接确认某人身份，例如身份证号码、基因序列、指纹。间接的可识别性是指单个信息虽然不能直接指向某人，但是同其他信息相结合或者通过对比分析，可以确定某人身份，例如，地址、性别、职业、联系方式等。因此，在判断某个信息是否构成个人信息时，识别性是重要的判断标准，只有特定信息能够与特定的个人存在可识别的客观联系，才构成个人信息。[3]

但是随着通信技术与信息挖掘技术的提高，信息与信息之间的关联性越来越容易被发现。从理论上来说，如果不考虑技术、经济、时间等成本，

---

[1] 王融．大数据时代——数据保护与流动规则［M］．北京：人民邮电出版社，2017（19）.

[2] 《民法总则》第一百一十一条：“自然人的个人信息受法律保护。任何组织和个人需要获取他人个人信息的，应当依法取得并确保信息安全，不得非法收集、使用、加工、传输他人个人信息，不得非法买卖、提供或者公开他人个人信息。”

[3] 王融．大数据时代——数据保护与流动规则［M］．北京：人民邮电出版社，2017：21.

以任何数据为起点，通过数据关联和挖掘都可以将数据指向特定的自然人。[1]因此，为了避免个人信息的保护范围过大，有必要对间接识别的信息进行限制。《欧盟数据指令》对个人信息的识别性强调了两点，即识别的可能性、识别的合理性。如果需要付出不成比例的费用，或需要克服很多困难才能识别的信息不构成个人信息保护法规上所保护的个人信息。[2]

法律是调整人与人之间利益关系的规则的总和。一项事物，要获得法律的保护，那么它必须包含了值得法律所保护的利益。

有学者认为，个人信息具有自主价值和使用价值。个人信息的自主价值，是指自然人通过对个人信息的自主使用以实现人格自由发展的价值，[3]且主要包含两方面的内容：其一，个人有权自主决定对个人数据的使用方式、内容和范围，即使个人决定以何种方式发展人格以及发展的目标；其二，保护个人信息的自主使用要求他人不得以违反本人意愿的方式对个人信息进行处理。[4]个人信息的使用价值是指个人信息可以通过在社会交往过程中公开并流转的方式为本人带来各种利益的价值。对个人信息的使用方式多种多样，大致来说包括以下几个方面：第一，利用自己的个人信息获得经济利益；第二，利用自己的个人信息获得某种社会评价或服务。[5]

基于个人信息的自主价值和使用价值，谢远扬认为，个人信息具有人身属性和财产属性。而郭瑜也明确指出，个人数据权是人格权与财产权的兼容体。[6]我们认为，一项权利是人身权还是财产权，抑或是人身权与财产权的并存，这主要看保护的对象涉及人身利益还是财产利益，抑或是，人身利益与财产利益并存。个人信息具有自主价值和使用价值，自主价值主要是满足自然人的自我发展的利益，而使用价值主要是涉及通过自然人自己使用而获得经济利益的价值。故个人信息兼具人身属性和财产属性，个人信息权是人身权与财产权的并存。

---

[1] 王融．大数据时代——数据保护与流动规则［M］．北京：人民邮电出版社，2017：21.

[2] 王融．大数据时代——数据保护与流动规则［M］．北京：人民邮电出版社，2017：21.

[3] 谢远扬．信息论视角下个人信息的价值——兼对隐私权保护模式的检讨［J］．清华法学，2015（3）：104.

[4] 谢远扬．信息论视角下个人信息的价值——兼对隐私权保护模式的检讨［J］．清华法学，2015（3）：104.

[5] 谢远扬．信息论视角下个人信息的价值——兼对隐私权保护模式的检讨［J］．清华法学，2015（3）：104－105.

[6] 郭瑜．个人数据保护法研究［M］．北京：北京大学出版社，2012：225－226.

与个人信息相关的绝大多数困扰，均属于数据被信息化技术加工处理的结果。个人信息保护的立法是随着计算机在产业中应用范围的不断扩大而展开的，也是为了防范个人数据与信息技术的结合给个人生活带来危险才被提出来的。[1] 个人信息的保护也是对信息技术发展回应的一部分。在大数据影响下，个人信息的变化主要体现在两个方面：其一，个人数据信息化；其二，个人数据的信息化给个人生活带来了负面影响。

个人数据的信息化是指个人数据被信息化处理，使个人数据与传统的个人数据的使用发生了变化。这些变化主要体现在四个方面：第一，信息收集和保存方法发生了变化。人只要生存和活动就会产生各种信息，因为时间、金钱、能力的限制，过去很少有人大规模收集普通人的生活足迹。但是现在，大街小巷的摄像头、网络上的监控软件，轻轻松松地就收集到了普通人所留下的电子脚印。几乎人手一部的手机，成了机主生活轨迹的实时记录器。不计其数的政府部门和商业机构建立了关于普通公民的各种数据库，提供着所有地方所有人的所有信息。第二，信息的处理方法也在进步。计算机不仅可以记忆，还可以联系、过滤，找出潜在的趋势。因为数据清洗、加工、再造、转换、存储等技术的运用可以从原始数据产生更多的数据。各种没有价值的数据碎片，最后变成了有价值的信息。例如，我们在网上购买商品时，电子商务公司知道了你的姓名、住址、购买商品的记录、浏览过的其他商品，则该公司可以分析出你的收入状况、消费习惯、兴趣爱好、购物时间等。商家就可以针对这些信息有针对性地投放商品和广告。第三，信息的应用和传播范围也在发生变化。过去要在资料库中找到有用的信息，绝对是一件耗时费力的体力活。如今，即使数据库中的信息浩如烟海，但只要借助检索技术，瞬间即可完成信息检索。信息的力量不仅取决于其内容，更取决于其传播的速度和范围，在快速广泛传播的情况下，信息的半衰期缩短，影响范围扩大。第四，当信息技术与个人数据相结合，个人数据的采集、传播、分析、使用都呈现出前所未有的新局面。利用个人数据对个人生活进行干预的深度和广度远超从前，甚至在信息技术的作用下个人数据在我们的生活中被重新发现、重新认识。

个人数据的信息化处理造成的负面影响，主要包括以下三个方面：第一，精神上的不安宁感。如果个人情况、活动规律、偏好、能力甚至具体的所思

---

[1] 郭瑜．个人数据保护法研究［M］．北京：北京大学出版社，2012：74－75.

所想，都可以成为数据，并被新的技术挖掘整理，个人的一切都无所遁行，这使所有人都感到惴惴不安。第二，电子化人格的真与假。个人数据的处理还会重塑个人的社会形象，这些社会形象很容易被改变、被强化、被弱化。个人数据汇集成个人的公共形象，可能因数据本身的偏差或数据处理方式的偏差，而使个人的形象被完全扭曲。可能存在外在的数据化的自我与真实的自我有所差别从而影响自己的就业或者受到某种歧视。根据美国的一项调查，75%的美国招聘人员和人力资源专家会对应聘者进行网络搜索，其中70%遭拒的应聘者是因为网上有他们的不良信息。在购买保险时，保险公司通过对承保人的基因信息进行分析，并计算出他们患某种疾病的概率，然后依据概率的不同决定他们的保险费率以及是否签订保险合同。第三，决策自由被剥夺。从更深层次的分析来说，个人数据的处理会限制甚至剥夺个人的决策和行为自由。在个人数据被分析的情况下，商家将针对每个人量身定制广告和销售计划诱导消费者的行为，甚至限制消费者选择。

（二）个人信息保护的现状

姓名、肖像、名誉、个人私密信息既属人格权的内容也属个人信息的内容，身份证信息、个人通信信息、个人医疗信息、个人金融信息、税收信息、档案信息属于个人信息的内容同时也受到其他法律的调整。

在我国，姓名权、肖像权、名誉权、隐私权都是独立的人格权，都能够得到民法的保护。姓名权是指个人有权决定、使用和依照规定改变自己的姓名，禁止他人干涉、盗用、假冒。[1]姓名权对姓名的保护范围仅限于禁止他人对个人行使姓名权的干预以及冒名顶替。对于目前讨论较为激烈的买卖含有个人姓名的客户名单的情形，不能用姓名权予以保护。名誉权的保护范围仅限于“用侮辱、诽谤等方式损害公民、法人的名誉”，[2]如果对个人的不良评价是基于事实并没有侮辱性语言，即使是广泛的传播也很难被认定侵犯了他人的名誉权。肖像权是指公民依法享有的禁止他人以营利为目的使用自己的肖像。[3]肖像权的保护范围限于，未经个人同意，其肖像不

---

[1] 《民法通则》第九十九条：“公民享有姓名权，有权决定、使用和依照规定改变自己的姓名，禁止他人干涉、盗用、假冒。”

[2] 《民法通则》第一百零一条：“公民、法人享有名誉权，公民的人格尊严受法律保护，禁止用侮辱、诽谤等方式损害公民、法人的名誉。”

[3] 《民法通则》第一百条：“公民享有肖像权，未经本人同意，不得以营利为目的使用公民的肖像。”

被营利性使用。当他人将个人的照片上传到网上，不能以侵犯肖像权为由获得救济。隐私权是指个人享有私人生活安宁和私人秘密，不被他人非法收集、打扰和知晓。隐私权对个人信息的保护，仅限于个人不愿意为他人所知晓的处于保密状态的信息。但是，大多数的个人信息都不是处于保密状态的，而是被公开的信息，隐私权对这类信息无法提供充分的保护。

姓名权、名誉权、肖像权、隐私权对个人数据的保护作用比较有限。因此，有人主张在现有的法律框架下，可以用一般人格权保护个人信息。[1]虽然这种保护方式相较于具体人格权的保护方式，扩大了保护个人信息的范围，但是依然存在一定的局限性。因为，一般人格权的适用以人格尊严受到侵害为要件，而目前存在很多滥用个人信息且没有损害个人人格尊严的情形，比如，在网上大量地公开个人信息、人肉搜索等。

其他法律也对部分个人信息提供保护。例如《居民身份证法》规定，公安机关和人民警察应当对公民的个人信息予以保密，国家机关或者金融、电信、交通、教育、医疗等单位的工作人员在履行职责或提供服务的过程中，泄露公民个人信息的，依法承担民事责任、行政责任和刑事责任。[2]《统计法》第九条规定，统计机构和统计人员对在统计工作中知悉的个人信息，应当予以保密。[3]《互联网电子邮件服务管理办法》第九条规定，互联网电子邮件服务提供者对用户的个人注册信息和互联网电子邮件地址，负有保密义务，并不得非法使用。[4]由此可见，这些单行法律法规对个人信息

---

[1] 谢远扬．信息论视角下个人信息的价值——兼对隐私权保护模式的检讨［J］．清华法学，2015（3）：109.

[2] 《居民身份证法》第六条第三款："公安机关及其人民警察对因制作、发放、查验、扣押居民身份证而知悉的公民的个人信息，应当予以保密。"第十九条："国家机关或者金融、电信、交通、教育、医疗等单位的工作人员泄露在履行职责或者提供服务过程中获得的居民身份证记载的公民个人信息，构成犯罪的，依法追究刑事责任；尚不构成犯罪的，由公安机关处十日以上十五日以下拘留，并处五千元罚款，有违法所得的，没收违法所得。单位有前款行为，构成犯罪的，依法追究刑事责任；尚不构成犯罪的，由公安机关对其直接负责的主管人员和其他直接责任人员，处十日以上十五日以下拘留，并处十万元以上五十万元以下罚款，有违法所得的，没收违法所得。有前两款行为，对他人造成损害的，依法承担民事责任。"

[3] 《统计法》第九条："统计机构和统计人员对在统计工作中知悉的国家秘密、商业秘密和个人信息，应当予以保密。"

[4] 《互联网电子邮件服务管理办法》第九条："互联网电子邮件服务提供者对用户的个人注册信息和互联网电子邮件地址，负有保密的义务。互联网电子邮件服务提供者及其工作人员不得非法使用用户的个人注册信息资料和互联网电子邮件地址；未经用户同意，不得泄露用户的个人注册信息和互联网电子邮件地址，但法律、行政法规另有规定的除外。"

的保护仅针对本领域涉及的个人信息予以保密并不得泄露。涉及本领域外的个人信息以及对个人信息泄露以外的滥用方式，这些单行法律法规无法给予保护。

2016年11月7日通过并于2017年6月1日实施的《网络安全法》对个人信息的保护作了较为全面的规定。在第四章，规定了网络信息安全，其中主要涉及网络运营者对个人信息的收集使用规则以及保密义务，信息主体的更正权、删除权，以及其他人对个人信息的义务。《网络安全法》对个人信息的保护仅停留在网络运营者对个人数据享有的保密义务，以及根据法律的规定对个人信息进行收集、使用。其对个人信息的保护具有主体的局限性。在现实中，滥用个人信息、非法收集个人信息、非法使用个人信息主体的恰恰是政府部门。如果仅依据《网络安全法》，公民的个人信息难以获得保护。为了更全面地保护个人信息，2017年3月15日通过的《民法总则》将个人信息作为一项民事权利予以保护。[1]《民法总则》将个人信息纳入民事权利范畴可谓意义重大。首先，任何组织和个人都负有不得侵犯他人个人信息的义务，从此对个人信息的保护不存在主体之别、行业之分。其次，结束了以单行法保护部分个人信息的历史，本来所有的个人信息都应当受到法律的保护，但是以前由于未规定个人信息的法律地位，所以，只得在各个单行法中对公民的部分个人信息予以保护。最后，对个人信息的保护突破了保密的限制，扩展到了个人信息安全和个人信息收集、使用规则。在个人信息入《民法总则》之前，以单行法的方式对个人数据进行保护，最主要的保护方式就是相关主体负有保密义务，不得泄露个人信息。这种保护方式没有抓住当下个人信息面临的主要问题，现在面临的问题主要是，对个人信息的使用问题。不可否认，《民法总则》对个人信息的保护确实有较大的进步，但是也存在一个问题，即对个人信息的保护最主要的是保护个人信息的使用，禁止对个人数据的滥用，但是《民法总则》第一百一十一条的规定太过于抽象，对“收集、使用、加工、传输、买卖、提供、公开”这些行为的限制仅限于“非法”。此处的“非法”应当如何界定？如果立法对此不予以规定，那么对此处“非法”的探讨，又将成为学

---

[1] 《民法总则》第一百一十一条：“自然人的个人信息受法律保护。任何组织和个人需要获取他人个人信息的，应当依法取得并确保信息安全，不得非法收集、使用、加工、传输他人个人信息，不得非法买卖、提供或者公开他人个人信息。”

界争议的焦点和法律适用的难点。

（三）个人信息保护的争议

大数据时代知识产权行政执法中的个人信息保护亦受到质疑，知识产权行政执法机关收集个人信息的方式方法、使用个人信息的范围以及使用个人信息的方法，是其必须明确的问题。

知识产权行政执法机关的信息收集渠道是多元的：有的来自政府机关内部的信息共建平台，有的来自其他企事业单位就相关事项提供的协助材料。而通过不同渠道收集知识产权侵权信息的关键在于，知识产权行政执法对个人信息的需求与信息主体对个人信息的控制之间的平衡。我们认为，知识产权行政执法机关可以用监控的手段收集所需要的个人信息，但是要满足以下条件：第一，收集的个人信息只能用于知识产权行政执法，不能用作他途；第二，对收集到的私密信息具有保密义务；第三，加强网络安全，防范他人攻击、盗取个人信息。

知识产权行政执法机关有权使用哪些信息，涉及隐私权保护的范围。个人信息保护涉及的是个人信息的使用规范，而隐私权涉及的是个人信息可使用的范围。相关问题在本章第二、三节已作论述，此处不再赘述。

知识产权行政执法机关如何使用个人信息涉及两个问题：其一，知识产权行政执法机关对个人信息予以处理时，是否要征得信息主体的同意；其二，知识产权行政执法机关能否对这些个人信息进行二次利用。在大数据背景下，知识产权行政执法中，在作出侵权认定或作出处罚决定之前，系统将对个人信息作深度分析，其数据子集既包括某一主体的个人信息，也包括不特定多数主体的个人信息。理论上，为了不侵害个人信息自主权，知识产权行政执法机关在进行个人信息处理前应当取得个人的同意。但是由于大数据自身特性，过大的数据子集带来过高的交易费用，取得个人同意的成本与保护个人信息自主权的收益不成正比。默示同意规则是有益的尝试。知识产权行政执法是知识产权保护的重要方式，而普罗大众将会从知识产权保护中受益，为了从知识产权保护中受益，同意对个人信息进行分析是信息主体的不二选择，而这种选择不需要信息主体逐一承诺，只需要法律对此事实予以表达即可。这既解决了成本问题，也不至于侵害公民的信息自主权。

三、大数据时代知识产权行政执法中的信息安全争议

（一）知识产权行政执法信息的泄露风险

近年来，数据泄露事件层出不穷，并具有扩大的趋势。2010 年 360 公司泄露上亿用户名和密码，2013 年腾讯泄露 7000 万 QQ 群和 12 亿个 QQ 号数据，2014 年 12306 网站泄露 14 万左右的用户信息，2016 年山东省高考网上报名信息系统被攻破导致全省考生信息泄露。据统计，在数据泄露的机构中，有 82% 为企业，然后依次是政府机构（占 6.02%）、银行（占 6.02%）、军事机构（占 2.41%），以及学校、医院等其他机构。[1] 2014 年 4 月 15 日，塞门铁克公司发布了第十九期《互联网威胁安全报告》，该报告显示，2013 年信息泄露事件的数量较 2012 年增加 62%，大规模的信息泄露事件从 2012 年的一起增至八起，导致超过 5.52 亿个身份信息被泄露。[2] 根据安全公司 IronNet Cybersecurity 的调查，2014 年世界各地的企业平均花费约 3640 亿美元来应对信息泄露事故。[3] 因此，信息泄露不仅给企业、政府带来财产损失、信誉风险，而且也使公民个人、普通消费者的人身安全、财产安全饱受威胁。

“为了规范公开制售假冒伪劣商品和侵犯知识产权行政处罚案件信息，保护消费者权益，提高执法公信力，维护公平竞争的市场秩序”，全国打击侵犯知识产权和制售假冒伪劣商品工作领导小组制定了《关于依法公开制售假冒伪劣商品和侵犯知识产权行政处罚案件信息的意见（试行）》（以下简称《意见》）。后经国务院转批，《意见》成为规范制售假冒伪劣商品和侵犯知识产权行政处罚案件信息公开的行政法规。因此，在知识产权行政执法中，侵犯知识产权行政处罚案件的信息应当予以公开。各知识产权行政执法机关为了认真贯彻执行《意见》，纷纷制定了具体的规定，例如，原国家新闻出版广电总局（国家版权局）下发了《新闻出版（版权）行政执法部门依法公开制售假冒伪劣商品和侵犯知识产权行政处罚案件信息的实施

[1] 董杨慧，谢友宁．大数据视野下的数据泄露与安全管理——基于 90 个数据泄露事件的分析[J]．情报杂志，2014（11）：155.

[2] 赛门铁克：身份信息泄露记录不断被刷新数量赶超 5 亿［EB/OL］．（2014-05-05）[2017-08-20]．http：//bbs. yunsuo. com. cn/forum. php? mod=viewthread&tid=90&page=1.

[3] 邹铮．大数据如何阻止数据泄露［EB/OL］．［2017-08-17］．http：//security. cnw. com. cn/security-datasecurity/htm. 2015/20150701_321096. shtml.

细则（试行）》，国家知识产权局下发了《国家知识产权局关于公开有关专利行政执法案件信息具体事项的通知》。

各知识产权行政执法机关就侵犯知识产权行政处罚案件信息公开具体内容的规定与《意见》的规定保持一致，只是表达上有细微差别。《意见》规定，公开的内容主要是行政处罚决定书载明的内容和依照法律法规应当公开的其他信息，包括被处罚的自然人的姓名、被处罚的企业或其他组织的名称、法定代表人姓名等。但是公开的信息不得涉及商业秘密以及自然人住所、肖像、电话号码、财产状况等个人隐私，除非经过个人同意或不公开可能对公共利益造成影响。根据《行政处罚法》的规定，行政机关给予行政处罚的，应当制作行政处罚决定书，而行政处罚决定书应当载明当事人的姓名或名称、地址。❶ 地址与住所有着千丝万缕的联系，地址是指人的居住地方或者团体机关所在地，而住所是指一个人以久居的意思而居住的某一处所。一个人可能存在多个居住的地方，但久居的住所却只有一个，所以，地址的范围比住所的范围要宽泛得多，住所是地址中的某一处所。因此，知识产权行政执法机关在公开行政处罚决定书的时候，应当对当事人的地址作隐匿性处理，以免泄露了当事人的住所。

根据《政府信息公开条例》和《意见》的规定，知识产权行政执法机关对侵犯知识产权行政处罚案件信息的公开，属于行政机关主动公开的信息。在公开前要进行保密审查，对属于个人隐私和个人信息的相关内容不得公开，除非取得当事人的同意或者不公开将影响公共利益。但实际上，这点在操作中存在一定的困难。知识产权行政执法机关进行保密审查时，缺乏明确的个人隐私判断标准和法律的明细规定，认定是否属于隐私的随意性过大，自由裁量权过大，导致对隐私的保护难以落到实处。❷这一困境是由隐私的两个属性所决定的：其一，隐私的相对性。生活安宁和私密信息是隐私的主要内容，然而是否属于“私密”，取决于当事人知名度。例如，公众人物的住所、财产状况、工作单位不属于个人隐私，但是普通人的住所、财产状况、工作单位可能就属于个人隐私的范畴。其二，隐私的

❶ 《行政处罚法》第三十九条第一款第一项：“行政机关依照本法第三十八条的规定给予行政处罚，应当制作行政处罚决定书。行政处罚决定书应当载明下列事项：（一）当事人的姓名或者名称、地址。”

❷ 赵需要，彭靖．政府数据开放中个人隐私的泄露风险与保护［J］．信息安全研究，2016（9）：795.

扩张性。信息交互成本越低，私密信息越容易被他人知晓，对私人生活的影响也越来越大，个人的隐私观念越来越强，隐私保护需求越来越大，隐私所包含的内容越来越宽泛。

在知识产权行政执法信息公开中，相较于隐私保护，个人信息保护的形势更为严峻。个人信息以识别性为标准，这种识别性包括直接识别和间接识别。直接识别是根据某一条信息就可以锁定某一特定主体，例如通过个人的肖像、身份证号码、基因序列等信息识别某一特定主体。间接识别是指单个信息不能指向某一特定的主体，但是同其他信息相结合或者通过对比分析可以确定某人的身份。[1]

从理论上而言，以个人为媒介，其产生的所有信息都具有客观的联系，通过对信息的挖掘和分析，可以识别某一特定的主体。基于经济考量，识别成本过高的信息一般不纳入个人信息保护的范畴。《欧盟数据保护指令》规定，需要付出不成比例的成本，或者需要克服较大困难方可识别的信息，不构成法律上的个人信息。这是一个值得参考的方式。若仅以不能公开信息（国家秘密、商业秘密、个人隐私、个人信息）为限，由于缺乏明确标准，它将难以得到适用。

（二）知识产权行政执法信息泄露的控制

2015 年 12 月 22 日，360 互联网安全中心发布的《2015 年中国网站安全报告》在附件一中公布了 2015 年国内外十大网站安全事件。通过对这十大网站安全事件的分析可以发现，在互联网环境下，导致网站信息泄露的行为主要包括两种：其一，黑客攻击。例如，2015 年 8 月，加拿大婚外情网站 Ashley Madison 被黑客攻击，导致数百万用户的信息泄露。[2] 2015 年 10 月，全球数据服务集团益百利（Experian）公司电脑遭到黑客入侵，导致 1500 万用户个人信息泄露，包括用户姓名、出生日期、地址、社会安全号、ID 号码（护照号或驾照号码），以及用户附加信息。[3] 其二，系统漏洞引发的信息售卖、传播。例如，2015 年 8 月，大麦网存在安全漏洞，600 多万用

---

[1] 王融．大数据时代——数据保护与流动规则［M］．北京：人民邮电出版社，2017：21.

[2] 360 互联网安全中心．2015 年中国网站安全报告［EB/OL］．［2017－08－30］．http：//www.199it.com/archives1424829.html.

[3] 360 互联网安全中心．2015 年中国网站安全报告［EB/OL］．［2017－08－30］．http：//www.199it.com/archives1424829.html.

户账号密码泄露，数据已被黑产业进行售卖和传播。[1] 2015 年 10 月，某电信系统出现重大漏洞，通过该漏洞可以查询上亿用户信息，涉及姓名、证件号、余额，并可以进行任意金额充值、销户、换卡等操作。[2]

信息泄露的原因除了黑客攻击和系统漏洞引发的数据售卖、传播外，还包括以下三种情况。其一，信息管理单位内部人员非法售卖、披露信息。例如，2016 年 10 月 14 日，湖南一银行支行行长出售自己的查询账号给中间商，再由中间商将账号卖给有银行关系的“出单渠道”团伙，再由另外一家银行的员工进入内网系统，大肆窃取个人信息贩卖获利。[3]其二，信息管理单位售卖信息。例如，2016 年 12 月 11 日晚间，有媒体报道称一个 12G 的数据包在黑市上开始流通，其中包括用户名、密码、邮箱、QQ 号、电话号码、身份证等多个维度，数据多达数千万条，而黑市买卖双方皆称，这些数据来自国内某知名电商。[4]其三，存储有大量信息的设备失窃。

对信息泄露事件的制止受到法律、社会准则、市场、架构等要素的影响。[5]劳伦斯·莱斯格在其著作《代码 2.0：网络空间中的法律》中以对吸烟的规制为例，详细阐述了这四个要素是如何相互作用，从而影响潜在的吸烟者选择吸烟与否。

如果一个潜在的吸烟者想吸烟，那么他面临的第一个约束就是法律。至少在有些地方法律规制着吸烟，例如，在任何一个国家的飞机上、动车上都禁止吸烟。如果违反法律禁令，吸烟者将被处以罚款，情节严重者可能构成犯罪。在这个例子中，法律意图指导吸烟行为，它作为对潜在吸烟者的约束而发挥着作用。[6] 社会准则亦起到约束的作用。在公共汽车上、电梯里等公共场所不得吸烟，是长期生活形成的共同准则，若部分吸烟者在该等区域吸烟，将会受到周围人指责，或形成缺乏教养的社会评价。市场

---

[1] 360 互联网安全中心 . 2015 年中国网站安全报告 [EB/OL]. [2017 - 08 - 30]. http: //www. 199it. com/archives1424829. html.

[2] 360 互联网安全中心 . 2015 年中国网站安全报告 [EB/OL]. [2017 - 08 - 30]. http: //www. 199it. com/archives1424829. html.

[3][4] 2016 年我国信息泄露大事件盘点 [EB/OL]. (2017 - 01 - 13) [2017 - 07 - 24]. http: //www. sohu. com/a/124244540_354880.

[5] 劳伦斯·莱斯格 . 代码 2. 0：网络空间中的法律 [M]. 李旭，沈伟伟，译 . 北京：清华大学出版社，2009：123.

[6] 劳伦斯·莱斯格 . 代码 2. 0：网络空间中的法律 [M]. 李旭，沈伟伟，译 . 北京：清华大学出版社，2009：122.